ODOR. IMMATERIELLE SKULPTUREN
ODOR. IMMATERIAL SCULPTURES

MUSEUM FÜR GEGENWARTSKUNST SIEGEN
TIROLER LANDESMUSEUM FERDINANDEUM

INHALT
CONTENT

VORWORT

THOMAS THIEL
FLORIAN WALDVOGEL

Odor wirkt unmittelbar. Gerüche wecken in uns Gefühle, Stimmungen und Erinnerungen. Sie überlagern andere Sinne und beeinflussen unsere Wahrnehmung stärker, als uns bewusst ist. Düfte schaffen zugleich Nähe und Distanz. Sie schreiben sich in unser Gedächtnis ein und festigen unsere Erfahrungen. Dennoch bleibt ihre Existenz im Raum unsichtbar und der Akt des Riechens flüchtig.

Die Ausstellung *Odor. Immaterielle Skulpturen* im Museum für Gegenwartskunst Siegen und im Tiroler Landesmuseum Ferdinandeum widmete sich ganz der Macht des Geruchs. Sie versammelte Werke, die den Geruch als olfaktorische und räumliche Erfahrung in den Mittelpunkt des künstlerischen Erlebens stellen. Gezeigt wurden immaterielle Skulpturen, darunter bestehende Arbeiten ebenso wie zahlreiche Neuproduktionen, die für diese besondere Ausstellung entwickelt wurden und die Besucher*innen mit den Fähigkeiten des Geruchssinns konfrontieren. Ausgehend von dieser unmittelbaren Erfahrung, eröffnen die Künstler*innen persönliche, lokale und globale Perspektiven, die sich auf historische und aktuelle Ereignisse beziehen. Die einzelnen Beiträge bewegen sich unter anderem im Spannungsfeld von Zeit und Raum, Individuum und Gemeinschaft, Bewusstsein und Unterbewusstsein, Sichtbarkeit und Unsichtbarkeit, Alltäglichem und Wunderbarem, Selbst- und Fremdwahrnehmung, An- und Abwesenheit, Leben und Tod. Minimale künstlerische Eingriffe in die Architektur ließen die Räume atmen, riechen und transpirieren. Sie wirkten leer und gefüllt zugleich. Die ausgestellten Werke teilten die Luft, verdichteten und verflüchtigten sich. Die Ausstellung entzog sich weitestgehend der visuellen Erfahrung zugunsten eines immersiven Geschehens, das nur im Hier und Jetzt des Ausstellungsbesuchs erfahren werden konnte. Sie stellte auch die Frage nach dem Zusammenspiel der Sinne als Teil der Kunsterfahrung.

Das Buch *Odor. Immaterielle Skulpturen* vertieft die Auseinandersetzung mit dem Geruchssinn und den Eigenschaften des Immateriellen. Es wirft unterschiedliche Perspektiven auf das flüchtige Ereignis und versammelt kuratorische, künstlerische und wissenschaftliche Beiträge. Neben Werk- und Installationsansichten aus Siegen und Innsbruck geben Essays der Co-Kurator*innen Thomas Thiel, Florian Waldvogel und Lea März Einblicke in das Ausstellen mit Gerüchen, die auch die Reaktionen des Publikums einbeziehen. In Zusammenarbeit mit den Künstler*innen konzipierte Künstler*innenseiten liefern weitere Informationen, Bilder und Kontexte zu den einzelnen Werken. Ergänzend eröffnen Hanns Hatt, Ilona Croy und Jim Drobnick aktuelle Perspektiven auf die Botschaften von Düften in Kunst und Gesellschaft.

Im Namen des Museums für Gegenwartskunst Siegen und des Tiroler Landesmuseums Ferdinandeum möchten wir uns bei den Künstler*innen und den Autor*innen für ihre Beiträge zur Ausstellung, zum Symposium und zur begleitenden Publikation bedanken. Wir danken den Galerien für ihre Unterstützung bei der Organisation der Ausstellung: Miguel Abreu Gallery, Galleria Rolando Anselmi, Casey Kaplan, Karma International, Galerie Peter Kilchmann, Galerie Nagel Draxler, Galerie Michel Rein und Sprüth Magers. Unser Dank gilt allen Kolleg*innen, welche die Ausstellung, die begleitenden Publikationen und das Rahmenprogramm in hervorragender Weise organisiert haben. Ebenso danken wir beiden Teams, einschließlich Verwaltungen, Besucher*innenservice und Aufsichten, für die breite Unterstützung unseres Projekts. Die vorliegende Publikation und die einzelnen Beiträge leben von der durchdachten Gestaltung von Mario Lombardo und David Heuer, die dem Thema der Ausstellung nicht nur mit ihrem Entwurf, sondern auch in der Auswahl der Materialien Rechnung getragen haben. Ebenso danken wir dem DCV Verlag, Uta Grosenick und Vinzenz Geppert für das umsichtige Lektorat, die Produktion und den Vertrieb unseres Buches.

Nicht zuletzt gilt unser außerordentlicher Dank den Förderern dieses internationalen Kooperationsprojektes zweier Museen: der Kulturstiftung des Bundes, der Kunststiftung NRW sowie der Peter Paul Rubens-Stiftung, ohne deren Unterstützung dieses besondere Kooperationsprojekt und das Buch nicht möglich gewesen wären.

FOREWORD

THOMAS THIEL
FLORIAN WALDVOGEL

Odor has an immediate effect. Smells evoke feelings, moods, and memories. They overlay other senses and influence our perception more than we realize. Scents create closeness and distance at the same time. They inscribe themselves in our memory and consolidate our experiences. Nevertheless, their existence in space remains invisible, and the act of smelling is fleeting.

The exhibition *Odor. Immaterial Sculptures* at the Museum für Gegenwartskunst Siegen and the Tyrolean State Museum Ferdinandeum was dedicated entirely to the power of smell. It brought together works that placed smell as an olfactory and spatial experience at the center of the artistic encounter. On display were immaterial sculptures, including existing works as well as numerous new productions developed for this special exhibition, confronting visitors with the capabilities of the sense of smell. Based on this direct experience, the artists opened up personal, local, and global perspectives related to historical and contemporary events. Among other things, the individual contributions were situated in the field of tension between time and space, individual and community, consciousness and subconsciousness, visibility and invisibility, the mundane and the miraculous, self-perception and the perception of others, presence and absence, life and death. Minimal artistic interventions in the architecture allowed the spaces to breathe, smell, and perspire. They seemed empty and full at the same time. The exhibited works divided the air, condensed, and evaporated. The exhibition largely eschewed visual experience in favor of an immersive event that could only be experienced in the here and now of the exhibition visit. It also raised the question of the interplay of the senses as part of the art experience.

The book *Odor. Immaterial Sculptures* deepens the engagement with the sense of smell and the properties of the immaterial. It takes different perspectives on the ephemeral event and brings together curatorial, artistic, and scientific contributions. In addition to views of works and installations from Siegen and Innsbruck, essays by the co-curators Thomas Thiel, Florian Waldvogel, and Lea März provide insights into exhibiting with smells that also include the reactions of the public. Artist pages, designed in collaboration with the artists, provide additional information, images, and contexts for the individual works. In addition, Hanns Hatt, Ilona Croy, and Jim Drobnick offer contemporary perspectives on the messages of scent in art and society.

On behalf of the Museum für Gegenwartskunst Siegen and the Tyrolean State Museum Ferdinandeum, we would like to thank the artists and authors for their contributions to the exhibition, the symposium, and the accompanying publication. We would like to thank the galleries for their support in organizing the exhibition: Miguel Abreu Gallery, Galleria Rolando Anselmi, Casey Kaplan, Karma International, Galerie Peter Kilchmann, Galerie Nagel Draxler, Galerie Michel Rein, and Sprüth Magers. We would like to thank all our colleagues for the outstanding organization of the exhibition, the accompanying publications, and the supporting program. We would also like to thank the teams of both museums, including the administrators, visitor services, and the guards, for their great support of our project. This publication and the individual contributions benefit from the ingenious design by Mario Lombardo and David Heuer, who took into account the theme of the exhibition not only in their design but also in their choice of materials. We would also like to thank DCV Verlag, especially Uta Grosenick and Vinzenz Geppert, for their careful editing, production, and distribution of our book.

Last but not least, we are extremely grateful to the sponsors of this international cooperation project between two museums: the German Federal Cultural Foundation, the Kunststiftung NRW, and the Peter Paul Rubens Foundation, without whose support this special cooperation project and the book would not have been possible.

THOMAS THIEL
Direktor | Director,
Museum für Gegenwartskunst Siegen

FLORIAN WALDVOGEL
Leiter | Head of
Modernen Sammlung,
Tiroler Landesmuseen

AUSSTELLUNG
EXHIBITION

SIEGEN

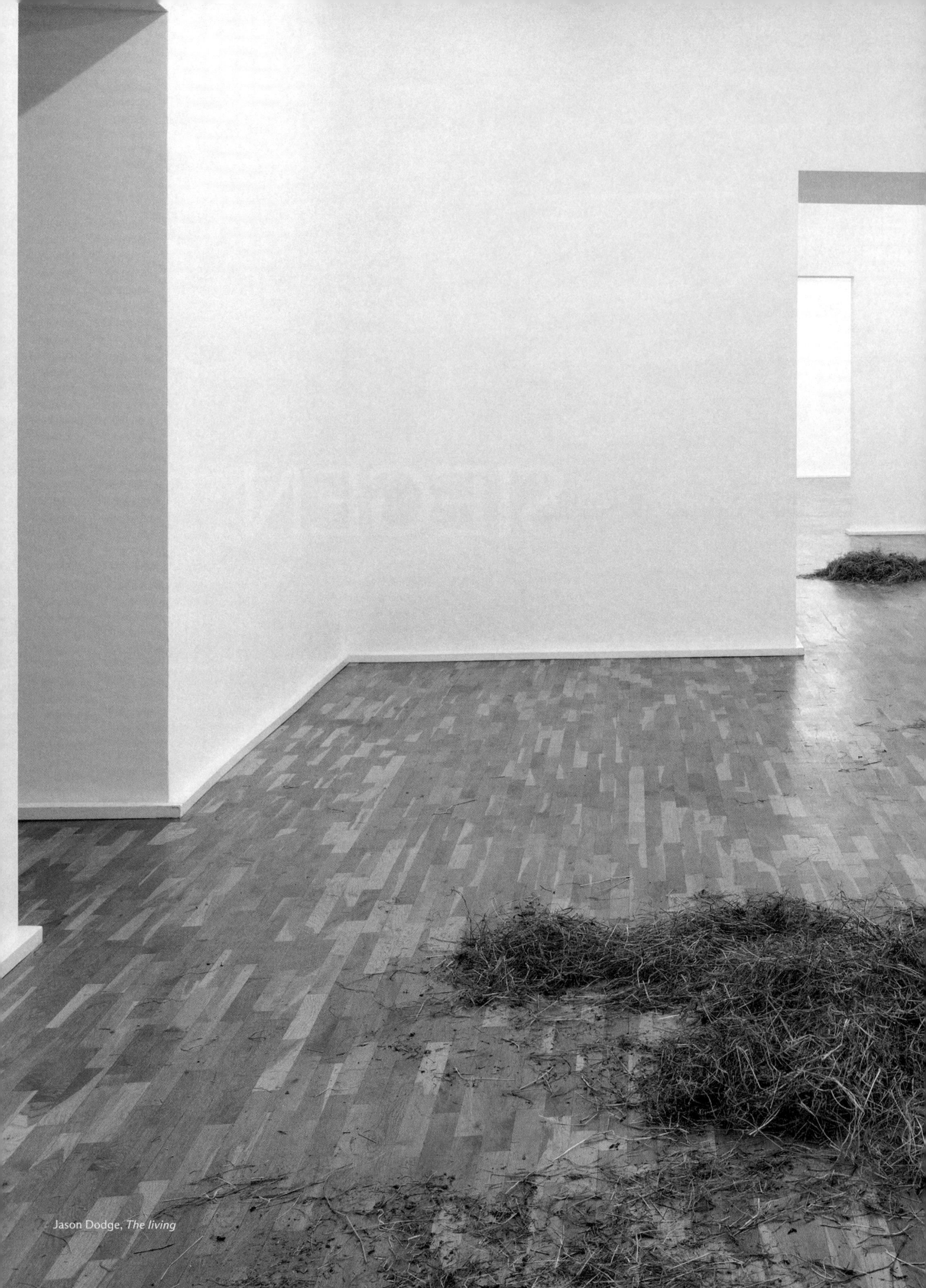

Jason Dodge, *The living*

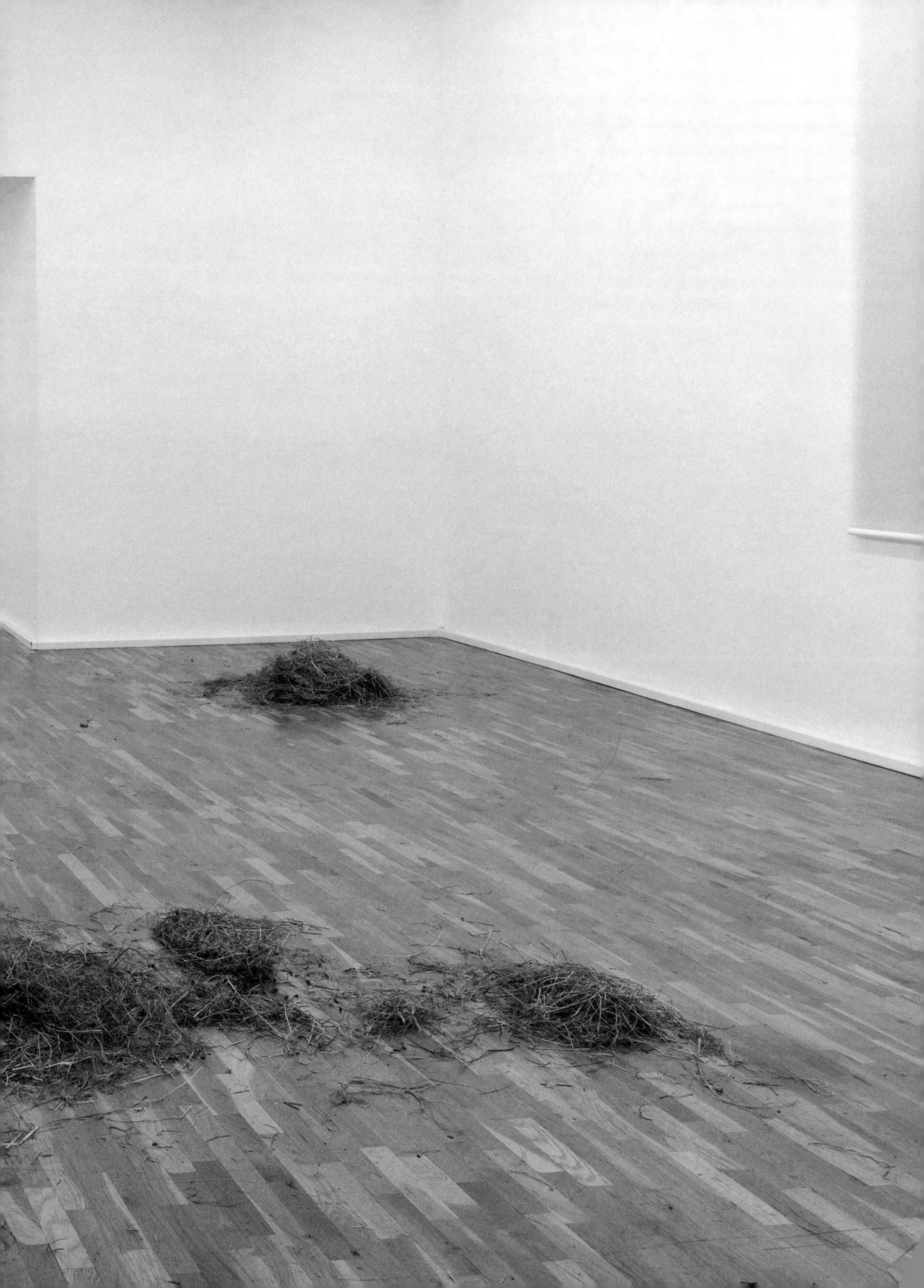

Luca Vitone, *A tale of forked tongues*, 2018–2022

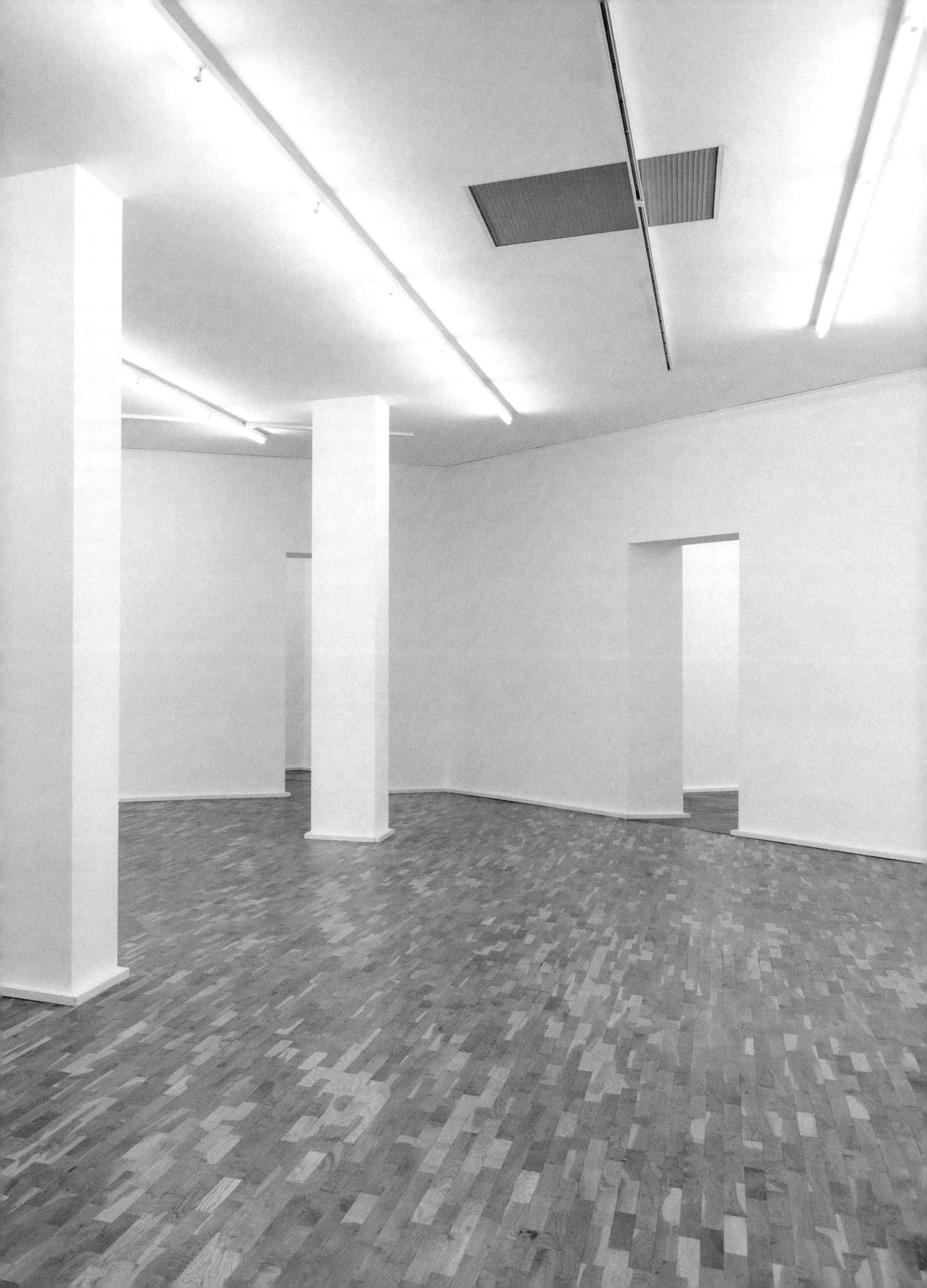

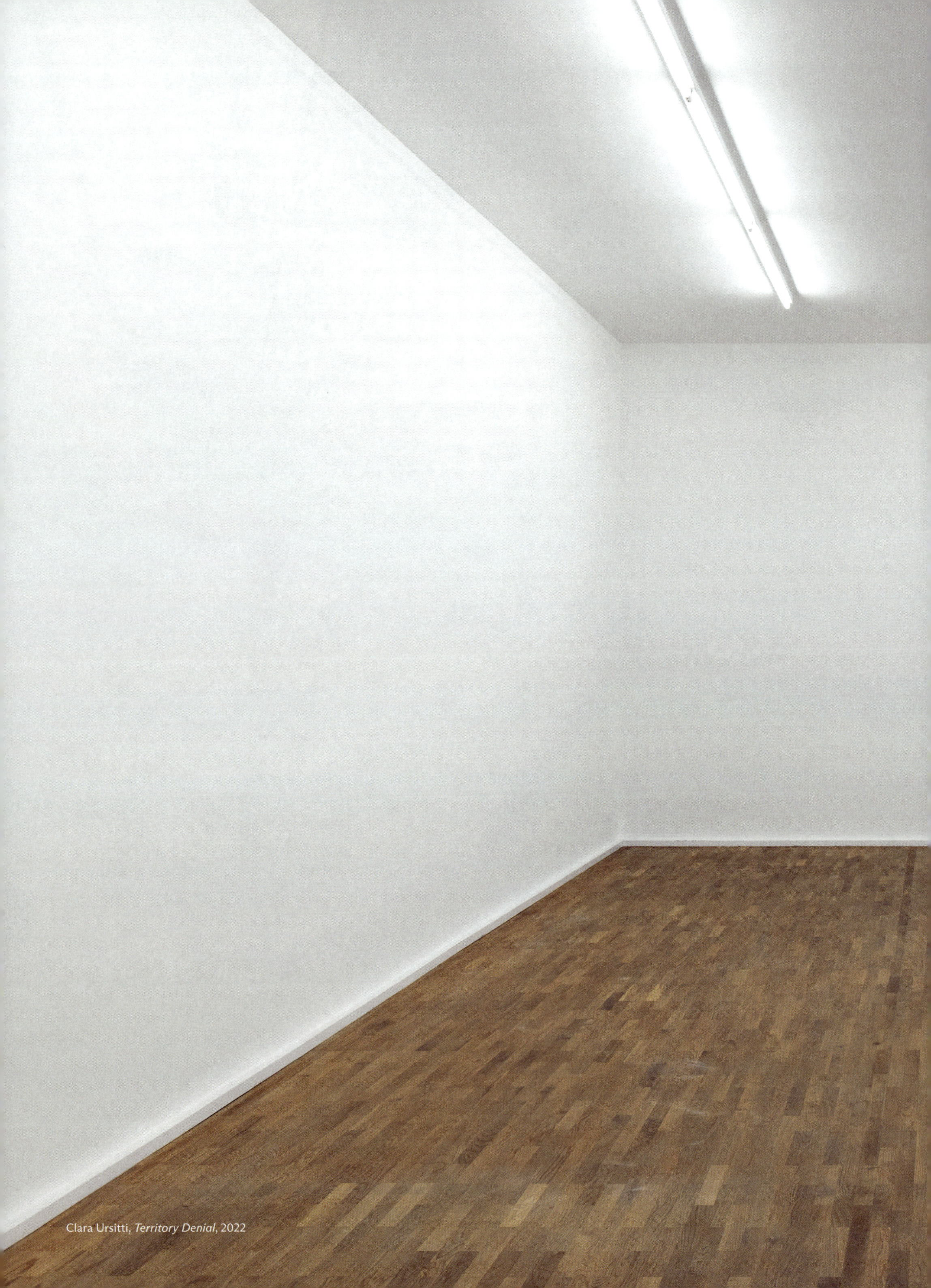

Clara Ursitti, *Territory Denial*, 2022

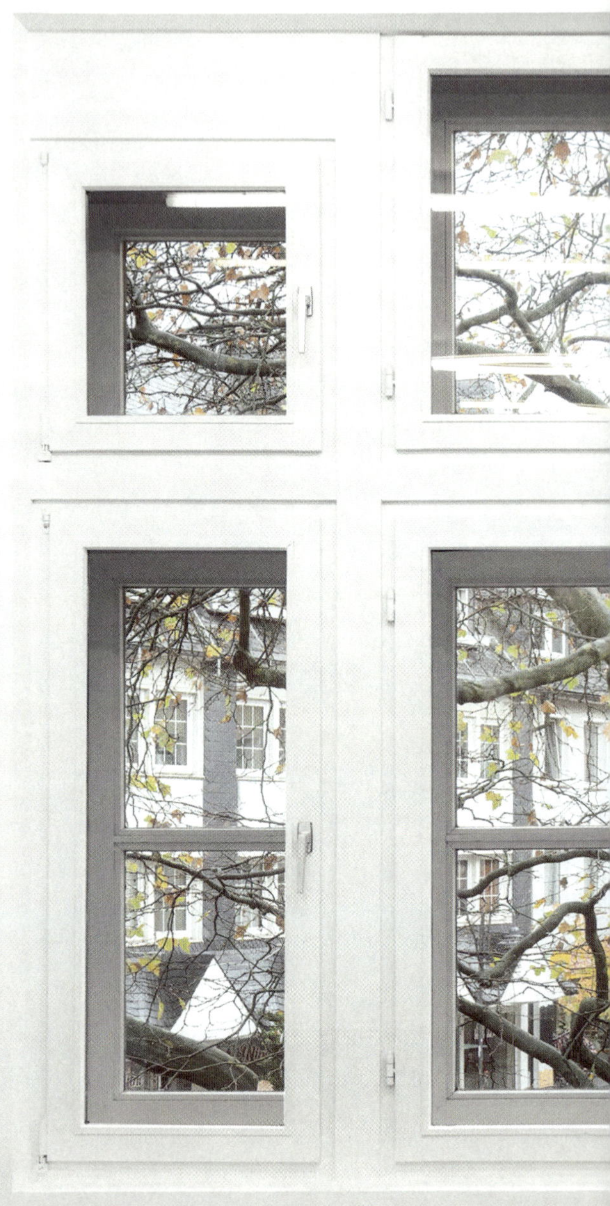

Koo Jeong A, *Pullover Wardrobe*, 1995

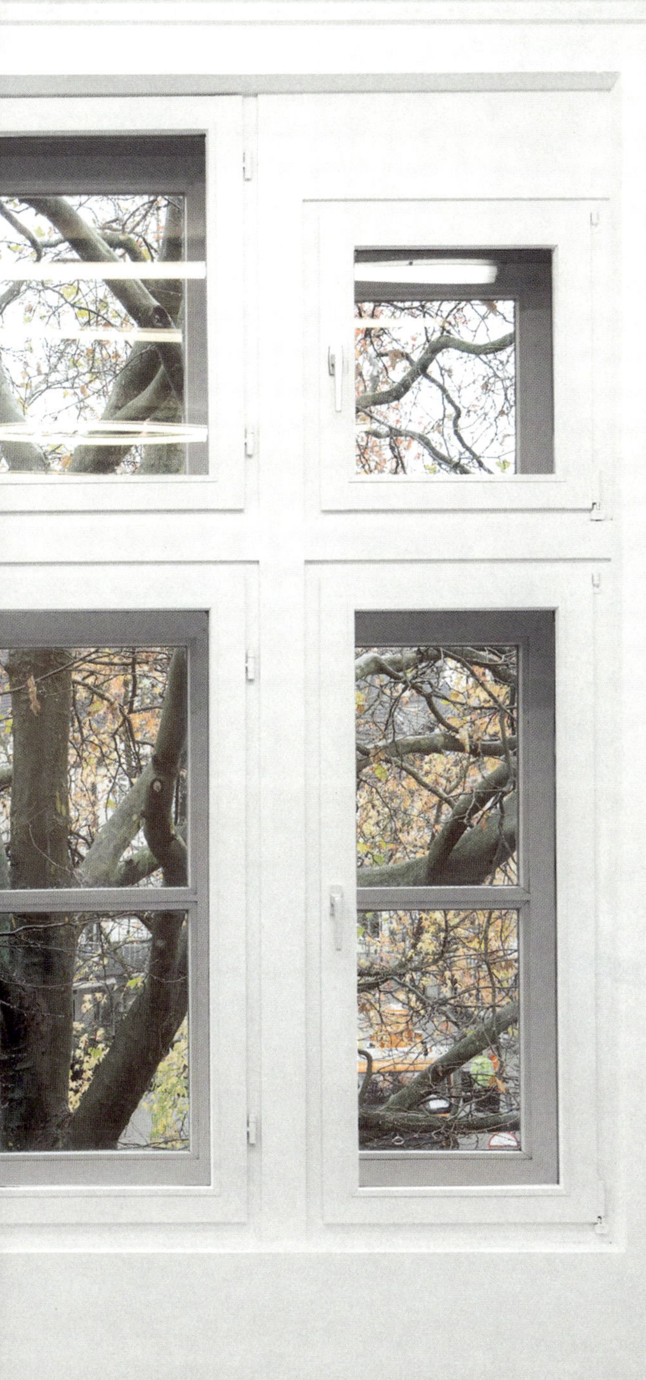

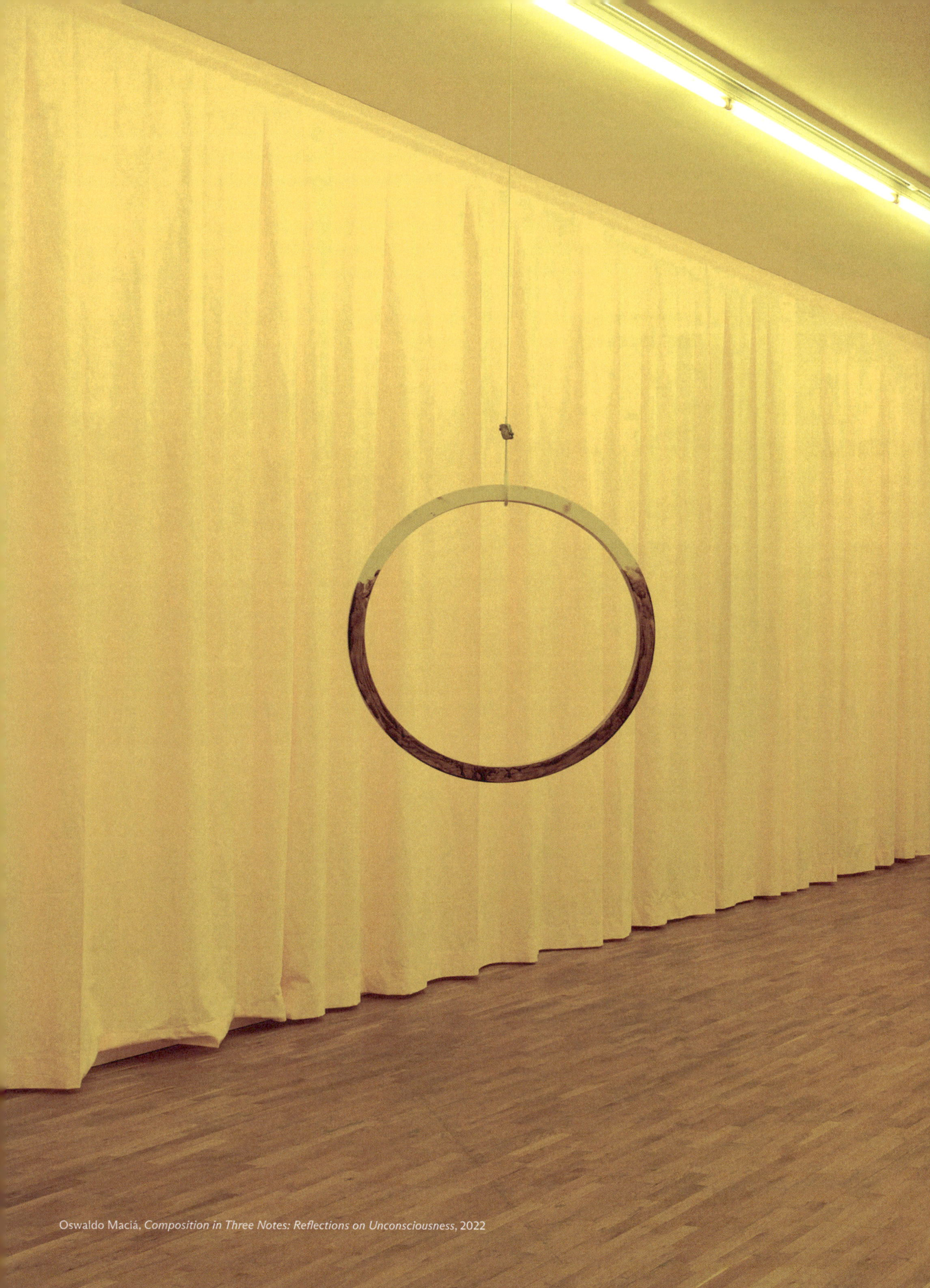

Oswaldo Maciá, *Composition in Three Notes: Reflections on Unconsciousness*, 2022

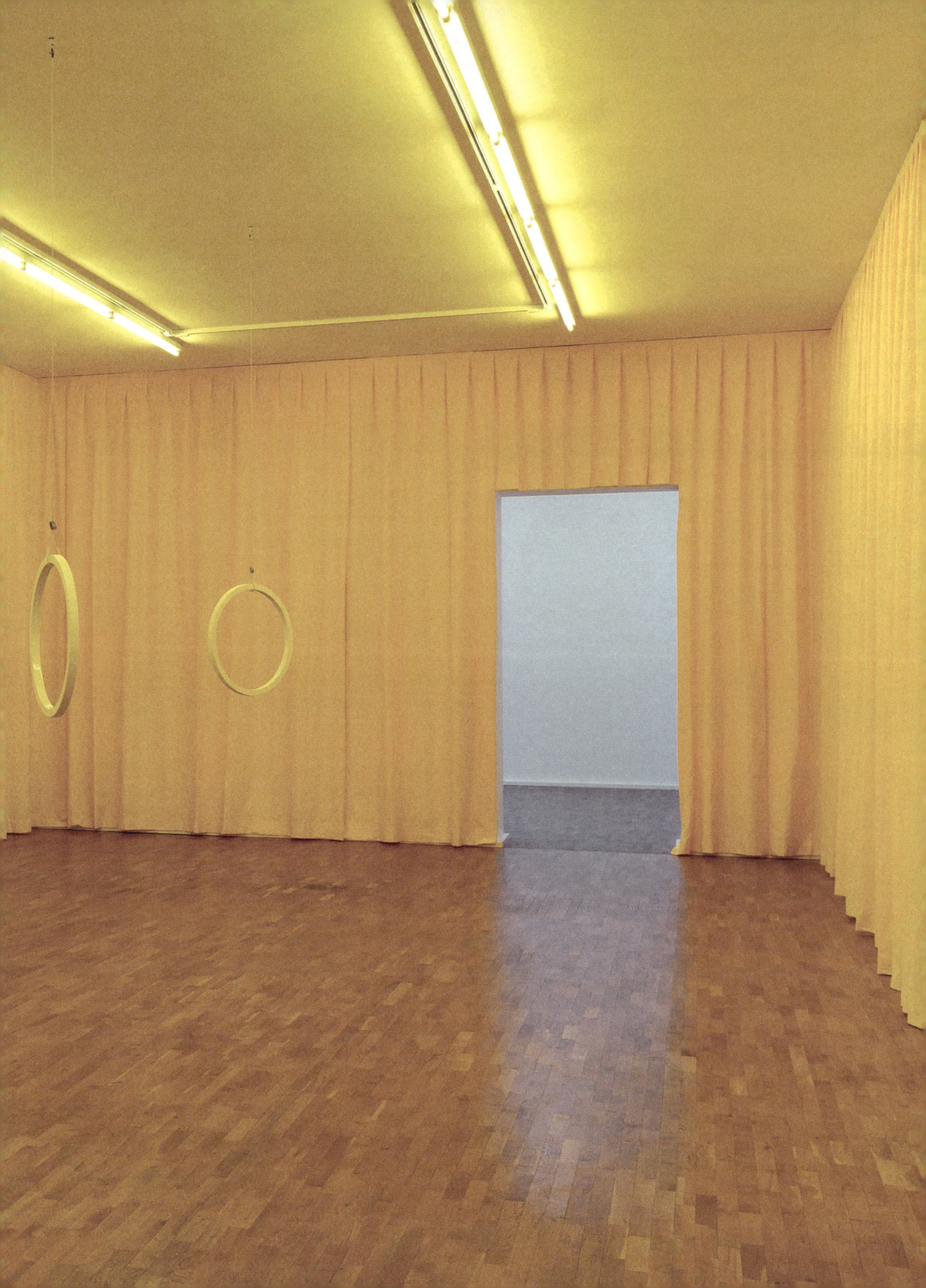

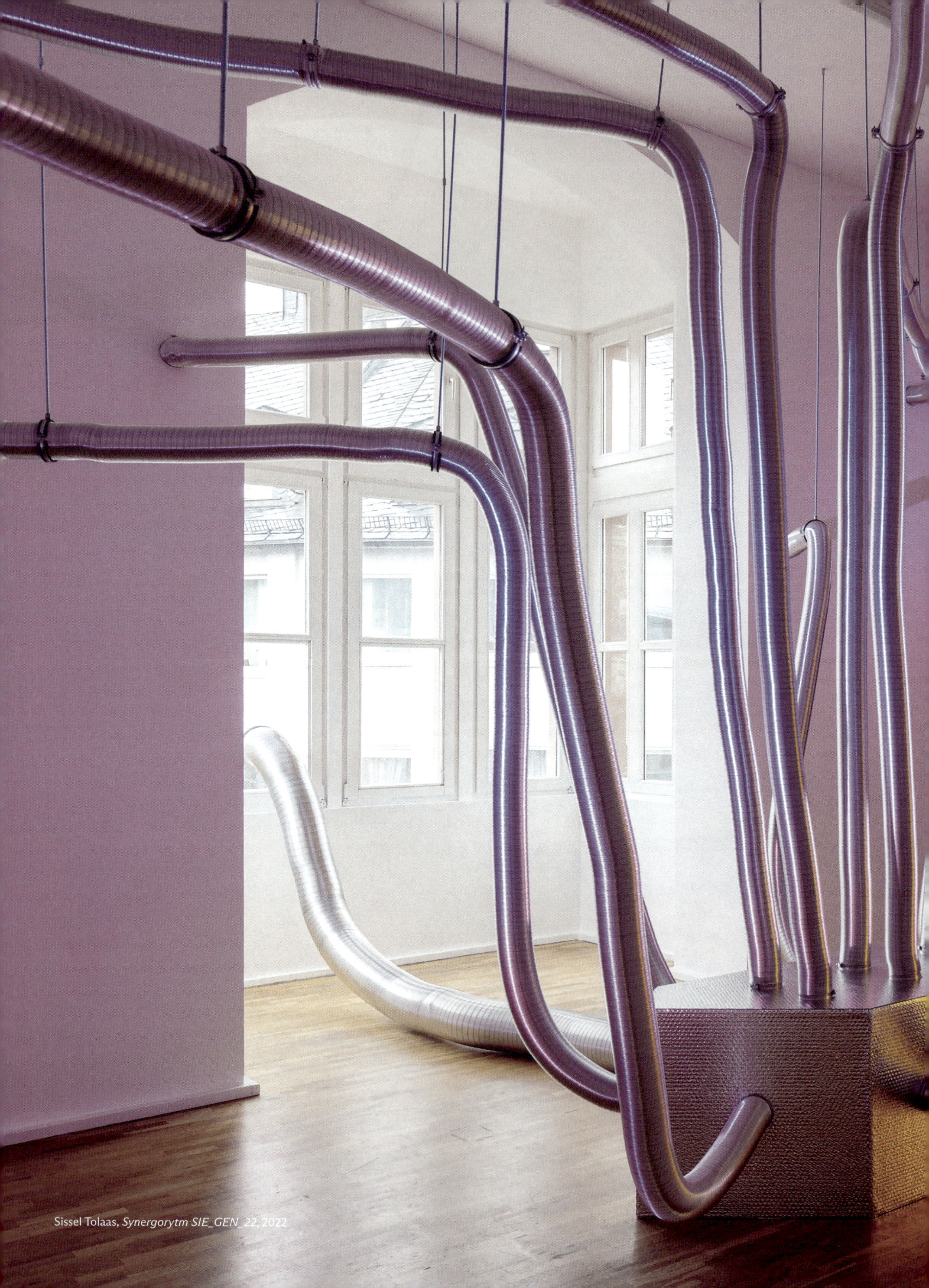

Sissel Tolaas, *Synergorytm SIE_GEN_22*, 2022

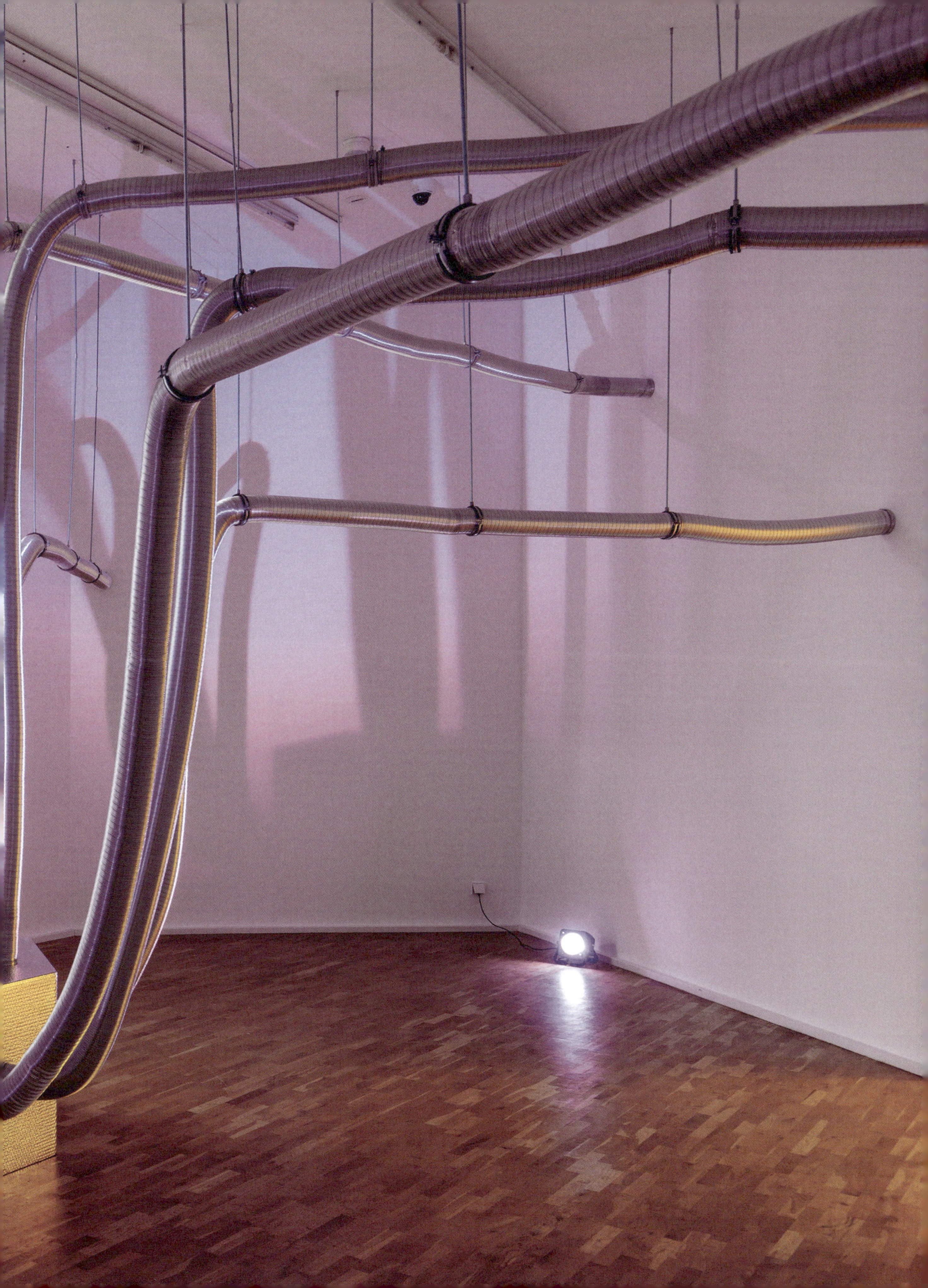

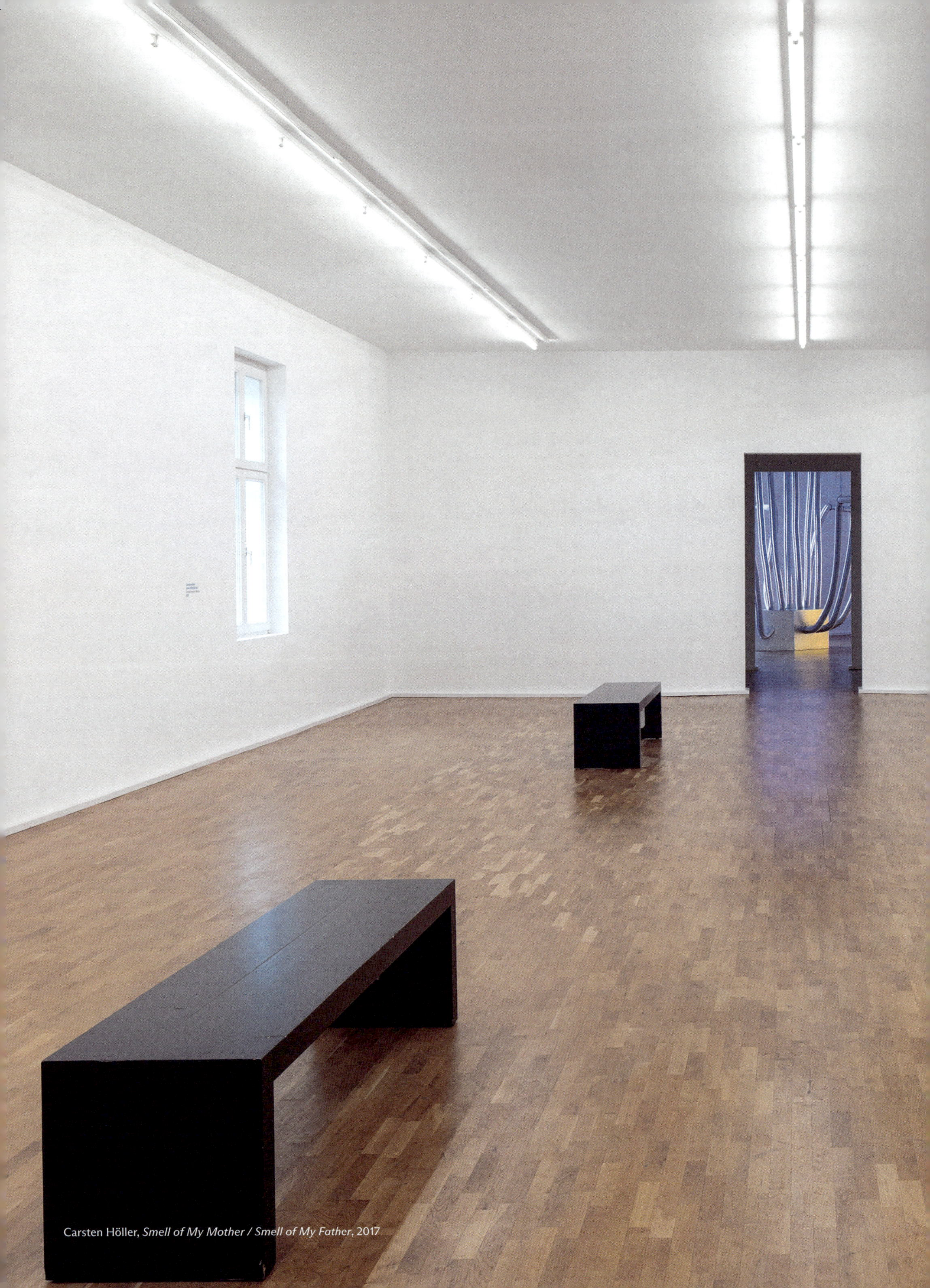

Carsten Höller, *Smell of My Mother / Smell of My Father*, 2017

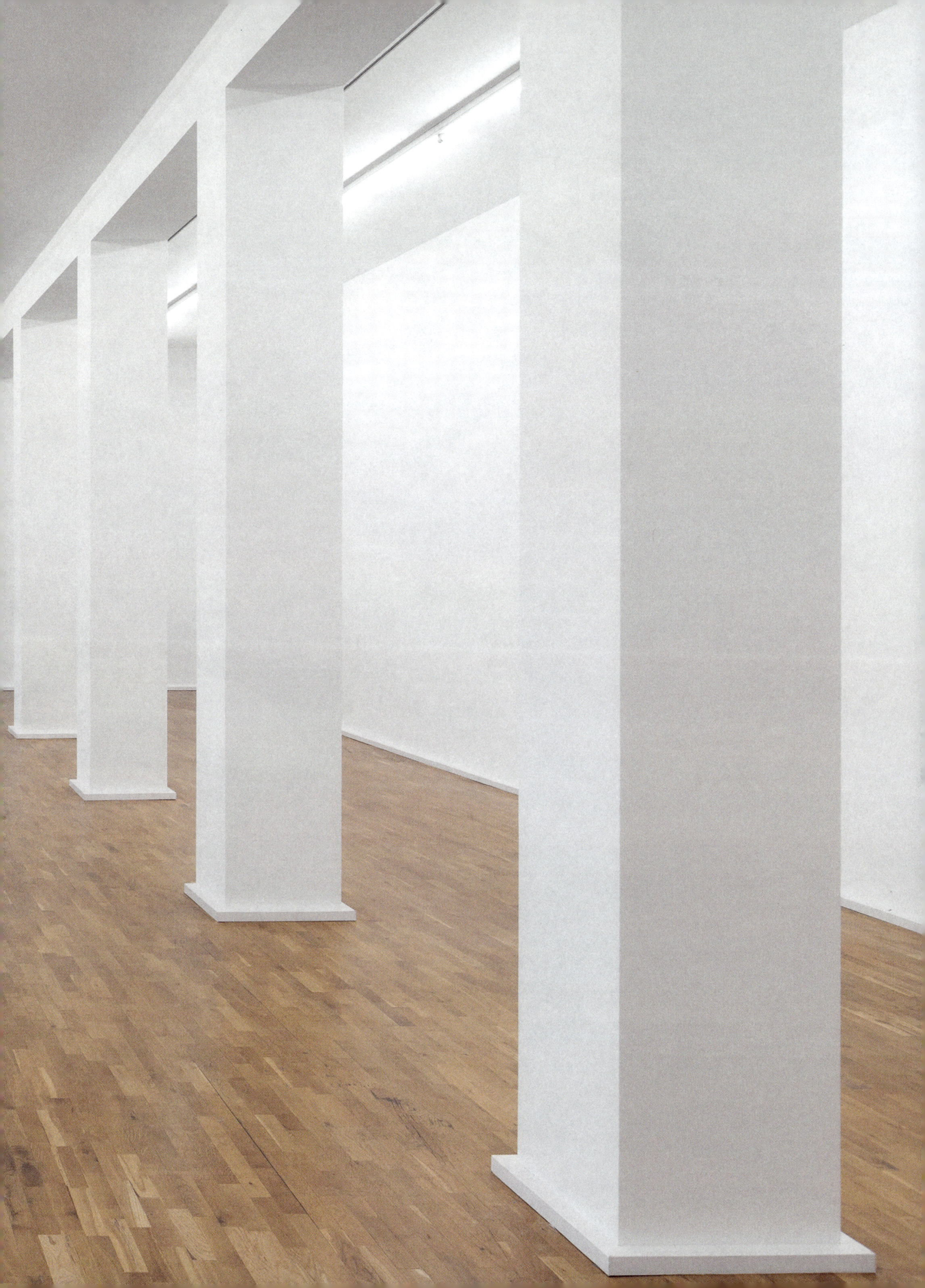

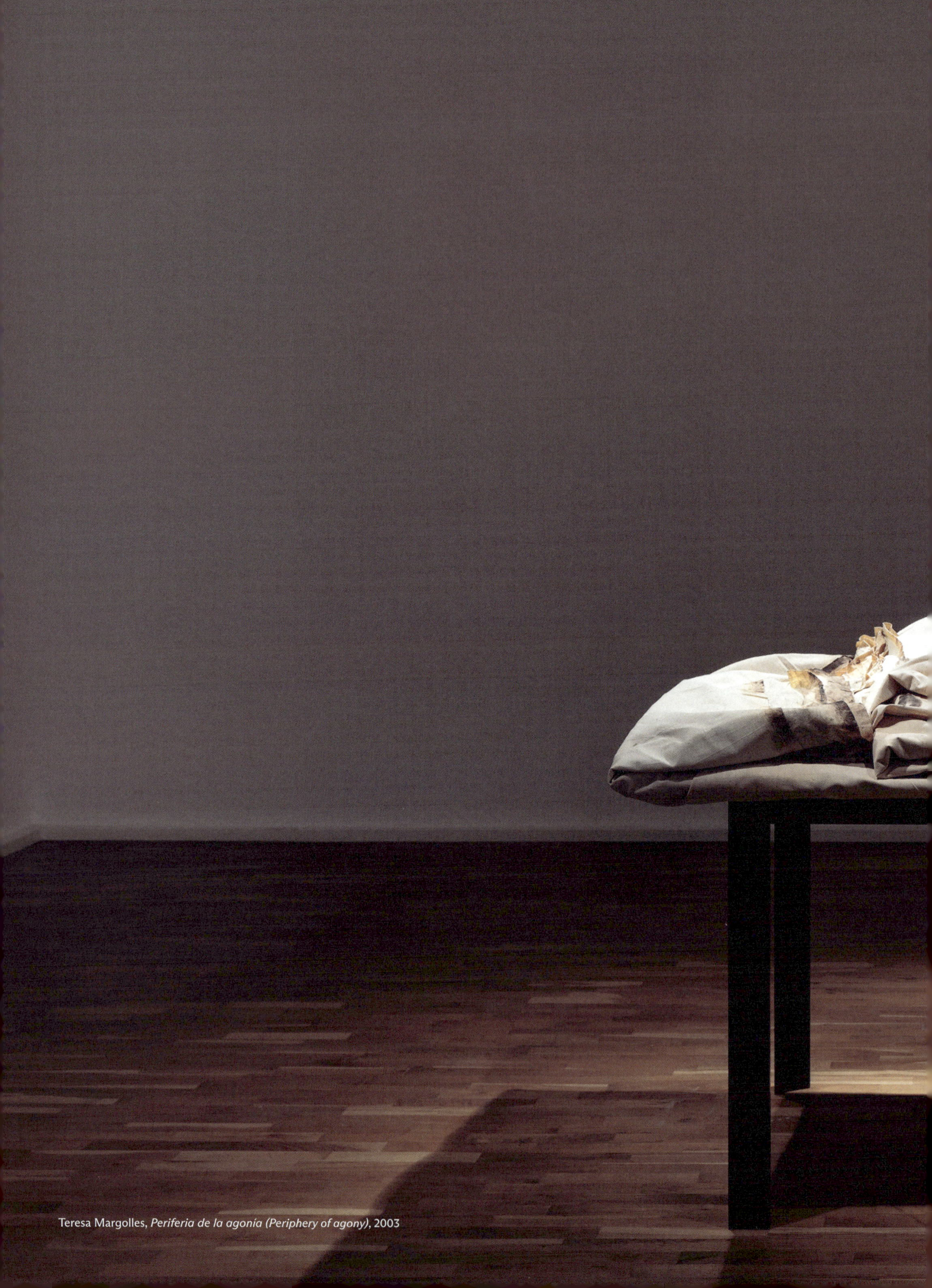

Teresa Margolles, *Periferia de la agonía (Periphery of agony)*, 2003

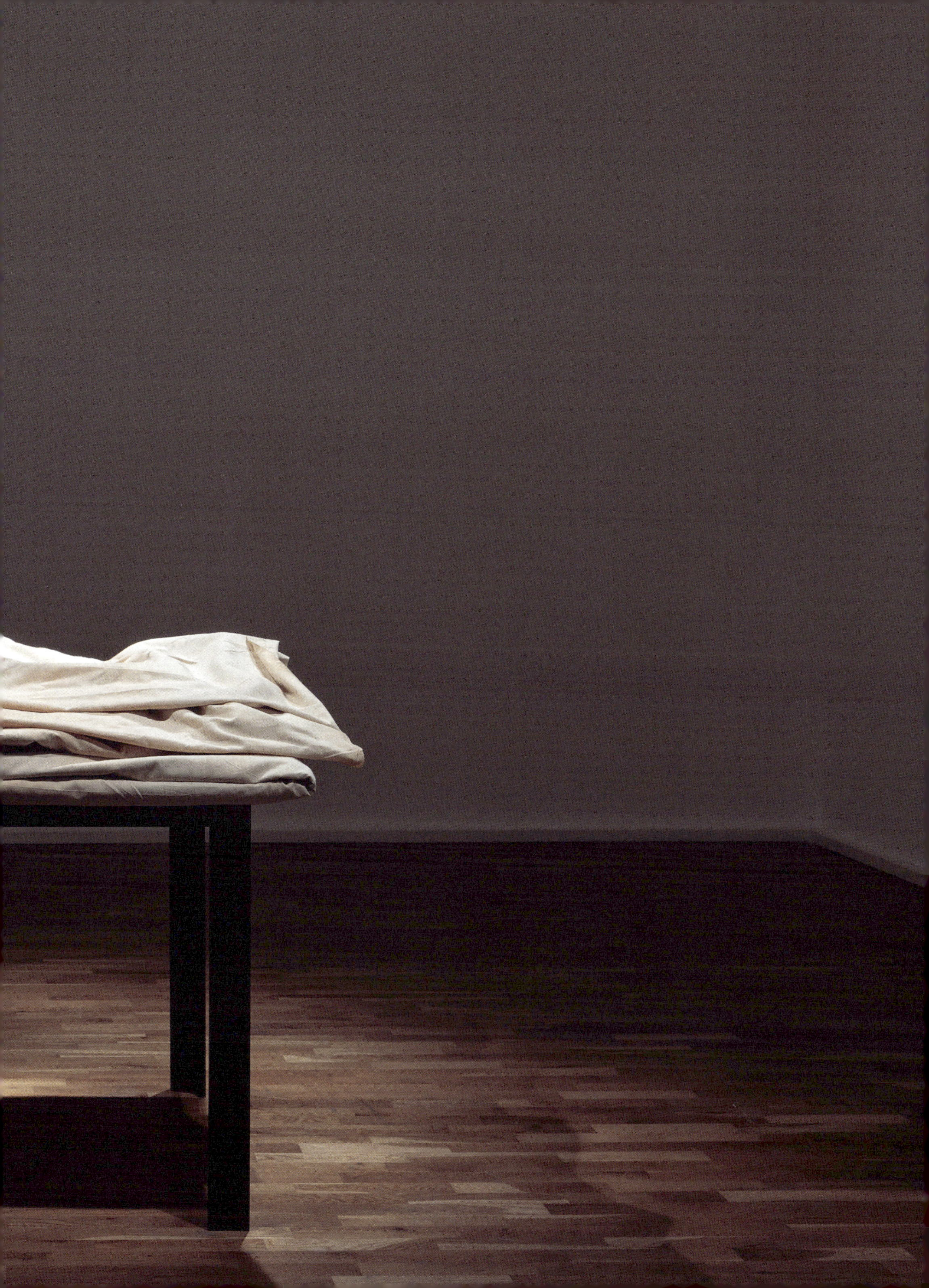

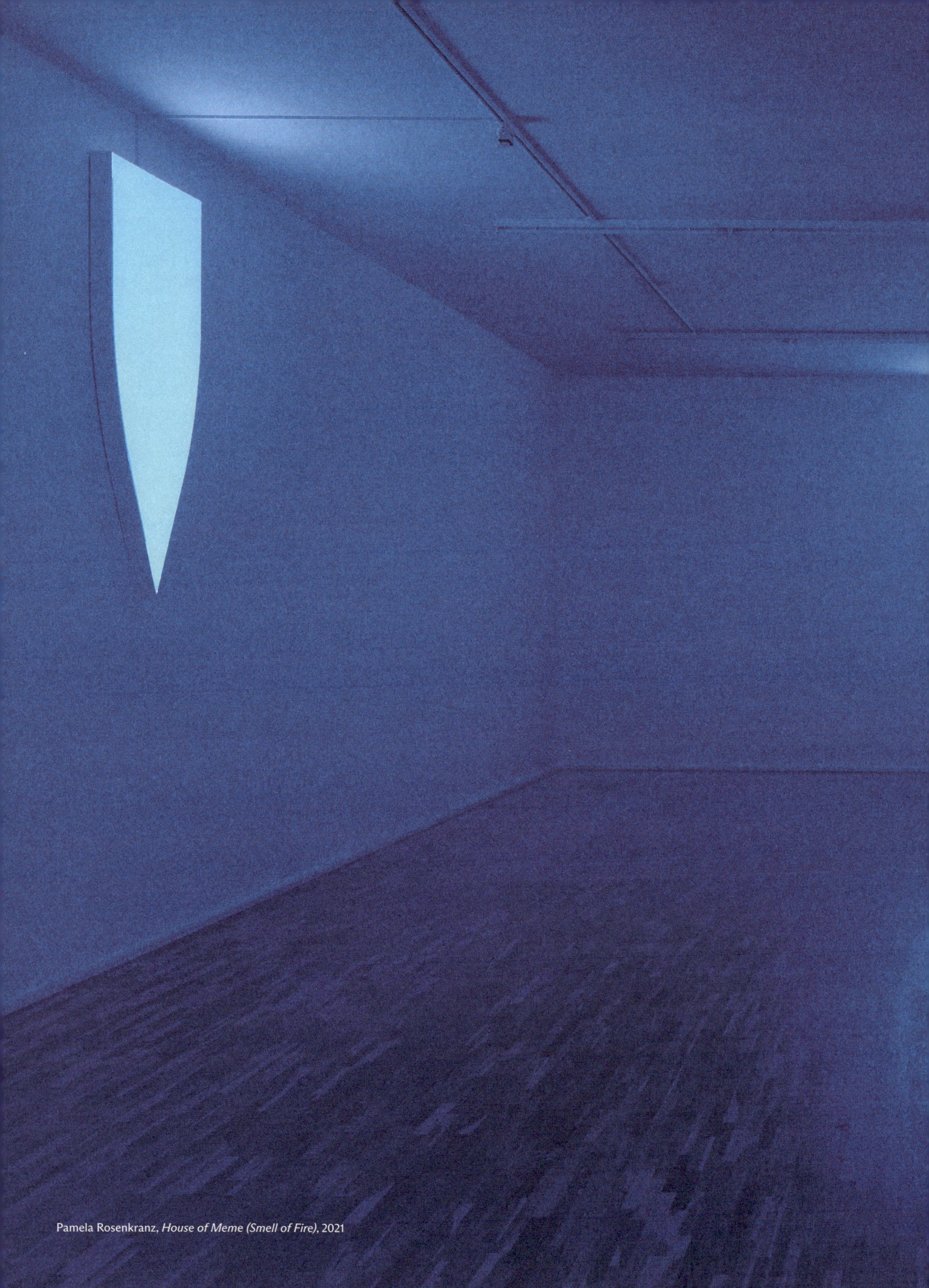

Pamela Rosenkranz, *House of Meme (Smell of Fire)*, 2021

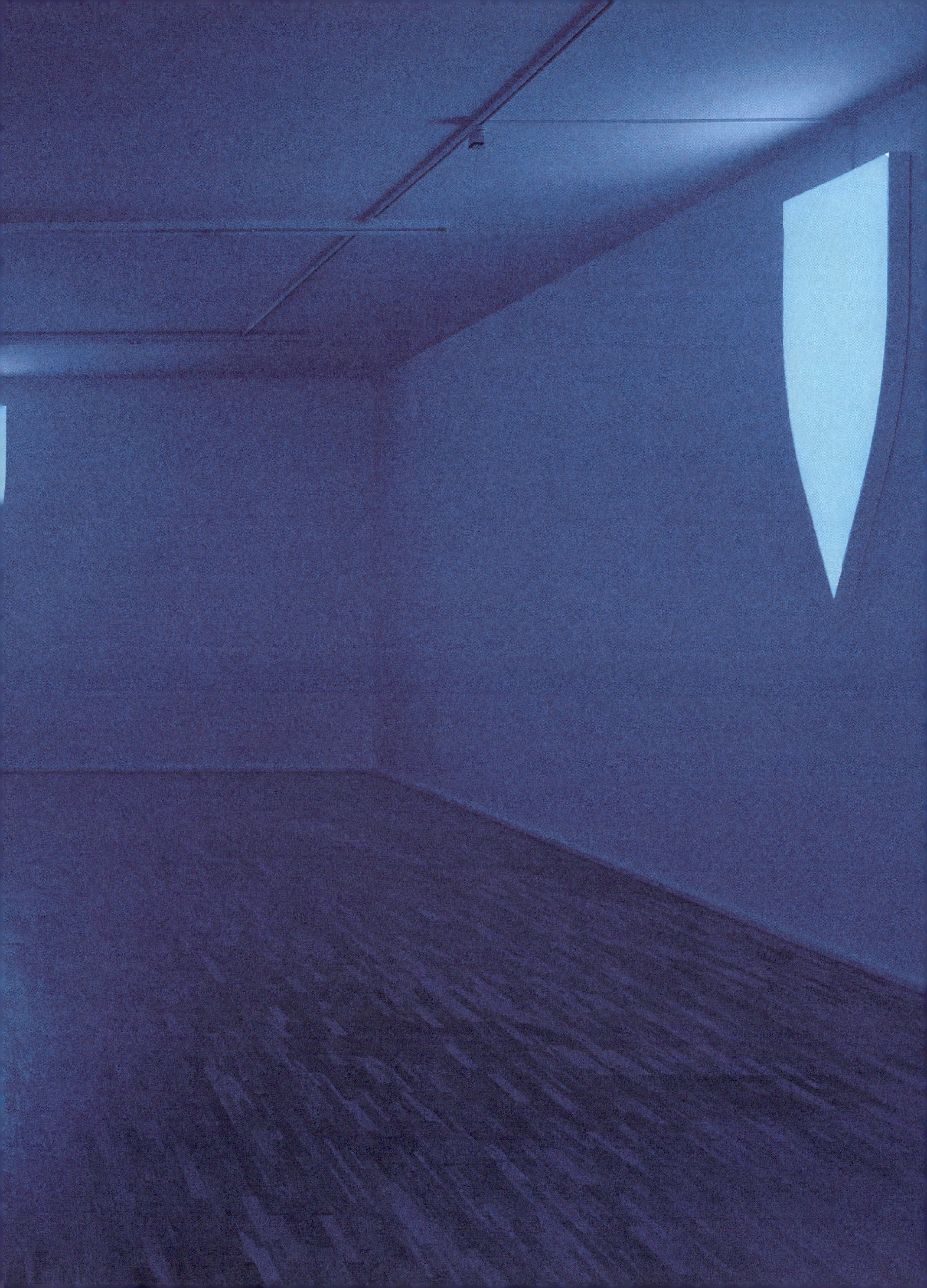

AUSSTELLUNG
EXHIBITION

INNSBRUCK

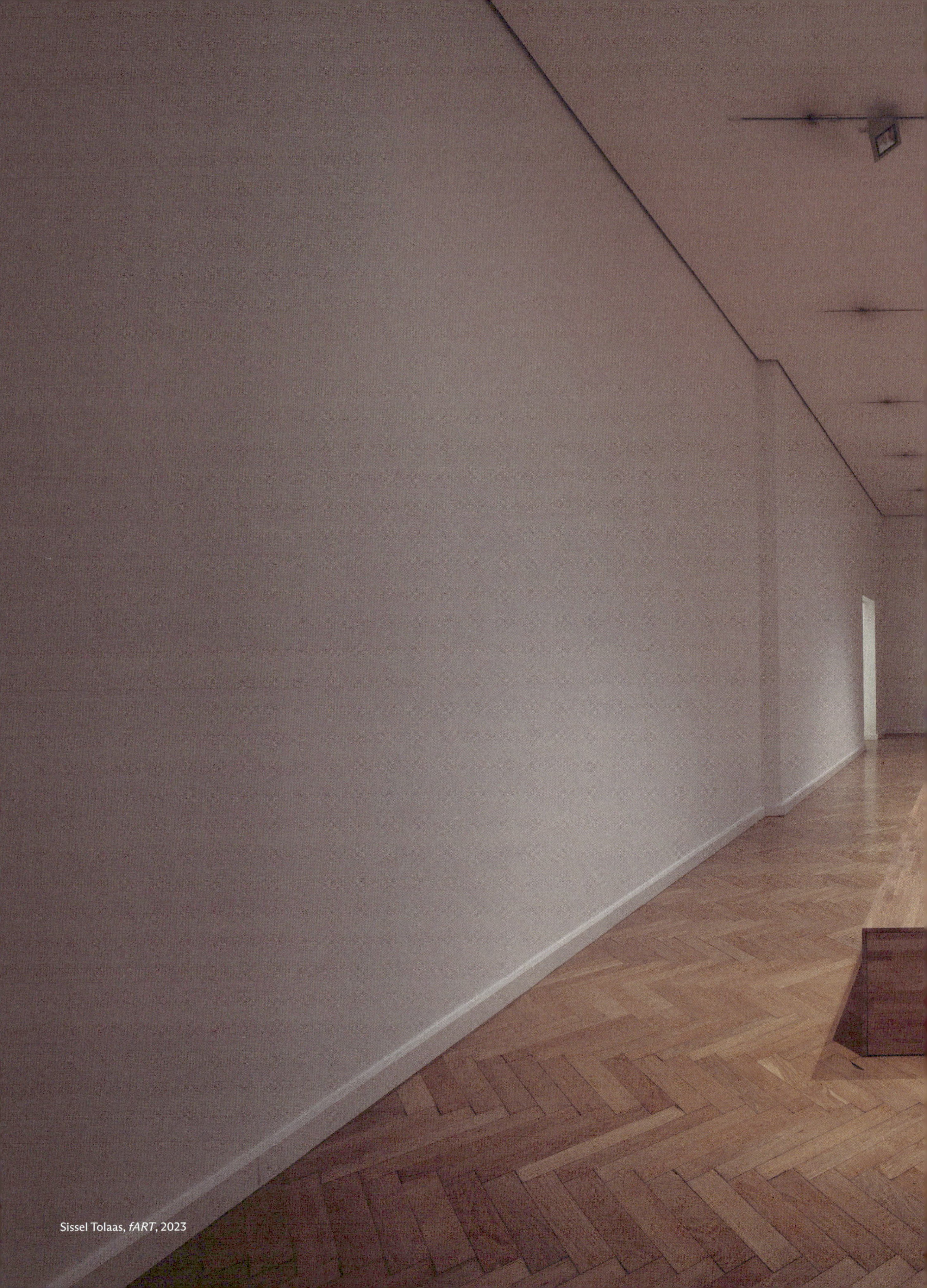

Sissel Tolaas, *fART*, 2023

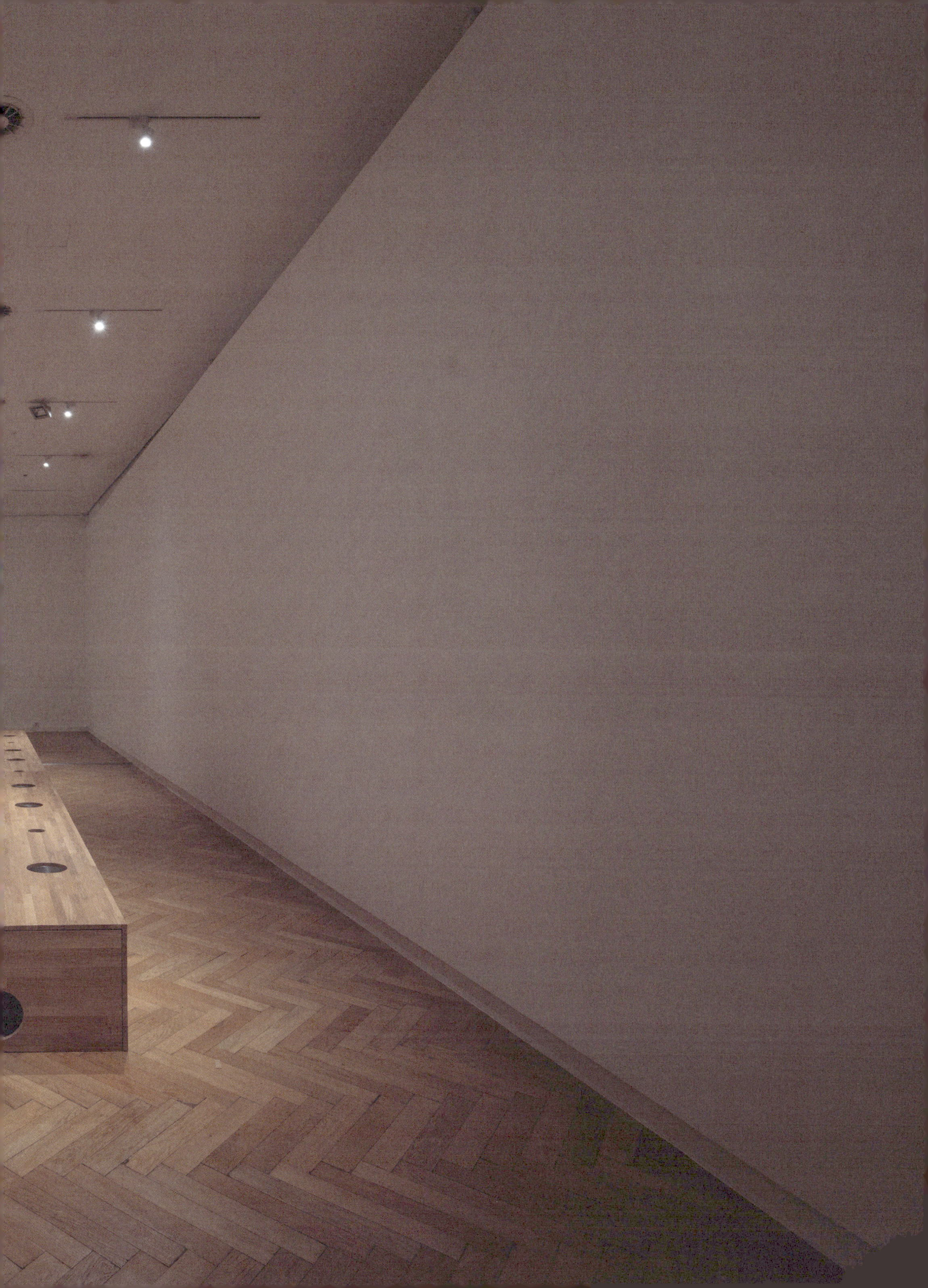

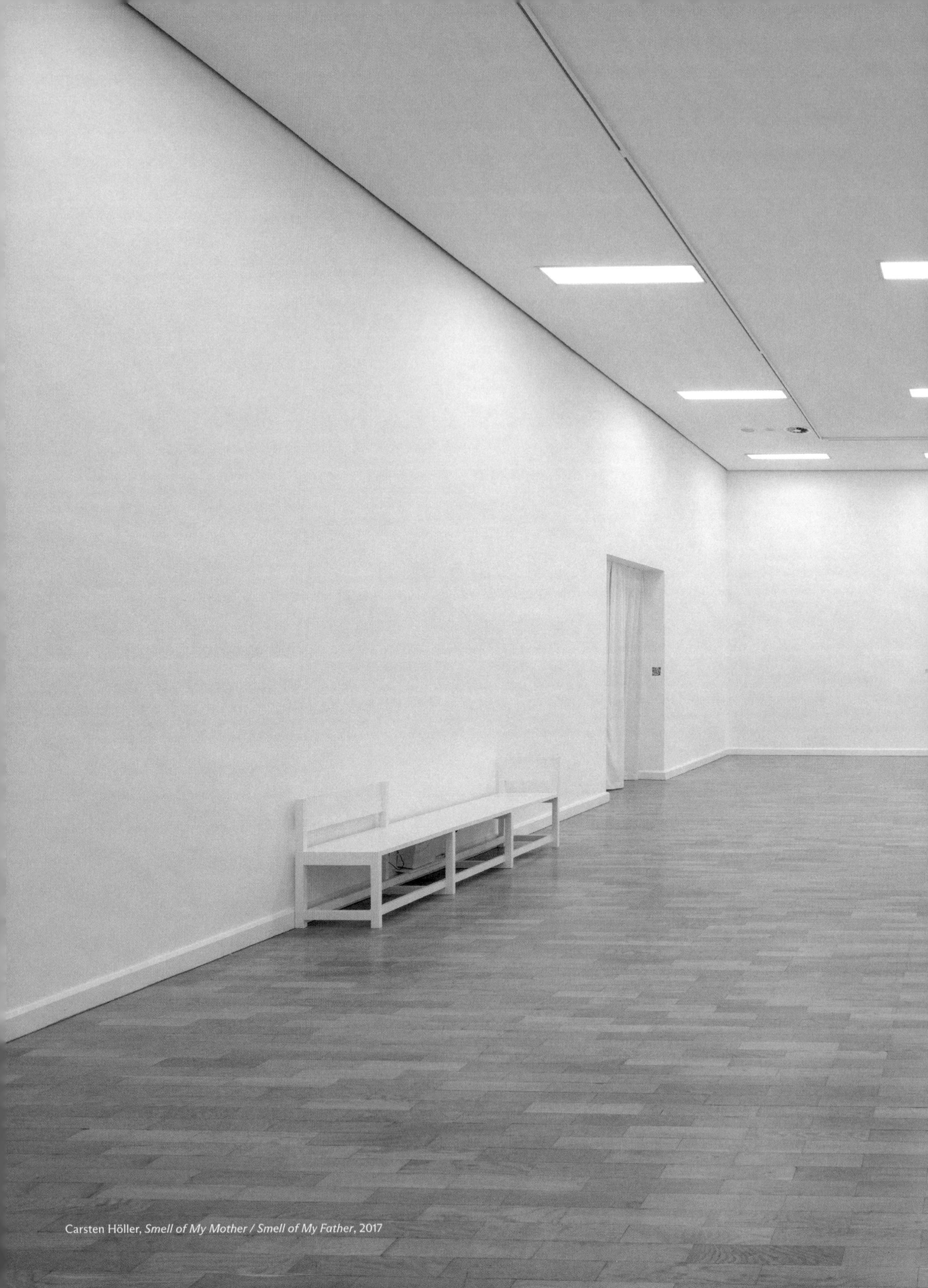

Carsten Höller, *Smell of My Mother / Smell of My Father*, 2017

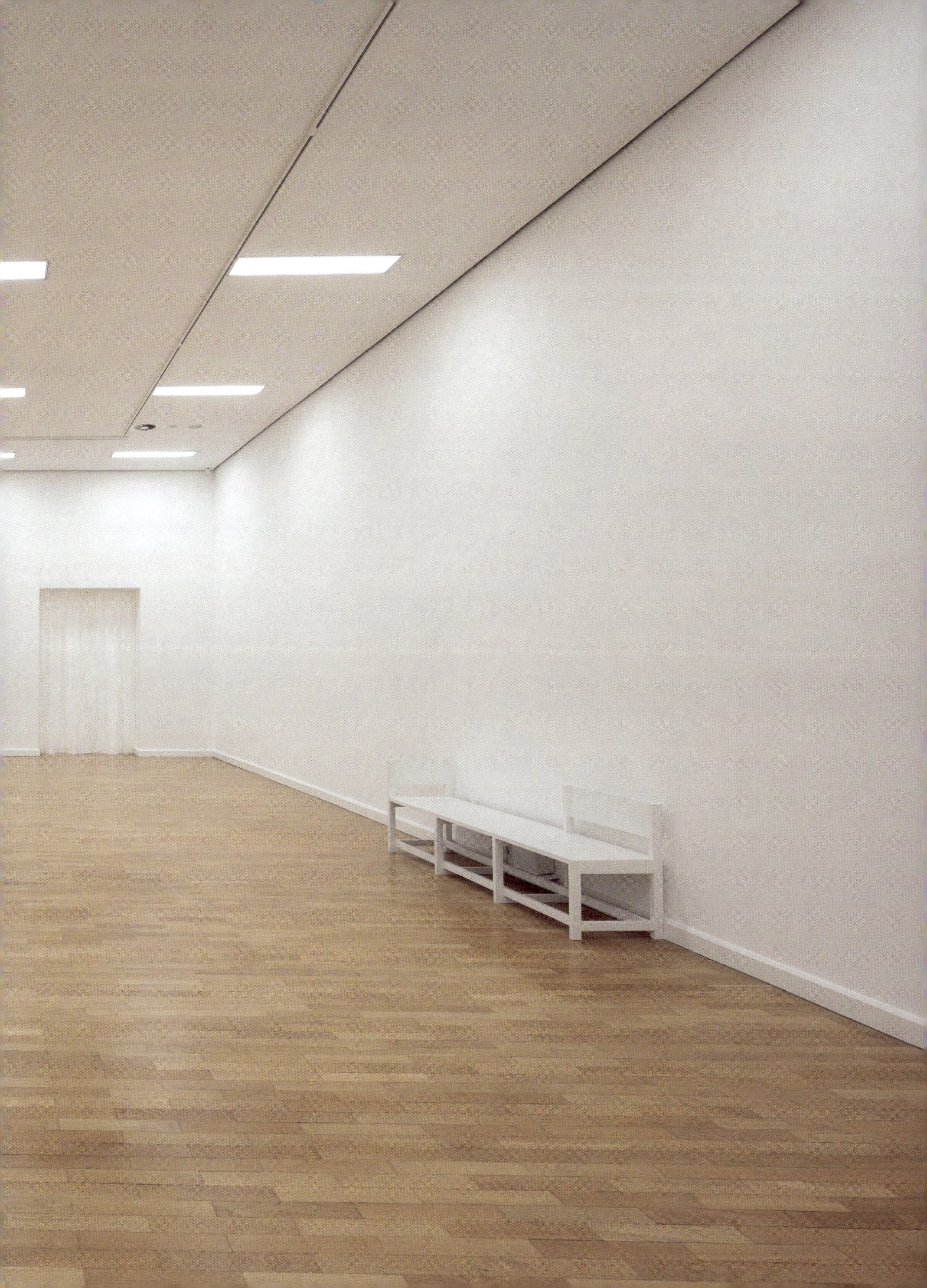

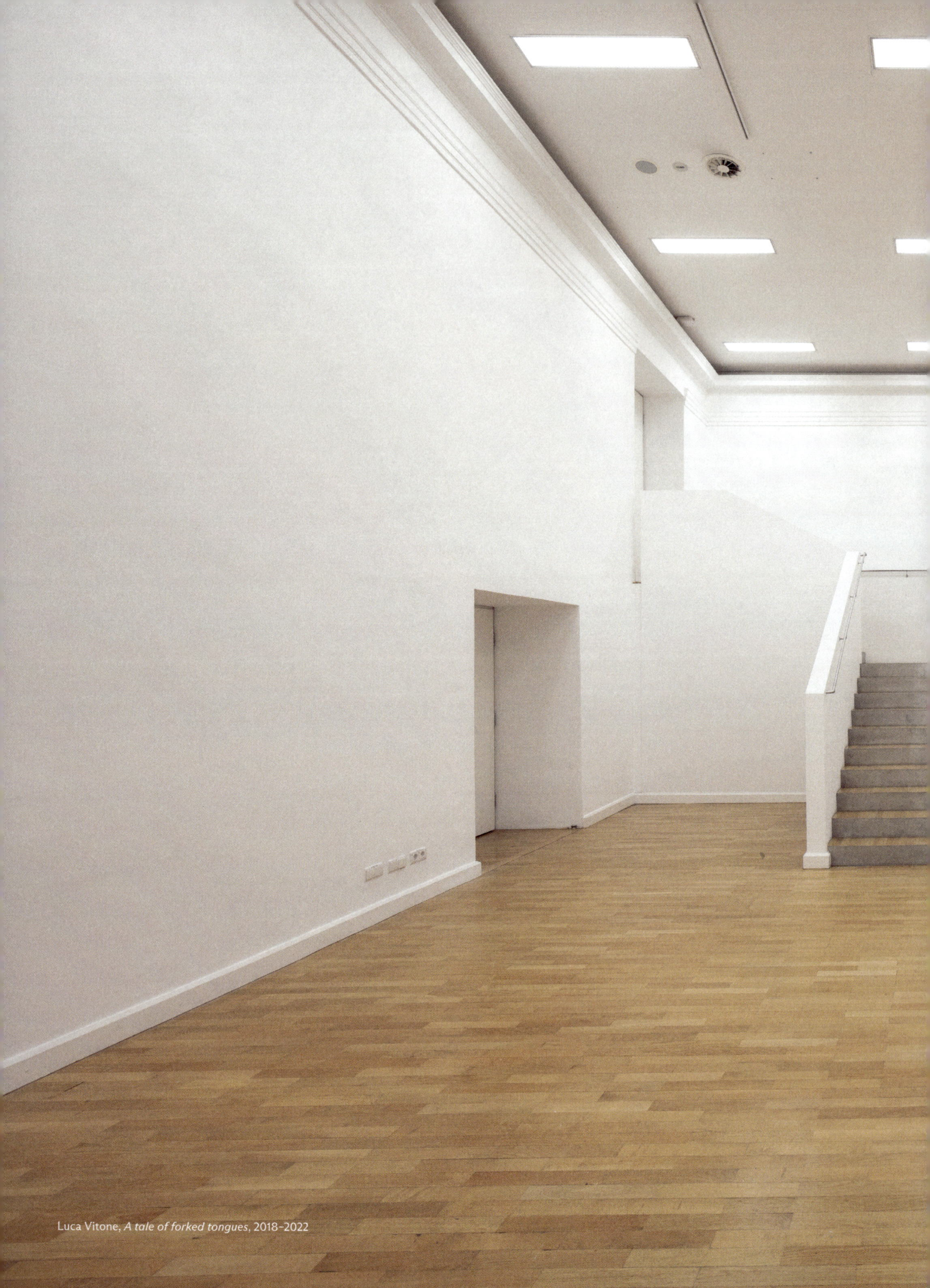

Luca Vitone, *A tale of forked tongues*, 2018-2022

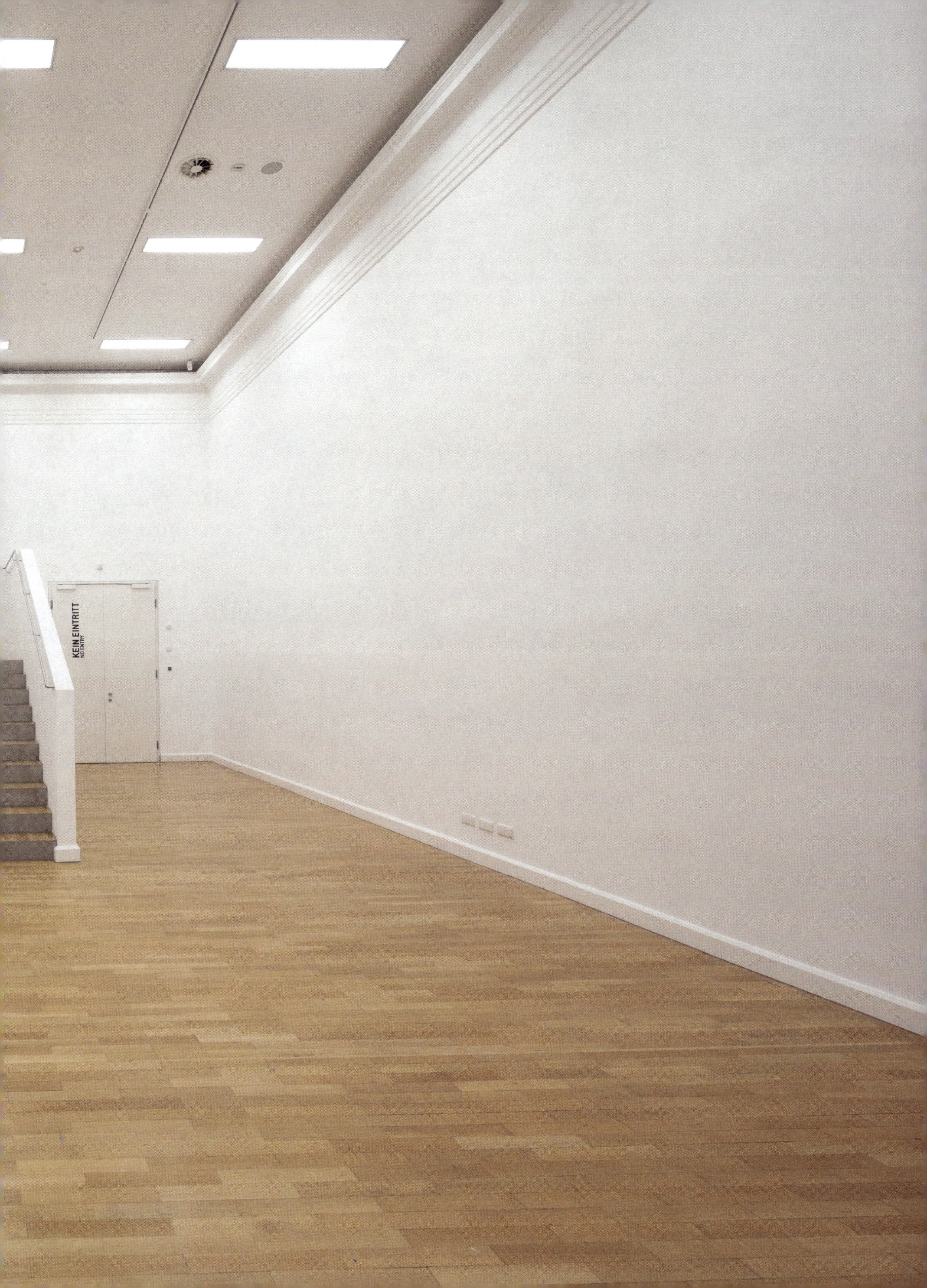
KEIN EINTRITT
NO ENTRY

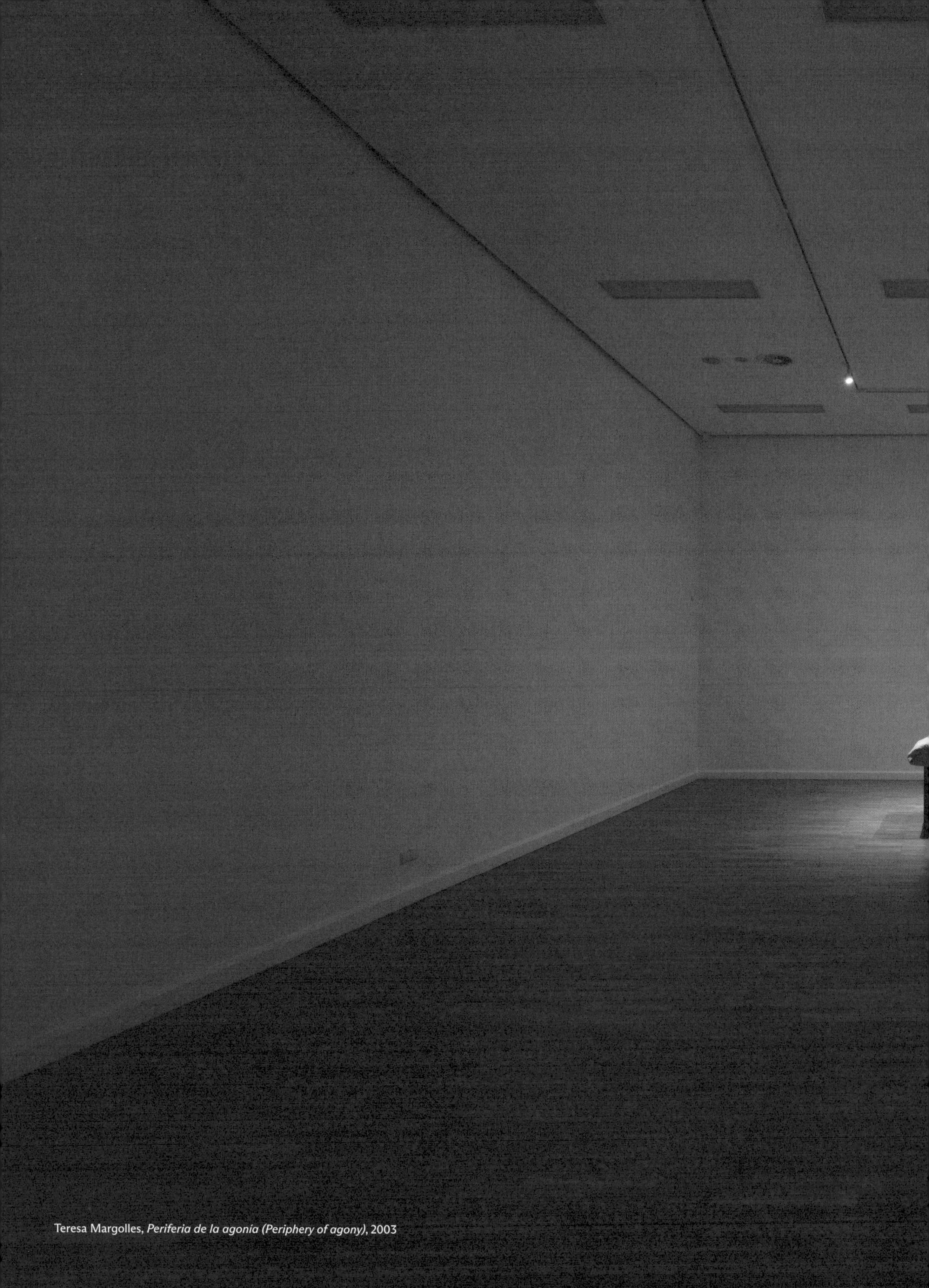

Teresa Margolles, *Periferia de la agonía (Periphery of agony)*, 2003

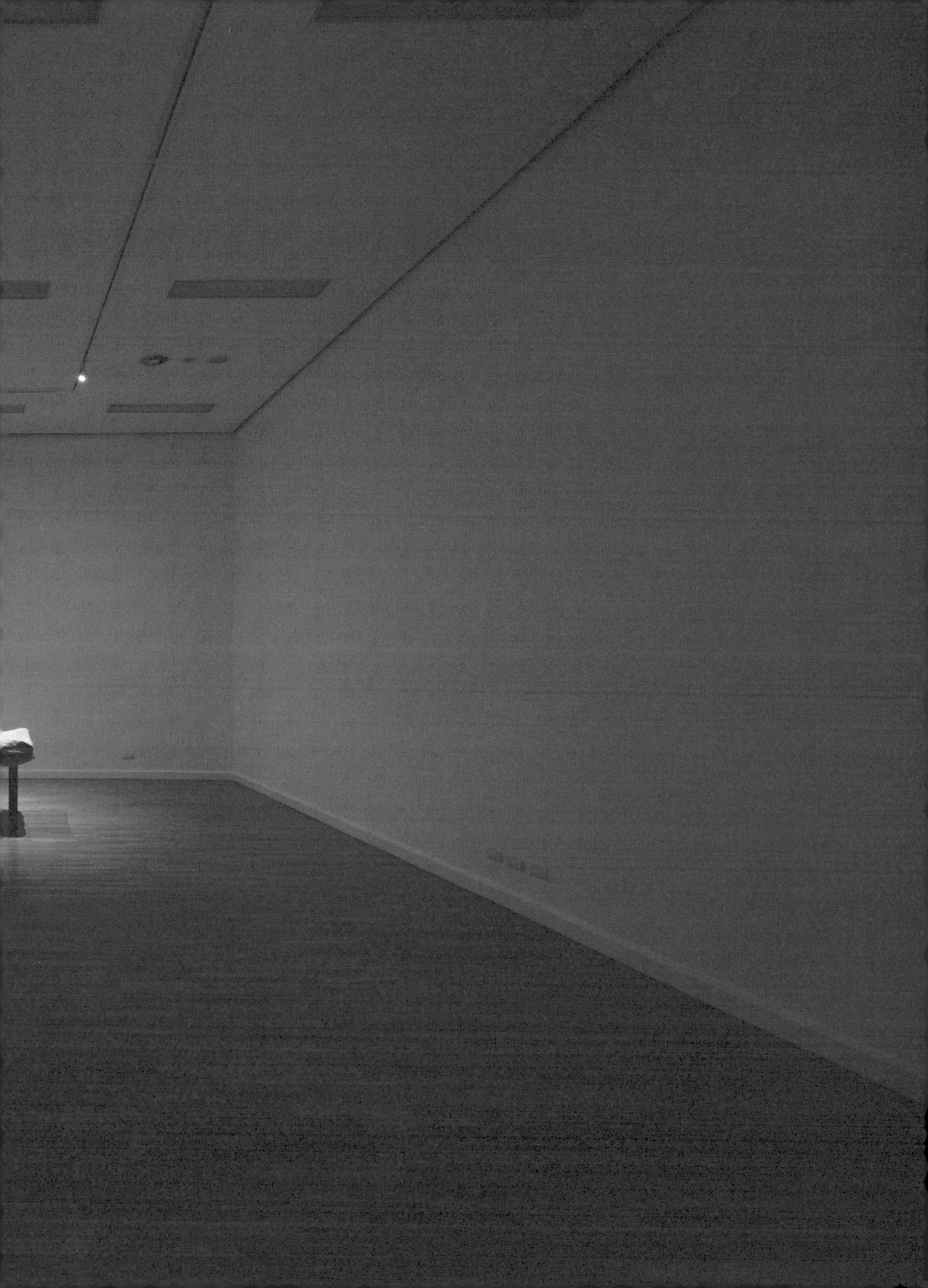

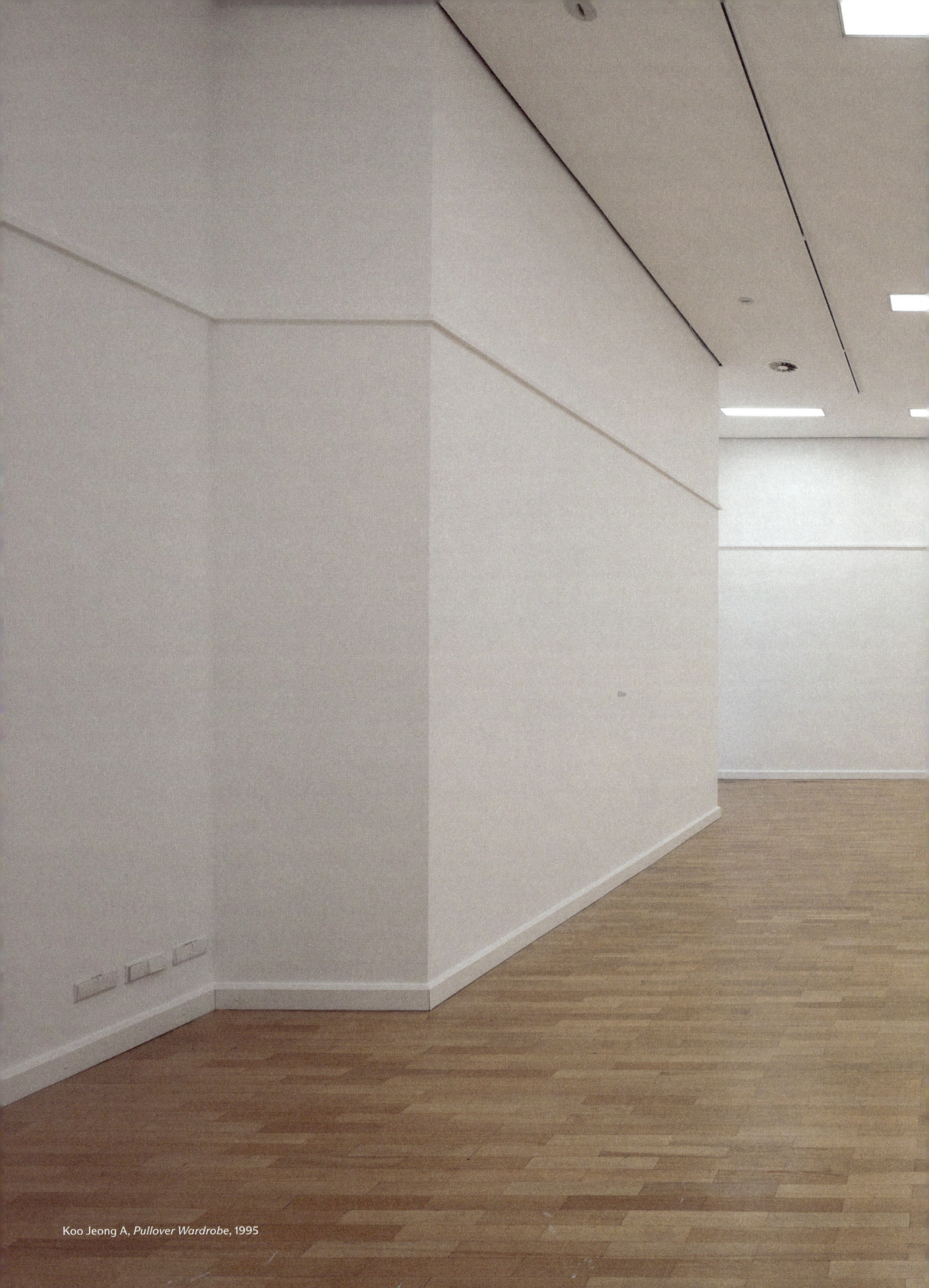

Koo Jeong A, *Pullover Wardrobe*, 1995

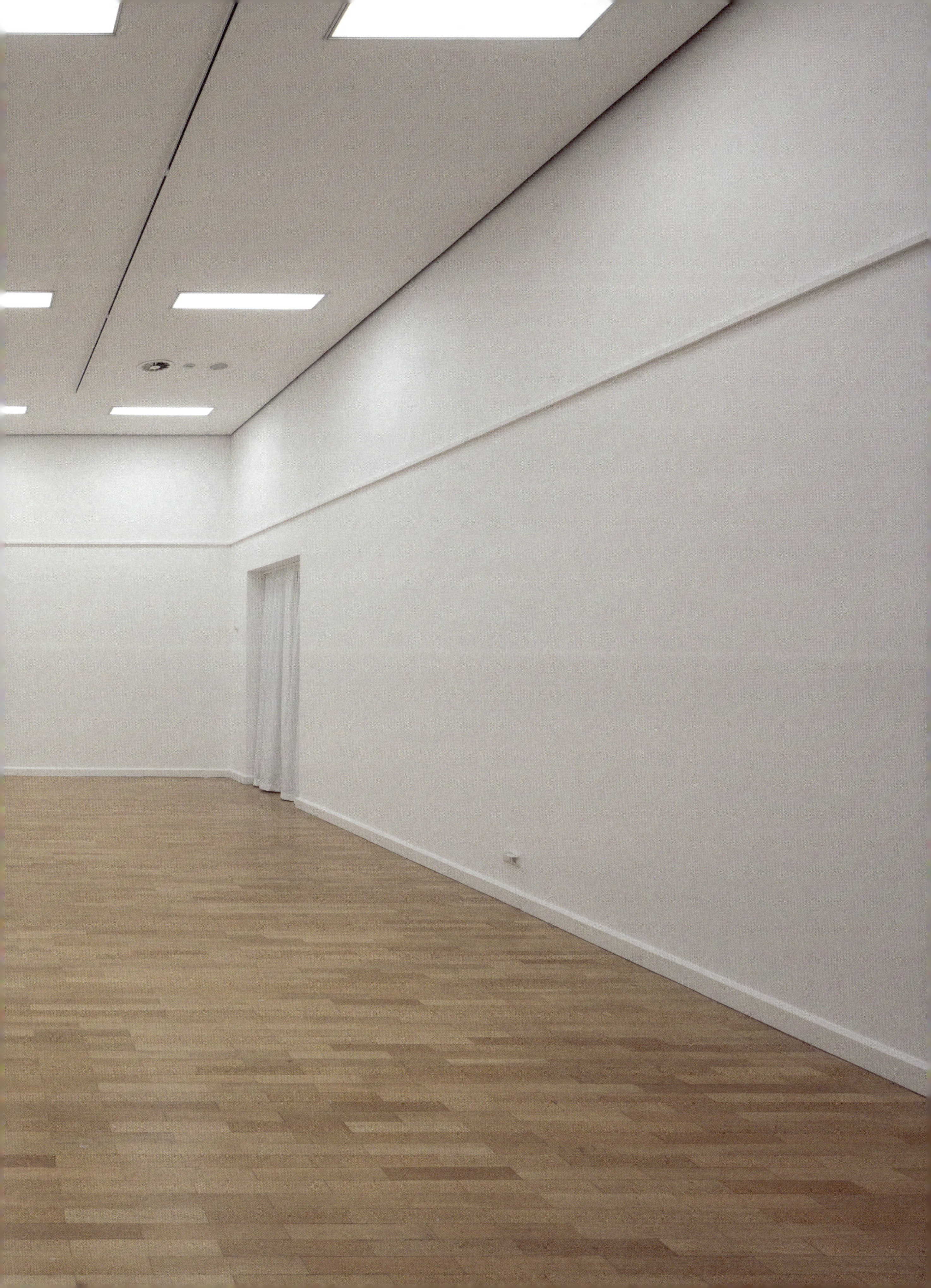

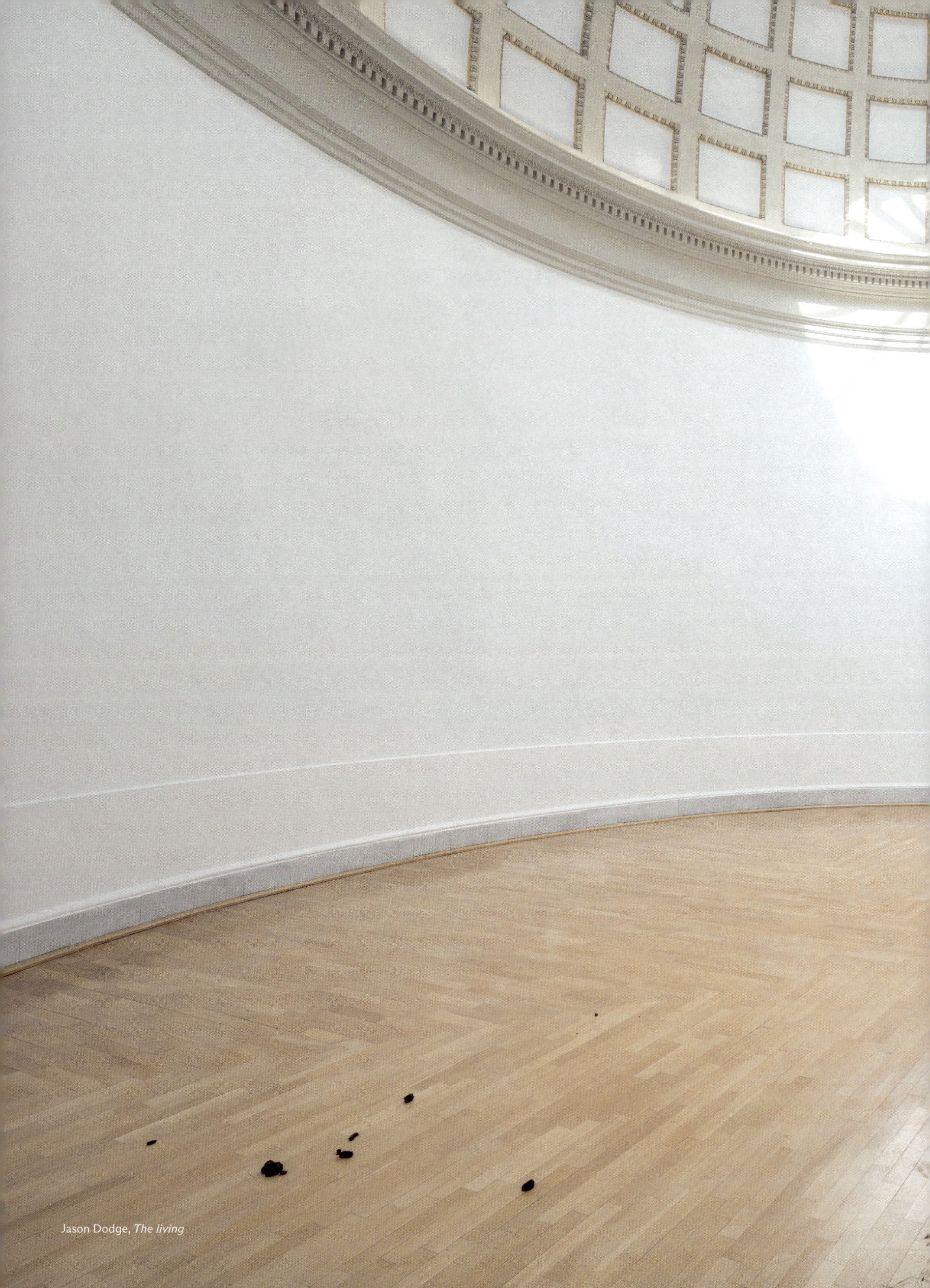

Jason Dodge, *The living*

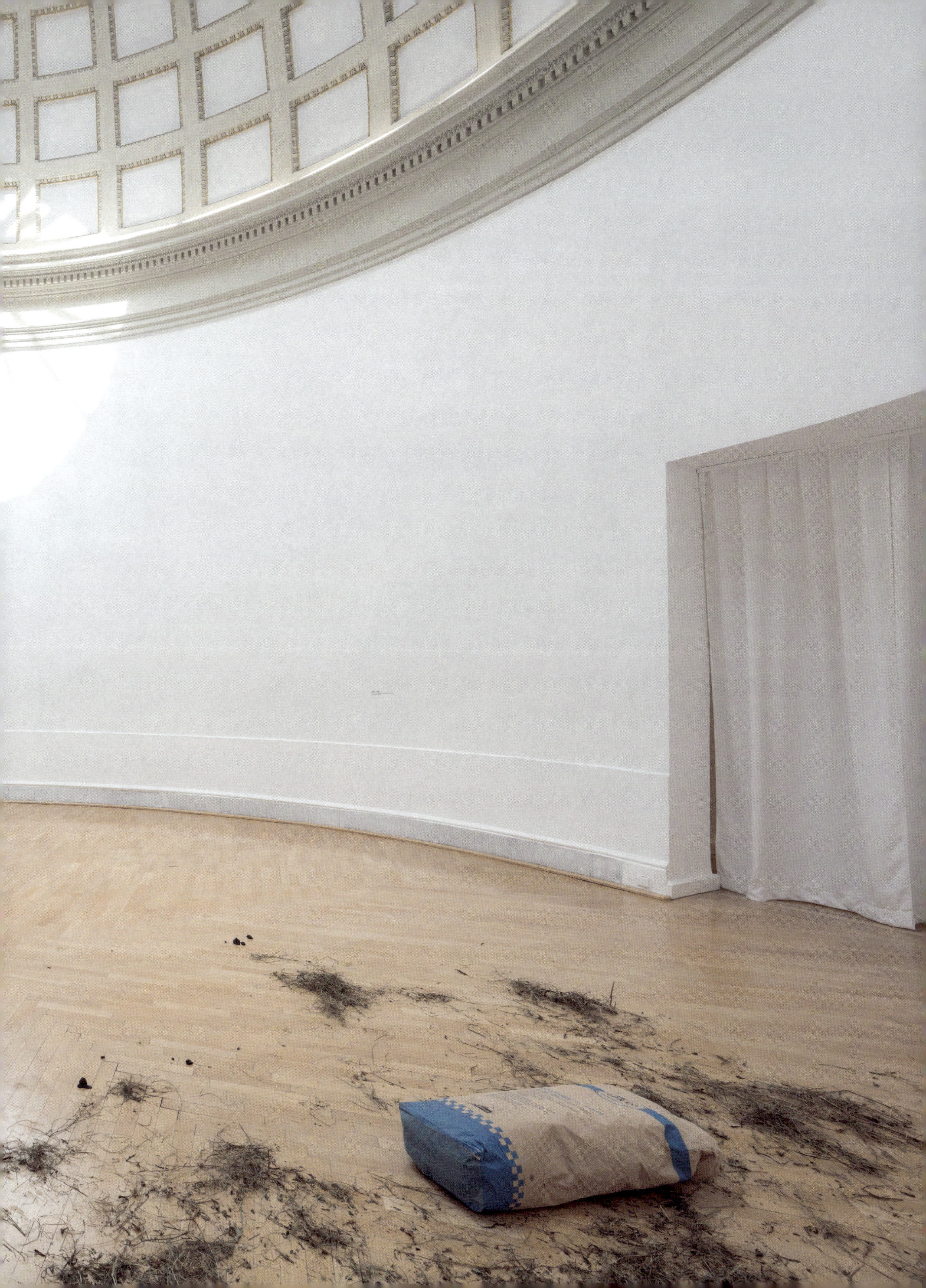

Pamela Rosenkranz, *House of Meme (Smell of Fire)*, 2021

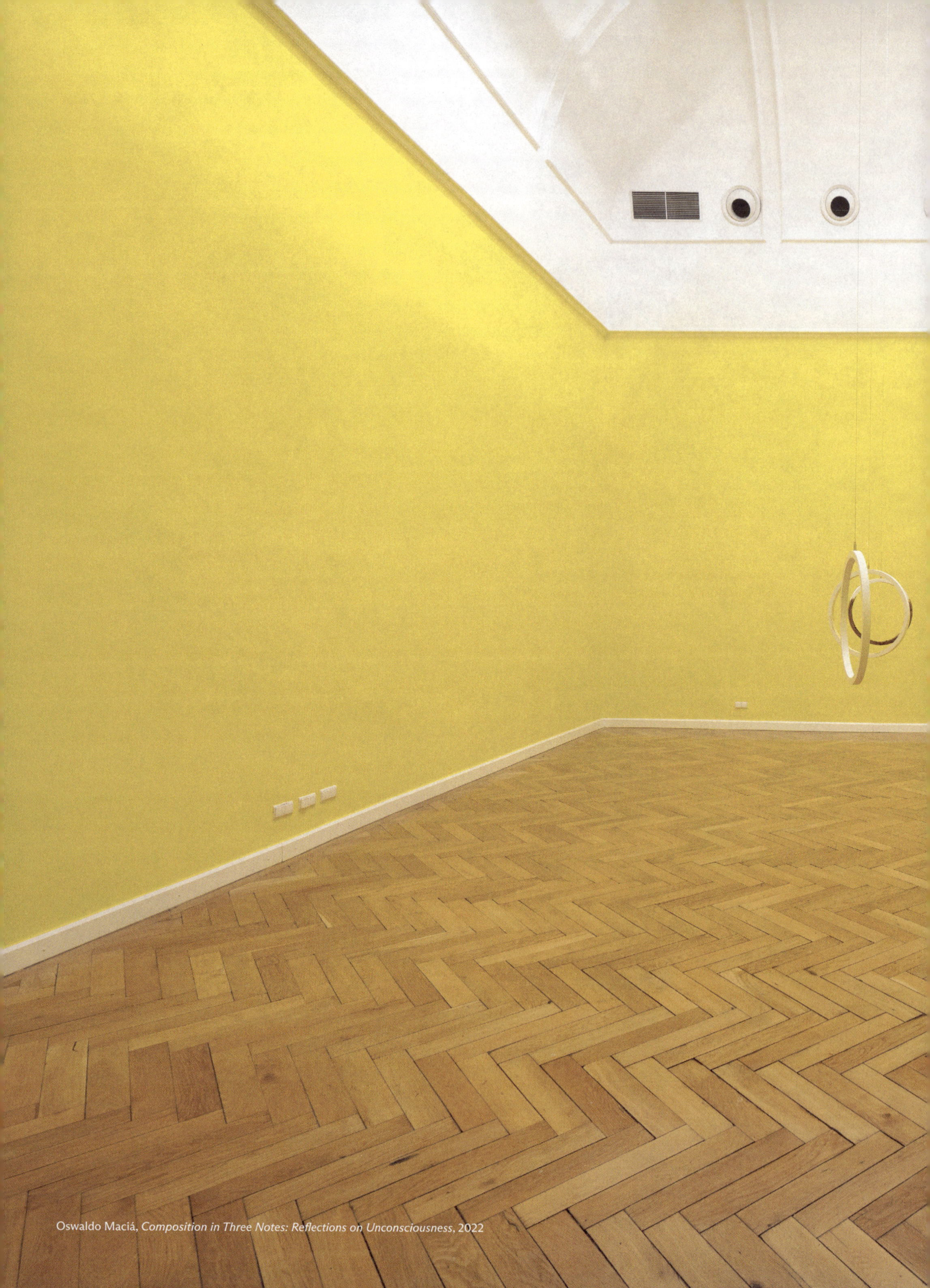

Oswaldo Maciá, *Composition in Three Notes: Reflections on Unconsciousness*, 2022

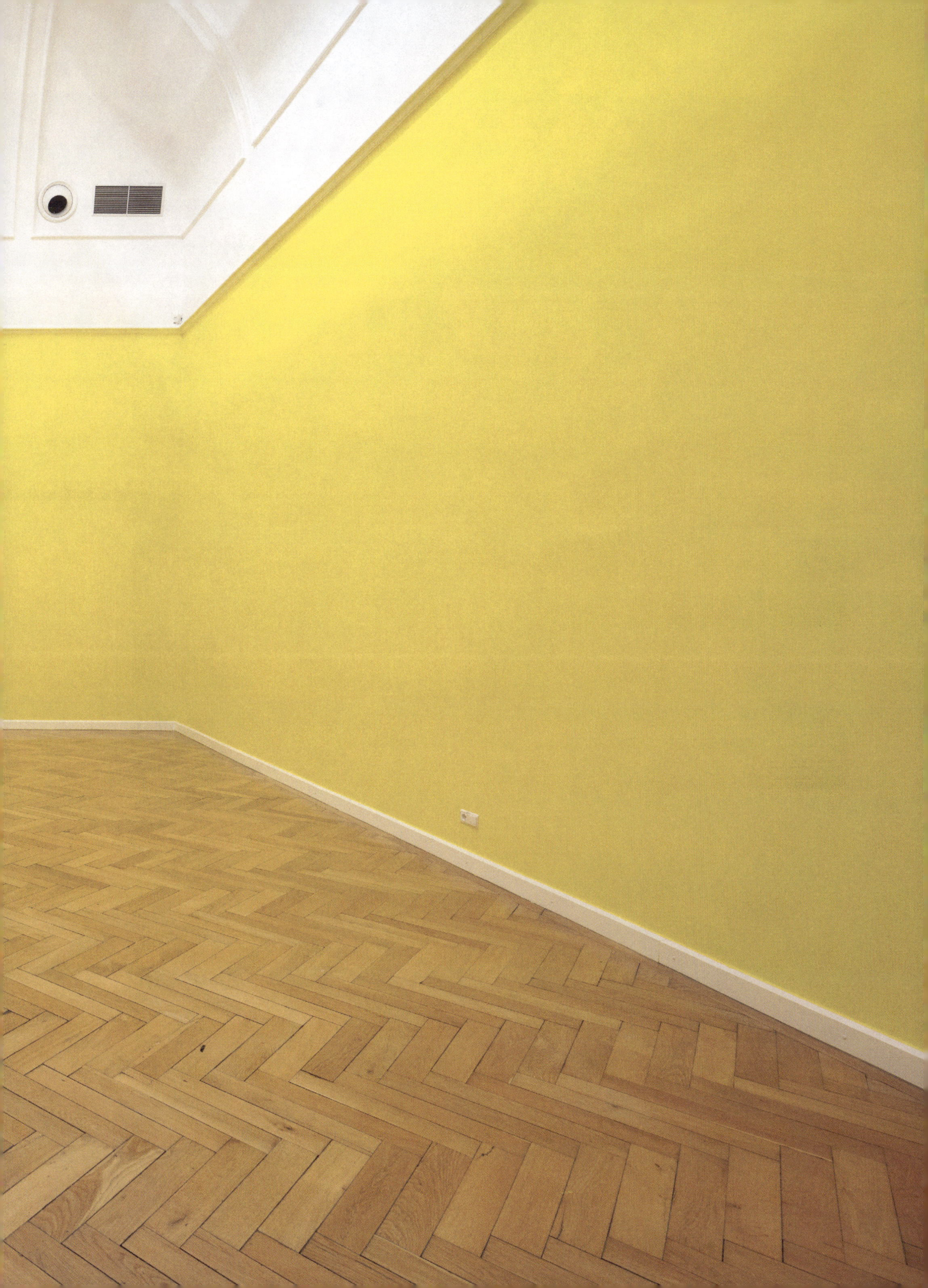

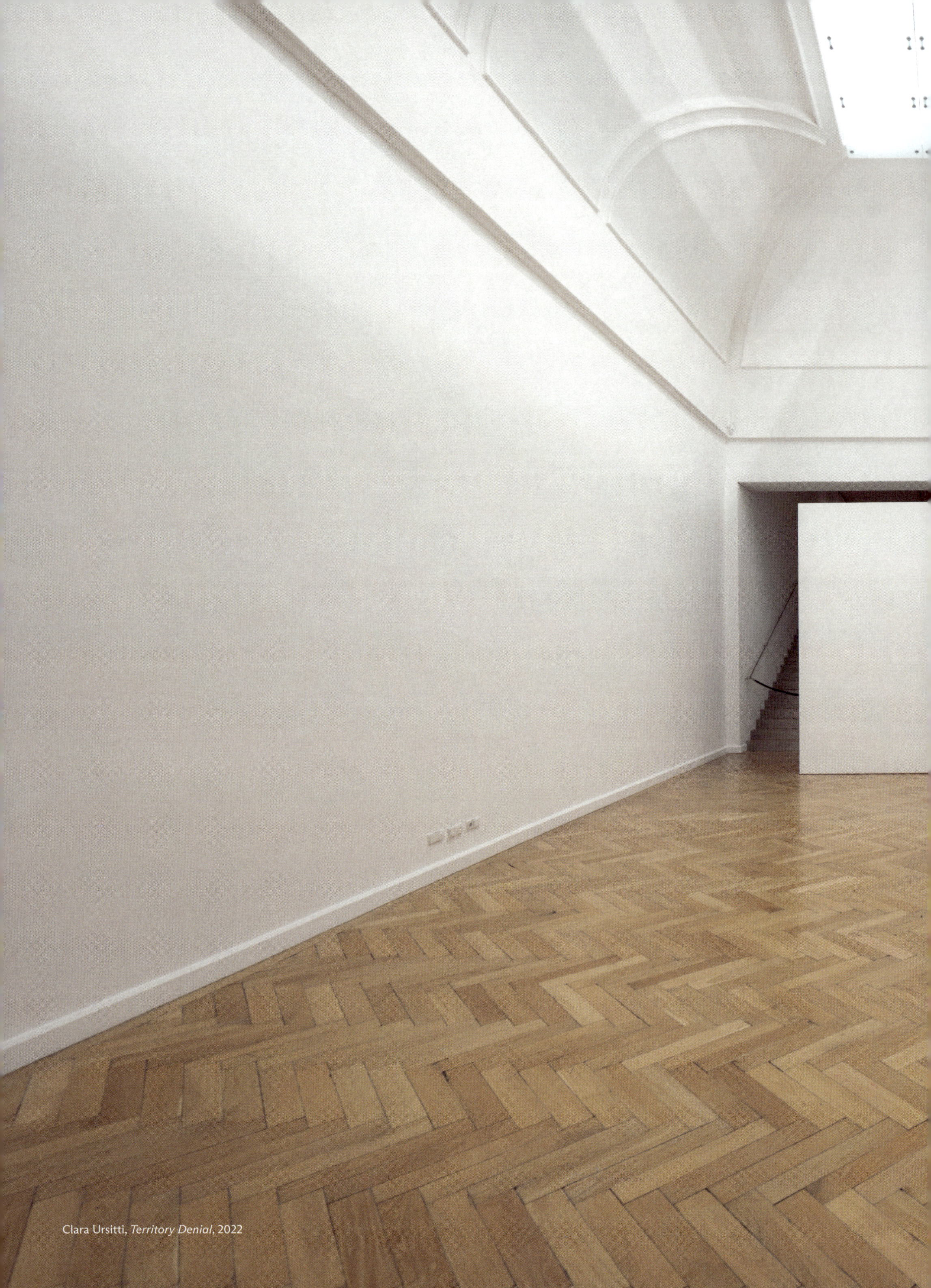

Clara Ursitti, *Territory Denial*, 2022

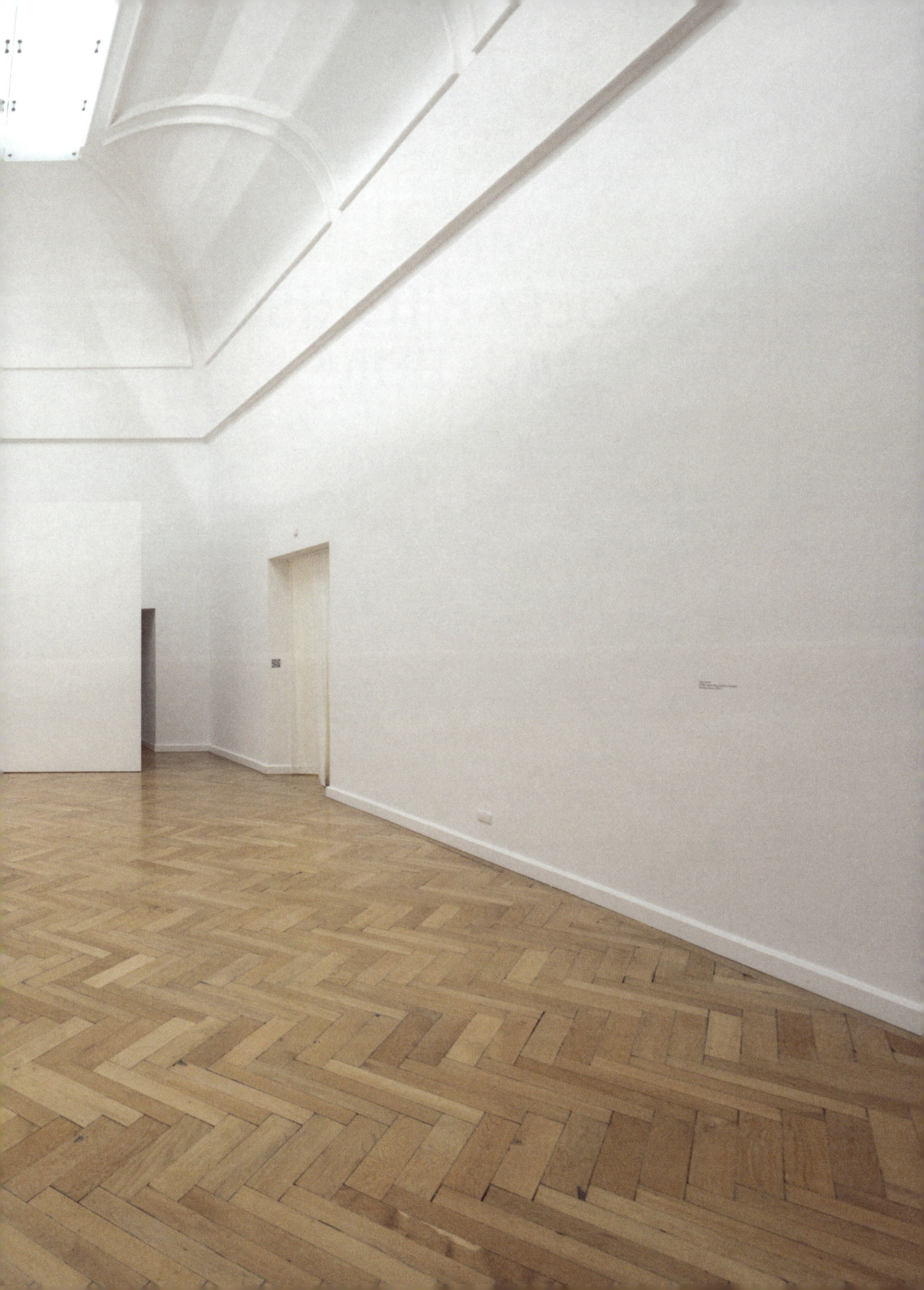

DAS OLFAKTORISCHE MUSEUM

THOMAS THIEL

1   Anna Boghiguian, *Manchmal trifft die Gegenwart unerwartet auf die Vergangenheit*, 3.9.2021–9.1.2022, Museum für Gegenwartskunst Siegen
Dineo Seshee Bopape, *222, Phurulloga*, 18.11. 2017–28.01.2018, Bielefelder Kunstverein
David Adamo, 12.5.–15.7.2012, Bielefelder Kunstverein
Gabriel Kuri, *Join the dots and make a point*, 04.9.–1.11.2010, Bielefelder Kunstverein.

Trotz zahlreicher Experimente in der Kunst des 20. Jahrhunderts, der Erweiterung des Kunstbegriffs um eine olfaktorische Dimension und einer sichtbaren Konjunktur von Odor in der zeitgenössischen Kunst gibt es noch immer wenige Ausstellungen über und mit Geruchskunst. Kaum Publikationen, die das immersive Erleben und Zeigen von Werken einfangen, die sich fast ausschließlich über den Geruch erschließen. Dies spiegelt sich auch darin wider, dass nur wenige wegweisende Arbeiten von Künstler*innen in diesem Feld umfassend in Monografien publiziert wurden. Auch kunstwissenschaftliche Analysen der Präsentationsformen und ihrer Wirkungsweisen existieren im Vergleich zu anderen Medien wie Performance, Video oder Virtual Reality nur in Ansätzen.

Tatsächlich ist es auch im Hinblick auf *Odor. Immaterielle Skulpturen* schwierig, über eine Ausstellung zu schreiben, die sich aufgrund ihres Themas und ihres Mediums allen Konventionen des Ausstellens, Dokumentierens, Konservierens und Kommunizierens entzieht – im Grunde auch ein ganz anderes Vokabular, ja vielleicht sogar einen literarischen Zugang erfordert. Der Geruchssinn gilt evolutionsgeschichtlich als der älteste aller fünf Sinne und wird dennoch, etwa im Vergleich zum Geschmackssinn, von vielen vernachlässigt. Auch wenn wir manches nicht „riechen" können, fällt es uns schwer, die Eindrücke, die sich in unserer Nase sammeln, so zu beschreiben, wie wir es von Seh- und Hörerlebnissen gewohnt sind. Dabei ist der Geruchssinn der einzige Sinn, der einen direkten Zugang zu den Gedächtnis- und Gefühlszentren des Gehirns, dem Hippocampus und dem limbischen System, hat. Darüber hinaus haben Düfte in allen Kulturen eine lange, jeweils eigene Tradition und sind in die Konstruktion von persönlicher und kultureller Identität eingebunden.

Viel leichter fällt es, sich die eigene Ausstellungsgeschichte und einzelne Werke nochmals unter olfaktorischen Gesichtspunkten zu vergegenwärtigen. Ich denke dabei an Objekte, die durch ihren Geruch ganze Ausstellungen[1] geprägt haben wie zum Beispiel der aus gebrauchten Bienenwaben gebaute Raum von Anna Boghiguian, die mit Moorerde und Weihrauchbündeln gefüllte Installation von Dineo Seshee Bopape, die Zedernholzskulpturen von David Adamo oder die Sandskulptur mit Hunderten von ausgedrückten Zigarettenstummeln von Gabriel Kuri. Nicht immer stand der Geruch im Zentrum der jeweiligen Arbeit, aber er war ein gewünschter, manchmal sicher auch unterschätzter Mitspieler in der Gesamtpräsentation. Gerüche prägen sich in unser Gedächtnis ein und formen unsere Erfahrungen. Sie erzeugen Momentaufnahmen und hinterlassen bleibende Eindrücke, die nicht zuletzt zu diesem Ausstellungsprojekt angeregt haben. Wir können uns ihnen nicht entziehen, so wie wir vielleicht an einem Bild vorbeigehen. Sie abzubilden oder zu beschreiben bleibt jedoch aufgrund ihrer unsichtbaren

Präsenz im Raum, ihrer Flüchtigkeit, aber auch einer fehlenden Praxis der Beschreibung von Gerüchen – abseits der Parfümindustrie und Esskultur – ein schwieriges Unterfangen. Auch die erwähnten Geruchserinnerungen lassen sich nicht durch Installationsansichten oder Werkabbildungen einfangen.

Anders als wir es von Ausstellungsbesuchen gewohnt sind und mit dem Wissen um das Thema „Geruch" begann das eigentliche Erlebnis in unserem Fall schon vor dem Museum mit einer gesteigerten Aufmerksamkeit für alles Olfaktorische und der Wahrnehmung eines fremdartigen Geruchs, der Ende November 2022 durch die Straße zog und sich mit den vertrauten Düften von Glühwein, Bratwurst und gebrannten Mandeln des Weihnachtsmarkts vor dem Museum für Gegenwartskunst Siegen (MGKSiegen) mischte. Spätestens im Treppenhaus roch das Museum plötzlich anders und immer intensiver, obwohl wir uns noch gar nicht im eigentlichen Ausstellungsraum befanden. Dort angekommen, war der erste Eindruck erneut überraschend. Nahezu leere Räume offenbaren und fordern zugleich eine ganz andere Sinneswahrnehmung.

Odor. Immaterielle Skulpturen bildete an den beiden Ausstellungsorten Siegen und Innsbruck einen starken Kontrast zu den bisherigen Präsentationen. In Siegen folgte sie auf die dichte Hängung einer Einzelausstellung von Miriam Cahn. In Innsbruck wurde ein ganzes Stockwerk mit Sammlungsbeständen für die Ausstellung geräumt. Jeder Besucherin und jedem Besucher war sofort klar: Es gibt fast nichts zu sehen, und doch kommt bei den meisten kein Gefühl der Enttäuschung auf, denn die Räume sind voll von Duftmolekülen und stellen gerade diese Geruchs- und Raumerfahrung in den Mittelpunkt des Kunsterlebens.

Die Arbeit *The living* von Jason Dodge in den ersten beiden Räumen der Siegener Ausstellung ist dafür das beste Beispiel und deshalb ganz bewusst an den Anfang gesetzt. Sie stellt die Besucher*innen bereits vor erste Herausforderungen und stimmt gleichzeitig auf die notwendige Wahrnehmung des Ausstellungsparcours ein. Etwas Heu liegt im Raum verstreut, ein paar Schmutzspuren sind zu entdecken und der Titel der Arbeit verweist darauf, dass „ohne Publikum einige Tiere für eine Weile in einen Raum geführt und dann wieder an ihren Ursprungsort zurückgebracht wurden". Die vermeintlichen Überreste liefern Fragmente einer olfaktorischen Erzählung. Sie lassen von Beginn an eigene Assoziationsketten entstehen. Die Skulptur entwickelt sich in der Vorstellung der Besucher*innen, in der Suche nach der Art des Tieres, seinem Geruch neben dem sehr präsenten Duft des Heus und dem Ereignis dieser Performance ohne Publikum. Sie zeigt den künstlerischen Versuch, das Leben selbst einzufangen und im Raum zum Ausdruck zu bringen, in den einzelnen Dingen, die sich uns buchstäblich entziehen, und in den kaum wahrnehmbaren Spuren, die wir hinterlassen.

Ganz direkt und intensiv ist dagegen der Geruch im nächsten Raum, der einem schon am Durchgang entgegenschlägt. Es ist ein süßer, verführerischer, aber auch irritierender, fremdartiger Geruch, den Luca Vitone in Zusammenarbeit mit der Parfümeurin Maria Candida Gentile entwickelt hat. Es ist auch das Werk in der Ausstellung, das der Idee von Parfüm am nächsten kommt. Hier dominieren unter anderem der Duft von Minze, Birke und Moschus. *A tale of forked tongues* (2018–2022), für *Odor* entwickelt, beschreibt die Suche nach dem Geruch des Geruchlosen – dem Pockenvirus. Vitone will damit die Allgegenwärtigkeit eines tödlichen Virus im Raum und das Gefühl drohender Gefahr erfahrbar machen. Hintergrund ist ein frühes Beispiel bakteriologischer Kriegsführung in den USA im Jahr 1763, als die britische Armee mit Pockenviren infizierte Decken an Native Americans verteilte, welche dann einen Großteil der Bevölkerung auslöschten. Seine Geruchsskulptur spricht das kollektive Gedächtnis an die unterschiedlichen sozialen und kulturellen Implikationen der Geschichte.

In der neuen Arbeit *Territory Denial* (2022) von Clara Ursitti setzt sich das Interesse an Kontrolle und politischer (menschlicher) Steuerung durch Gerüche fort. Wie eine künstliche Wand baut sich der Geruch im Raum auf: dicht, intensiv und äußerst unangenehm. Die Arbeit ist als Experiment konzipiert und setzt sich aus verschiedenen Gerüchen zusammen, die sowohl menschlichen, tierischen als auch pflanzlichen Ursprungs sind. Ursitti interessiert sich vor allem für Gerüche, die von den meisten Menschen als abstoßend empfunden werden und daher zur Kontrolle des Verhaltens von Menschenmengen eingesetzt werden können. Die Erforschung von Gerüchen zur Zugangsbeschränkung zu öffentlichen Räumen und deren Möglichkeiten wird in ihrem Beitrag sehr anschaulich, aber auch sehr individuell erfahrbar.

Auch *Pullover Wardrobe* (1995) von Koo Jeong A ist ein Beispiel für eine besondere Art der Konservierung von Raum. Das älteste Werk der Ausstellung spiegelt das frühe Interesse der Künstlerin an ephemeren, olfaktorischen Arbeiten und scheinbar unscheinbaren Alltagsgegenständen wider. Wie ein großer Kleiderschrank wird der leere Raum mit dem Duft zahlreicher Mottenkugeln gefüllt und buchstäblich eingemottet. Für die Besucher*innen fast unsichtbar, sind Hunderte von weißen Zellstoffkugeln auf schmalen Leisten unterhalb der Decke aufgereiht. Die in den Mottenkugeln enthaltenen Substanzen verteilen sich sehr langsam in der Raumluft. Der typische Mottenkugelgeruch wird zum historischen Ereignis, denn das früher enthaltene Naphthalin und später das weniger stark riechende Paradichlorbenzol sind nur noch einer älteren Generation in Erinnerung, da sie wegen ihrer umweltgefährdenden Eigenschaften fast vollständig oder komplett aus dem Handel verschwunden sind.

Aufbewahrte Kleidungsstücke bilden wiederum den Ausgangspunkt der Arbeit von Carsten Höller. Aus einer Mütze seines Vaters und einem Schal seiner Mutter konnte der Künstler im Labor den Geruch seiner verstorbenen Eltern rekonstruieren. *Smell of My Father* und *Smell of My Mother* (beide 2017) zielen auf den Einfluss von Gerüchen auf die Wahrnehmung und Emotionen von uns Betrachter*innen. Angesichts des etwas strenger riechenden Vaters offenbaren sie nicht nur einen Unterschied zwischen Personen und Geschlechtern, sondern konfrontieren uns mit einer sehr persönlichen, intimen und zugleich fremden Erinnerung im Vergleich zum vertrauten Geruch der eigenen Eltern. Die Installation vermittelt einmal mehr, dass sich Geruchsmoleküle selbstverständlich auch auf die Kleidung der Besucher*innen legen und weiter durch das Museum getragen werden.

Wie nachhaltig sich Gerüche in Textilien einschreiben können, zeigt die Arbeit *Periferia de la agonía* (2003) von Teresa Margolles. Auf einen Quadratmeter gefaltet, bedeckte das 25 Meter lange und 2,5 Meter breite Tuch mehrere Monate lang die Leichen anonymer Mordopfer des mexikanischen Bandenkriegs. Als Zeichen des Respekts und des Gedenkens umhüllte die Künstlerin die Körper ebenfalls in einer Performance ohne Publikum. Wie das Schweißtuch der Heiligen Veronika („vera icon") oder das Turiner Grabtuch sind die Abdrücke dieser Menschen auch Ausdruck des „Lebens der Leichen". Körperfette und -flüssigkeiten haben sich im Laufe der Zeit eingeschrieben und verfestigt. Fast zwanzig Jahre lang hat die Künstlerin das Tuch luftdicht verpackt, um es 2022 erstmals zu zeigen. Auch die mehrmonatige Präsentation im Ausstellungsraum hat dem olfaktorischen Monument nichts von seiner Intensität genommen, während die Bilder des Grauens sich vielfach wiederholt und längst verflüchtigt haben.

In Pamela Rosenkranz' *House of Meme* (*Smell of Fire*) (2021) wird der Raum selbst zum Thema. Rauch und der Geruch eines ausgebrannten, nicht mehr existierenden Gebäudes wabern durch den völlig intakten White Cube. Pamela Rosenkranz hat den notwendigen Duft im Dialog mit der ebenfalls in der Ausstellung vertretenen Sissel Tolaas entwickelt. Sie mischte die Aromen von angebranntem Holz, Leder und Stein mit einem dunklen, schweren Parfüm. Das Ergebnis ist ein süßer, aber auch bitterer, harziger und stumpfer Geruch. Zusammen mit den gekippten, cyanblauen Lichtquellen, die an gotische Fenster erinnern, entsteht ein sakraler und zugleich apokalyptischer Ort.

Zwei Werke der Ausstellung profitieren wiederum von einem Zusammenspiel von Düften. *Composition in Three Notes: Reflection on Unconsciousness* (2022) von Oswaldo Maciá basiert auf den Essenzen von Balsambaum, Guajakbaum und Kardamom. Die komplexe Komposition entstand in Zusammenarbeit mit dem Parfümeur Ricardo Moya, dem IFF (International Flavors & Fragrances) und Nelixia in Guatemala. Wie schon in früheren Arbeiten setzt sich der Künstler mit der Kolonialgeschichte und der Migration von Gerüchen auseinander. Dazu reiste Maciá an die Ursprungsorte der drei kulturprägenden Düfte, dorthin, wo die Harze und Öle gewonnen werden. Der Künstler macht die Grundstoffe in ihrer reinsten Form erfahrbar, die in Südamerika mit einer langen kulturellen und rituellen Tradition verbunden sind, in der Parfümindustrie aber längst nur noch in Spuren vorkommen oder durch synthetische Moleküle nachgebildet werden. Seine Installation mit natürlichen Duftstoffen als Basis und einem gelb umrandeten Raum, der den pigmentierten Zellen des Riechepithels nachempfunden ist, schafft eine bewusste olfaktorische Erfahrung unbewusster Elemente unserer globalen Welt.

Synergorytm SIE_GEN_22 (2022) von Sissel Tolaas setzt schließlich bei der Verbindung von Innen und Außen an, bei der Grundlage, die allen Werken gemeinsam ist, die wir alle atmen, die wir alle teilen und zu der wir alle beitragen – der Luft. Ein Röhrensystem verbindet symbolisch alle Räume, sammelt mit Ventilatoren komponierte Gerüche der Ausstellungsbeiträge in einem Kasten, um die Mischung schließlich aus dem Museum zu blasen. Tolaas schafft damit eine orts- und zeitgebundene Komposition, die nicht nur der Ausstellung, sondern dem Außenraum viele Duftmoleküle hinzufügt. So entsteht ein Bewusstsein für die Luftzirkulation innerhalb und außerhalb der Architektur. Tatsächlich ist es am Eröffnungstag sehr eindrucksvoll zu erleben, wie sich dieser Duft aus vier Metern Höhe auf Straßenebene in einer Ecke der Fassade sammelt, verdichtet und sogar vor dem Haupteingang des Museums wahrnehmbar ist.

Dieser kurze Überblick beziehungsweise Rundgang durch die Ausstellung zeigt die Vielfalt und das Interesse der Künstler*innen im Umgang mit Gerüchen. Nicht das Parfüm und die Deodorisierung unser Gesellschaft stehen dabei im Mittelpunkt, wie vielleicht zu erwarten wäre. Stattdessen sollen minimale künstlerische Eingriffe die Architektur und Räume selbst zum Atmen, zum Duften und zum Transpirieren bringen. Den Künstler*innen wie auch uns Kuratoren geht es darum, uns mit Gerüchen zu konfrontieren, die meist außerhalb unserer bisherigen Sinneswahrnehmung liegen und uns im Riechen herausfordern. Die Beiträge versammeln persönliche, lokale und globale Blicke auf historische und aktuelle Ereignisse. Sie bewegen sich unter anderem im Spannungsfeld zwischen Zeit und Raum, Individuum und Gemeinschaft, Bewusstem und Unbewusstem, Sichtbarkeit und Unsichtbarkeit, Alltäglichem und Wunderbarem, Selbst- und Fremdwahrnehmung, Anwesenheit und Abwesenheit, Leben und Tod.

Mit Jason Dodge, Carsten Höller, Koo Jeong A, Oswaldo Maciá, Teresa Margolles, Pamela Rosenkranz, Sissel Tolaas, Clara Ursitti und Luca Vitone haben wir ausschließlich Künstler*innen eingeladen, die sich seit vielen Jahren, zum Teil seit Jahrzehnten, mit dem Thema „Geruch" auseinandersetzen und eine Reihe von künstlerischen Arbeiten hervorgebracht haben. Clara Ursitti und Sissel Tolaas arbeiten beispielsweise seit den 1990er Jahren mit Geruchsskulpturen, mit sozialen und psychologischen Aspekten des Geruchs. Eine frühe Arbeit von Ursitti ist ein olfaktorisches Selbstporträt aus dem Jahr 1994. In ihrer Auseinandersetzung mit Körpergerüchen hinterfragt die Künstlerin unsere kulturellen Erwartungen, was guter und was schlechter Geruch ist. Sissel Tolaas hat ein Duftarchiv mit über 8000 Gerüchen angelegt. Die Künstlerin gilt ebenfalls als Pionierin auf dem Gebiet der Geruchskunst und beschäftigt sich mit der Erforschung von Gerüchen an der Schnittstelle von Wissenschaft und Kunst. Carsten Höller, Künstler und habilitierter Agrarwissenschaftler, führt seit mehr als dreißig Jahren, wie auch sein Beitrag in diesem Band zeigt, Experimente zur menschlichen Wahrnehmung durch und konzentriert sich dabei unter anderem auf die Grundlagen der Beziehungen zwischen Mensch und Tier. Oswaldo Maciá untersucht seit vielen Jahren olfaktorisch-akustische Phänomene. Damit lenkt er die Aufmerksamkeit bewusst weg vom primären Sinn des Sehens hin zu den weniger beachteten Sinnen des Riechens und Hörens.

Entscheidend für die Konzeption der Ausstellung war es, in Zusammenarbeit mit den Künstlerinnen und Künstlern die Wahrnehmung der Besucher*innen ganz auf den Geruch als immaterielle, unsichtbare Skulptur zu konzentrieren. Dabei haben wir es uns zur Auflage gemacht – auch im Gegensatz zu vorhergehenden Geruchsausstellungen im Bereich der zeitgenössischen Kunst – praktisch fast nichts zu zeigen. Ausgewählt wurden bestehende Arbeiten ebenso wie zahlreiche Neuproduktionen, die für diese besondere Ausstellung entwickelt wurden, nur um die Besucher*innen, mit den Fähigkeiten des Geruchssinns zu konfrontieren.

Wir haben im Vorfeld der Ausstellung intensiv mit den Künstler*innen gesprochen, vor allem über ihre Erfahrungen mit eigenen Projekten und der Teilnahme an früheren Geruchsausstellungen. Wie eingangs erwähnt, spielte das Olfaktorische auch in früheren Projekten eine Rolle, allerdings eher als Nebenaspekt. Sowohl für Florian Waldvogel als auch für mich war es die erste Ausstellung, die sich explizit mit Geruch beschäftigte. Die Anzahl der Beiträge haben wir im Laufe der Ausstellungsvorbereitungen bewusst reduziert, um die Wahrnehmung der Gesamtausstellung zu ermöglichen. Alles andere wäre eine Überforderung gewesen. Im MGKSiegen verfolgten wir den Ansatz, keine Vorhänge, Türen oder andere trennende Elemente einzubauen,[2] um die Architektur offen und durchlässig zu halten und so wenig Objekte

2   Im Gegensatz dazu haben wir uns in Innsbruck für eine Trennung der Räume mit Vorhängen entschieden.

wie möglich in den Raum zu bringen. Wir wollten vermeiden, Dinge zu zeigen, die von der olfaktorischen Erfahrung ablenken. Außerdem erzeugt jedes Material neue Gerüche, weshalb wir zum Beispiel gleich zu Beginn der Umbauphase die Räume gestrichen haben. Die Technik wurde so weit wie möglich versteckt. Glücklicherweise war in den Ausstellungsräumen keine Klimaanlage installiert oder defekt. In Doppelwänden oder unter Sitzbänken wurden Diffusoren eingebaut. Jason Dodge brachte Gerüche durch Tiere ins Museum. Auch Materialien (Stoffe, Mottenkugeln) wurden als Geruchsträger verwendet. Es gab nur die Titel der Werke im Raum, keine weiteren Wandtexte oder erklärende Informationen. Stattdessen ermöglichte das Odor Lab, ein eigener Raum für die Vermittlung am Ende der Ausstellung, den Besucher*innen, noch tiefer in die Welt des Riechens, der Düfte und der Kunst einzutauchen.

Wir haben die Raumfolge des Parcours mit den Künstler*innen diskutiert und auch die Neuproduktionen so gut wie möglich aufeinander abgestimmt. Dies geschah nicht nur nach thematischen, sondern auch nach olfaktorischen Kriterien. Doch erst während des Aufbaus der Ausstellung wurde uns bewusst, wie die einzelnen Gerüche im Ausstellungsraum tatsächlich miteinander harmonierten oder sich auch konterkarierten. Es ist für eine*n Kurator*in zeitgenössischer Kunst ohne olfaktorische Ausbildung unmöglich zu antizipieren, wie die einzelnen Gerüche zusammen im Raum wirken. Deshalb haben wir in der Woche vor der Eröffnung viel mit den Intensitäten der einzelnen Räume experimentiert, mit der Menge der Materialien oder auch mit der Frequenz, mit der die Duftmoleküle in den Raum eingebracht wurden. In dieser Phase waren auch einige der Künstler*innen anwesend und haben uns unterstützt. Einige kritische Punkte wurden im Nachhinein und während der Laufzeit noch einmal angepasst. Dennoch ließ es sich nicht vermeiden, dass sich die Gerüche in den Räumen begegneten und unterschiedliche Intensitäten entwickelten. Dies führte auch dazu, dass das Erleben der jeweiligen künstlerischen Arbeit, auch innerhalb eines Raumes, an unterschiedlichen Stellen verschieden intensiv war. So entstand eine eigene Dramaturgie, die in Innsbruck an die örtlichen Gegebenheiten angepasst wurde und dort zu der Entscheidung führte, die einzelnen Bereiche durch weiße Vorhänge zu trennen.

Odor. Immaterielle Skulpturen war kein statisches Ereignis, sondern eine Ausstellung in ständiger Bewegung. Die ausgestellten Werke teilten sich die Luft, verdichteten und verflüchtigten sich. Das hatte Konsequenzen für die Betreuung der Ausstellung während der Laufzeit. Die Öle und Harze der Installation von Oswaldo Maciá mussten in regelmäßigen Abständen neu aufgetragen oder die Mottenkugeln von Koo Jeong A ausgetauscht werden. Flüssigkeiten wurden nachgefüllt und die entsprechenden Diffusoren per Zeitschaltuhr dosiert. Die Geräte wurden lange vor Öffnung des Museums gestartet, um die gewünschten Effekte im Raum zu erzeugen. Andere Arbeiten wie die von Jason Dodge oder Teresa Margolles wurden bewusst so konzipiert, dass sie sich während der Ausstellungsdauer vollständig verflüchtigen konnten, jedenfalls nicht erneuert werden mussten.

Das Projekt hat das Ausstellungserlebnis für das Publikum, aber auch für uns Kuratoren verändert. Jeder Ausstellungsbesuch und jede Führung waren anders, denn die Räume veränderten sich mit der Zeit ebenso wie die persönliche Wahrnehmung. Es war elektrisierend und faszinierend zu beobachten, wie sich der Raum mit den jeweiligen Werken, der Luftzirkulation und Zusammensetzung der Moleküle über die Architektur hinaus veränderte und ganz anders wahrnehmen ließ. Die Ausstellung wurde sehr unmittelbar erlebt, löste unterschiedliche Erinnerungen und sehr gegensätzliche Reaktionen aus. Sie hat die Besucher*innen berührt. Einige konnten nur wenige Räume hintereinander entdecken und brauchten dann eine Pause. Andere konnten wiederum kaum etwas riechen. Sie mussten bestenfalls ihre Nase trainieren oder die Erkältung abwarten, um etwas zu erleben. Vor dem Hintergrund der Pandemie und der Abstandskultur, die das Riechen als Form zwischenmenschlicher Interaktion erschwert hat, ist nochmals ein anderes Bewusstsein für den Riech- und Geschmackssinn, aber auch für Luft, Moleküle und Viren im Raum entstanden. Viele haben sich vielleicht deshalb gerne intensiver mit der Bedeutung von Gerüchen auseinandergesetzt oder sich mit olfaktorischer Kunst beschäftigt – und, wie uns ein blinder Besucher berichtete, zum ersten Mal eine wirklich sinnliche Erfahrung in einer Kunstausstellung gemacht.

All dies lässt sich aber nur im Hier und Jetzt des Ausstellungsbesuchs erfahren. Insofern versteht sich dieses Buch mit seiner besonderen Gestaltung und olfaktorisch geleiteten Materialauswahl, den unterschiedlichen Perspektiven von Wissenschaftler*innen und Kurator*innen, den eigens gestalteten Künstler*innenseiten nicht als Dokumentation, sondern vielmehr als eine Anregung zu einer bisher völlig unterschätzten kulturellen Praxis – dem Herumschnüffeln im Museum.

THE OLFACTORY MUSEUM

T H O M A S   T H I E L

Despite numerous experiments in twentieth-century art, the expansion of the concept of art to include an olfactory dimension, and a visible boom in odor in contemporary art, there are still few exhibitions about and with olfactory art. There are hardly any publications that capture the immersive experience and presentation of works that are almost exclusively accessible through the sense of smell. This is also reflected in the fact that only a few pioneering works by artists in this field have been comprehensively published in monographs. Compared to other media such as performance, video, or virtual reality, art historical analyses of the forms of presentation of olfactory artworks and their effects only exist to a limited extent.

In fact, with regard to *Odor. Immaterial Sculptures*, it is difficult to write about an exhibition that, by virtue of its subject matter and medium, defies all conventions of exhibiting, documenting, preserving, and communicating— and basically requires a completely different vocabulary, perhaps even a literary approach. In evolutionary terms, the sense of smell is considered to be the oldest of the five senses, yet it is neglected by many compared to, for example, the sense of taste. Even though some things "get up our nose," we find it difficult to describe the impressions that accumulate in our nose in the same way that we are accustomed to from visual and auditory experiences. Yet the sense of smell is the only sense that has direct access to the memory and emotional centers of the brain, the hippocampus and the limbic system. In addition, odors have a long and unique tradition in all cultures and are involved in the construction of personal and cultural identity.

It is much easier to envision one's own exhibition history and individual works from an olfactory perspective. I am thinking here of objects that have influenced entire exhibitions through their smell, such as Anna Boghiguian's room built from used honeycombs, Dineo Seshee Bopape's installation filled with peat soil and bundles of incense, David Adamo's cedar wood sculptures, and Gabriel Kuri's sand sculpture with hundreds of stubbed-out cigarette butts.[1] Smell was not always at the center of each work, but it was a desired, sometimes certainly underestimated player in the overall presentation. Odors imprint themselves on our memory and shape our experiences. They create olfactory "snapshots" and leave lasting impressions, which was one of the main inspirations for this exhibition project. We cannot escape them, such as in the way that we might walk past a picture. However, the depiction or description of smells remains a difficult undertaking, due to their invisible presence in space and their fleeting nature, but also due to the lack of practice in describing smells—apart from the perfume industry and food culture. Moreover, the aforementioned olfactory memories cannot be captured in installation views or illustrations of individual works. Contrary to what we are used to from

1   *Anna Boghiguian. Manchmal trifft die Gegenwart unerwartet auf die Vergangenheit*, September 3, 2021–January 9, 2022, Museum für Gegenwartskunst Siegen; *Dineo Seshee Bopape. 222, Phurulloga*, November 18, 2017–January 28, 2018, Bielefelder Kunstverein; *David Adamo*, May 12–July 15, 2012, Bielefelder Kunstverein; *Gabriel Kuri. Join the dots and make a point*, September 4–November 1, 2010, Bielefelder Kunstverein.

visiting exhibitions and with the knowledge of the topic of "smells," the actual experience in our case began outside the museum with a heightened awareness of all things olfactory and the perception of a strange smell wafting through the street at the end of November 2022, mixing with the familiar scents of mulled wine, bratwurst, and roasted almonds from the Christmas market in front of the Museum für Gegenwartskunst Siegen (MGKSiegen). By the time we reached the stairwell, the museum suddenly smelled different and more intense, even though we had not yet entered the actual exhibition space. Once inside, the first impression was again surprising. Almost empty rooms revealed and at the same time demanded a completely different sensory perception.

Odor. Immaterial Sculptures stood in stark contrast to the previous presentations at the two exhibition venues in Siegen and Innsbruck. In Siegen, it followed the dense hanging of a solo exhibition by Miriam Cahn. In Innsbruck, an entire floor of the permanent collection was cleared for the exhibition. It was immediately obvious to every visitor: There was almost nothing to see, and yet most people were not disappointed, because the rooms were full of scent molecules and placed this experience of smell and space at the center of the art experience.

Jason Dodge's work *The Living* in the first two rooms of the exhibition in Siegen is the best example of this and was therefore deliberately placed at the beginning. It presented visitors with their first challenges and at the same time prepared them for the necessary perception of their tour through the exhibition. Hay was scattered around the room, a few traces of dirt could be discovered, and the title of the work refers to the fact that "without an audience, several animals were led into a room for a while and then brought back to their place of origin." The supposed remains provided fragments of an olfactory narrative. From the outset, they gave rise to their own chains of associations. The sculpture evolved in the imagination of the visitors, in the search for the type of animal, its smell alongside the very present scent of the hay, and the event of this performance

without an audience. It testified to the artistic attempt to capture life itself and express it in space, in the individual things that literally elude us, and in the barely perceptible traces that we leave behind.

The odor in the next room, on the other hand, was very direct and intense, hitting visitors as soon as they reached the passageway. It was a sweet and seductive, but also irritating and strange scent, created by Luca Vitone in collaboration with the perfumer Maria Candida Gentile. It is also the work in the exhibition that comes closest to the idea of perfume, dominated by the scent of mint, birch, and musk, among others. *A tale of forked tongues* (2022), developed specifically for Odor, describes the search for the odor of the odorless—the smallpox virus. Vitone wanted to make the omnipresence of a deadly virus in space and the sense of impending danger palpable. The background is an early example of bacteriological warfare in colonial America in 1763, when the British army distributed blankets infected with the smallpox virus to Native Americans, wiping out a large part of the population. Vitone's olfactory sculpture speaks to collective memory and the various social and cultural implications of history.

In the new work *Territory Denial* (2022) by Clara Ursitti, the interest in control and political (human) manipulation through smells continues. The smell builds up in the space like an artificial wall: dense, intense, and extremely unpleasant. The work is conceived as an experiment and is composed of various odors of human, animal, and plant origin. Ursitti is particularly interested in smells that most people find repulsive and that can therefore be used to control crowd behavior. In her contribution, the exploration of odors to restrict access to public spaces and their possibilities is experienced in a very vivid but also very individual way.

Pullover Wardrobe (1995) by Koo Jeong A is an example of a particular way of conserving space. The oldest work in the exhibition, it reflects the artist's early interest in ephemeral, olfactory works and seemingly inconspicuous everyday objects. Like a large closet, the empty space was filled with the scent of countless mothballs and was thus literally mothballed. Almost invisible to the visitor, hundreds of white cellulose balls were lined up in narrow strips under the ceiling. The scent of the substances contained in the mothballs was slowly released into the air. The typical smell of mothballs became a historical event. Naphthalene, which used to be contained in mothballs, and later the less strong-smelling paradichlorobenzene are only remembered by an older generation, as they have almost or completely disappeared from the market due to their environmentally hazardous properties.

Stored items of clothing are the starting point for Carsten Höller's work. Using his father's cap and his mother's scarf, the artist was able to reconstruct the smell of his deceased parents in the laboratory. *Smell of My Father* and *Smell of My Mother* (2017) focus on the influence of smells on our perceptions and emotions as viewers. With the father's slightly stronger smell, they not only reveal a difference between individuals and genders, but also confront us with a very personal, intimate, and at the same time alien memory compared to the familiar smell of our own parents. Once again, the installation conveyed that scent molecules are naturally deposited on visitors' clothing and carried through the museum.

The work *Periferia de la agonía* (2003) by Teresa Margolles demonstrates how persistently odors can be inscribed in textiles. Folded to one square meter, the 25-meter-long and 2.5-meter-wide cloth covered the bodies of anonymous murder victims of the Mexican gang war for several months. As a sign of respect and remembrance, the artist wrapped the bodies, also in a performance without an audience. Like the sudarium of St. Veronica (the *vera eikon*) or the Shroud of Turin, the imprints of these people are also an expression of the "life of corpses." Over the course of time, body fats and fluids became inscribed and solidified. The artist kept the cloth in an airtight package for almost twenty years before exhibiting it for the first time in 2022. Even several months of presentation in the exhibition space have not diminished the intensity of the olfactory monument, while the images of horror have been repeated many times and have long since volatilized.

In Pamela Rosenkranz's *House of Meme* (*Smell of Fire*) from 2021, the space itself became the subject. Smoke and the smell of a burnt-out, no longer existing building wafted through the completely intact white cube. Pamela Rosenkranz developed the necessary scent in collaboration with Sissel Tolaas, who is also represented in the exhibition. She mixed the aromas of burnt wood, leather, and stone with a dark, heavy perfume. The result is a sweet, but also bitter, resinous, and dull scent. Together with the tilted, cyan-blue light sources, reminiscent of Gothic windows, a sacred and at the same time apocalyptic space was created.

Two works in the exhibition benefit from an interplay of smells. *Composition in Three Notes: Reflection on Unconsciousness* (2022) by Oswaldo Maciá is based on the essences of the balsam tree, the guaiacum tree, and cardamom. The complex composition was created in collaboration with the perfumer Ricardo Moya, IFF (International Flavors & Fragrances), and Nelixia in Guatemala. As in earlier works, the artist explores colonial history and the migration of scents. To this end, Maciá traveled to the places of origin of the three culturally defining scents, where the resins and oils are extracted. The artist makes it possible to experience the raw materials in their purest form, which are associated with a long cultural and ritual tradition in South America but have long since only been found in trace amounts in the perfume industry or are reproduced using synthetic molecules. His installation, with natural fragrances as a base and a yellow-framed space modeled on the pigmented cells of the olfactory epithelium, creates a conscious olfactory experience of unconscious elements of our global world.

Finally, *Synergorytm SIE_GEN_22* (2022) by Sissel Tolaas focuses on the connection between inside and outside, on the basis of something that all works have in common, something which we all breathe, which we all share, and to which we all contribute: the air. A system of pipes symbolically connected all the rooms, with fans collecting the smells composed from the exhibition's contributions in a box, and finally blowing the mixture out of the museum. In this way, Tolaas created a site and time-specific composition that added countless scent molecules not only to the exhibition but also to the outside world. This created an awareness of the circulation of air inside and outside the architecture. On the day of the opening, it was indeed very impressive to experience how this scent from a height of four meters gathered at street level in a corner of the façade, condensed, and was even perceptible in front of the main entrance of the museum.

This brief overview or tour of the exhibition illustrates the diversity and interest of the artists in dealing with odors. The focus was not, as one might expect, on perfume and the deodorization of our society. Instead, minimal artistic interventions were intended to allow the architecture and spaces themselves to breathe, smell, and perspire. The artists, like us curators, are interested in confronting us with smells that are usually beyond our previous sensory perception and challenging us to smell them. The contributions brought together personal, local, and global perspectives on historical and contemporary events. Among other things, they oscillate in the field of tension between time and space, the individual and the community, the conscious and the unconscious, visibility and invisibility, the mundane and the miraculous, self-perception and the perception of others, presence and absence, life and death.

With Jason Dodge, Carsten Höller, Koo Jeong A, Oswaldo Maciá, Teresa Margolles, Pamela Rosenkranz, Sissel Tolaas, Clara Ursitti, and Luca Vitone, we invited only artists who have been dealing with the theme of smell for many years, in some cases for decades, and who have produced a number of artistic works in this vein. Clara Ursitti and Sissel Tolaas, for example, have been working with olfactory sculptures and the social and psychological aspects of smell since the 1990s. An early work by Ursitti is an olfactory self-portrait from 1994. In her exploration of body odors, the artist questions our cultural expectations of what smells good and what smells bad. Sissel Tolaas has created an olfactory archive of over 8,000 odors. The artist is also considered a pioneer in the field of olfactory art and is involved in research into smells at the interface between science and art. Carsten Höller, artist and professor of agricultural science, has been conducting experiments on human perception for more than thirty years, as his contribution to this volume also shows, focusing, among other things, on the fundamentals of the relationship between humans and animals. Oswaldo Maciá has been

investigating olfactory and acoustic phenomena for many years. In doing so, he deliberately draws attention away from the primary sense of sight and toward the less noticed senses of smell and hearing.

In designing the exhibition, it was crucial—in collaboration with the artists—to focus visitors' perception entirely on odor as an immaterial, invisible sculpture. In contrast to previous olfactory exhibitions in the field of contemporary art, we set out to show virtually nothing. We selected existing works, as well as numerous new productions that were developed for this special exhibition, to confront visitors with the capacities of the sense of smell.

In the run-up to the exhibition, we spoke intensively with the artists, especially about their experiences with their own projects and their participation in previous olfactory exhibitions. As mentioned at the beginning, the olfactory aspect has played a role in previous projects, but more on a secondary level. For both Florian Waldvogel and me, this was the first exhibition to deal explicitly with smell. In the course of preparing the exhibition, we deliberately reduced the number of contributions so that the exhibition could be perceived as a whole. Anything else would have simply been too much.

At MGKSiegen, we took the approach of not installing any curtains, doors, or other separating elements[2] in order to keep the architecture open and permeable and to bring as few objects into the space as possible. We wanted to avoid showing things that would distract from the olfactory experience. Also, every material creates new smells, which is why we painted the rooms right at the start of the renovation phase, for example. The technology was concealed as much as possible. Fortunately, no air conditioning was installed in the exhibition rooms, or was defective. Diffusors were installed in double walls or under benches. Jason Dodge brought smells into the museum through animals. Materials (fabrics, mothballs) were also used as scent carriers. There were only the titles of the works in the room, no further wall texts or explanatory information. Instead, the Odor Lab, a separate room for mediation at the end of the exhibition, allowed visitors to delve even deeper into the world of smelling, odors, and art.

2   In contrast, in Innsbruck we decided to separate the rooms with curtains.

We discussed the spatial sequence of the exhibition layout with the artists and also coordinated the new productions as best as possible—not only thematically, but also according to olfactory criteria. However, it was only during the installation of the exhibition that we became aware of how the individual odors in the exhibition space actually harmonized with or contradicted each other. It is impossible for a curator of contemporary art without olfactory training to anticipate how the individual smells would work together in the space. Therefore, in the week before the opening, we experimented a lot with the intensity of each room, the amount of materials, and the frequency with which the scent molecules were introduced into the space. Some of the artists were also present during this phase and supported us. Some critical points were adjusted afterwards and during the course of the exhibition. Nevertheless, it was inevitable that the smells in the rooms would come together and develop different intensities. This also meant that the experience of each artistic work, even within its own room, varied in intensity in different places. This resulted in a unique dramaturgy, which was adapted to the local conditions in Innsbruck and led to the decision to separate the individual areas with white curtains.

Odor. Immaterial Sculptures was not a static event, but rather an exhibition in a constant state of flux. The exhibited works shared the air, condensed, and evaporated. This had consequences for the maintenance of the exhibition during its run. The oils and resins in Oswaldo Maciá's installation had to be reapplied at regular intervals, and Koo Jeong A's mothballs had to be replaced. Liquids were replenished, and the corresponding diffusors were controlled by timers. The devices were turned on each day long before the museum opened to create the desired effects in the space. Other works, such as those by Jason Dodge and Teresa Margolles, were deliberately designed to evaporate completely over the course of the exhibition, or at least not to require replacement.

The project had an impact on the exhibition experience for the public, but also for us curators. Each visit to the exhibition and each guided tour was different because the spaces changed over time, as did our personal perceptions. It was electrifying and fascinating to observe how, with the respective works, the air circulation, and the composition of the molecules, the space changed beyond the architecture and how it could be perceived in a completely different way. The exhibition was experienced very directly, triggering different memories and very contrasting reactions. It touched the visitors. Some could only explore a few rooms at a time and needed a break. Others could hardly smell anything. At best, they had to train their noses or wait out their colds to experience something. Against the backdrop of the pandemic and a culture of social distancing that has made smelling as a form of interpersonal interaction more difficult, a new awareness of smell and taste, but also of the air, molecules, and viruses in space, has emerged. Perhaps this is why many people enjoyed exploring the meaning of smells more intensively, or engaged with olfactory art—and, as one blind visitor told us, had a truly sensory experience in an art exhibition for the first time.

All of this, however, can only be experienced in the here and now of an exhibition visit. In this respect, this book, with its special design and olfactory-led selection of materials, the different perspectives of scientists and curators, and the specially designed artist pages, is not intended as documentation, but rather as a stimulus for a cultural practice that has been completely underestimated to date: sniffing around in the museum.

BUT IS IT fART?

ÜBER OLFAKTORISCHE
SKULPTUREN IM MUSEUMSKONTEXT

FLORIAN
WALDVOGEL

1 Mit Ausstellungsbeiträgen von Jason Dodge (USA), Carsten Höller (SE/D), Koo Jeong A (KOR), Oswaldo Maciá (COL), Teresa Margolles (MX), Pamela Rosenkranz (CH), Sissel Tolaas (NO), Clara Ursitti (UK) und Luca Vitone (IT).

2 Vgl. Pierre Bourdieu, „Die Logik der Felder", in: Pierre Bourdieu, Loic Wacquant (Hg.), *Reflexive Anthropologie*, Frankfurt am Main 1996.

Wer ein Kunstmuseum besucht, erwartet Sammlungspräsentationen und Sonderausstellungen, kurzweilige Ablenkung sowie ein den eigenen Geist entlastendes Vermittlungsprogramm. Kunstausstellungen sind nicht nur ein künstlerisches, sondern mittlerweile auch ein gesellschaftliches Forum mit Unterhaltungswert. Aus der Ausstellung als Bildungs- wurde ein Erlebnisort für soziale Begegnungen. Die inhaltliche Auseinandersetzung mit dem Ausstellungsgegenstand wurde vom Sozialprestige abgelöst.

In den meisten kunsthistorischen Museen werden Kunstwerke zur Möblierung eines Gesamtszenarios eingesetzt. Meistens sind die Räume überladen und es triumphiert die barocke Augenlust. Eine zeitgenössische Ausstellung ist ein analytisches Werkzeug und stellt einen zentralen Knoten von Diskursen, Praktiken und Orten dar, welcher innerhalb dieses interdiskursiven Beziehungsgeflechts Kunstwerke als Text produziert. Ausgangspunkte für alle von der Modernen Sammlung der Tiroler Landesmuseen kuratierten Präsentationen oder Ausstellungen sowie Überlegungen zu Institutionen der Kunst sind, wie sich jene zeitgemäß denken lassen.

INSTITUTION UND AUSSTELLUNG ZEITGEMÄSS DENKEN

Der Direktor des Museums für Gegenwartskunst Siegen, Thomas Thiel, und ich dachten über eine Ausstellung nach, die den Bedingungen der Gegenwartskunst, aber auch der gewandelten Funktion von Ausstellungen Rechnung trägt. Ausgehend von den Kunstwerken, entwickelten wir die Ausstellung *Odor. Immaterielle Skulpturen*, der man sich nicht entziehen kann, obwohl es fast nichts zu sehen gibt.

In neun olfaktorisch voneinander getrennten Räumen präsentierte *Odor. Immaterielle Skulpturen* eine Auswahl an Werken internationaler Künstler*innen,[1] welche Geruch als Riech- und Raumerfahrung in den Mittelpunkt der Kunstrezeption stellen. Gezeigt wurden fast ausschließlich immaterielle Skulpturen, darunter bestehende Werke ebenso wie Neuproduktionen, die in Bezug zum Ort entwickelt wurden. Olfaktorische Skulpturen sind ein Selbstermächtigungsprozess, die im Konflikt mit dem herrschenden System Museum Momente ermöglichen, die den Produktionsapparat unterbrechen und dessen Strukturen verändern. Für Pierre Bourdieu eröffnet dieses Durchbrechen soziale Felder, die sich temporär jeglicher Verwertungslogik entziehen.[2] Somit wendet sich das Olfaktorische gegen die Einrichtung mit hohem Symbolcharakter wie das Museum. Durch die Aneignung von politisch codierten Räumen erfahren diese eine soziale Umkehrung hin zur Heterotopie.

Die „performative" Praxis der olfaktorischen Skulptur im musealen Raum untersucht und kritisiert die Herrschaftsverhältnisse und die mit ihnen verknüpfte symbolische Produktion. Olfaktorische Skulpturen betrachten die Herrschaftsverhältnisse in den Formen der kulturellen Grammatik und formulieren Ansatzpunkte dafür, wie sie infrage gestellt werden könnten. Gebäude, Einrichtungen und Institutionen existieren nicht um ihrer selbst willen, weshalb olfaktorische Skulpturen automatisch die zugrunde liegende Logik von Profit, Effizienz, Kontrolle und der Regulierung von Zeit und Raum kritisieren. Die olfaktorische Intervention hinterfragt die Vorstellung, dass der museale Raum dazu da ist, damit man ihm gehorsam Folge leistet, und dass wir nur als effiziente Automaten in den Prozessen des Tauschs und der Akkumulation existieren. Diese Schlussfolgerung liegt den Subversionsstrategien zugrunde, die unter Begriffen wie Détournement,[3] Psychogeografie[4] und Dérive[5] der Situationistischen Internationalen in Formen der Aneignung, der Destruktion, der Parodie und der Verfremdung von Architektur und Urbanität zur Anwendung kommen.

Wo das Museum versucht, den Besucher*innen ihre soziale Identität zu diktieren – eine Verräumlichung der „Marketing-Orientierung", welche die Menschen dazu anhält, eine Rolle zu spielen –, konstruieren Odor-Künstler*innen eine Beziehung, eine sinnlich-räumliche Variation der Althusser'schen Auffassung von Ideologie als imaginärer Repräsentation der Beziehung des Subjektes zu seinen oder auch ihren realen Existenzbedingungen.[6]

Der Geruch ist daher rhythmisch nicht im Gleichschritt mit den vorherrschenden Routinen eines Museums vereinbar, er schafft einen Gegenrhythmus aus Unsichtbarkeit und Willkür. Olfaktorische Kunst zeigt, dass die Temporalität der Aneignung sich von jener des Besitztums unterscheidet, indem sie eine aktive, bewegliche Zeit anstrebt, die zu den spezifischen Bedürfnissen und Handlungen der Stadtbewohner*innen Bezug hat. Wo Besitz auf den Begriff des Habens reduziert wird, ermöglicht die Ablehnung von Eigentum eine Wiederbelebung des Sozialen. Die Praxis des Olfaktorischen demonstriert daher sowohl eine Neuverteilung des urbanen, sozialen oder musealen Raumes als auch eine Neuformulierung des Selbst in Übereinstimmung mit dem physischen Potenzial der bebauten Umgebung. Odor verweist auf die Wiederbelebung des Urbanen nicht als ein Produkt, sondern als Lebensweise und bestätigt den Slogan von Henri Lefebvre aus dem Jahr 1968, demzufolge unter den Pflastersteinen der Strand liegt.[7]

Der Untertitel *Immaterielle Skulpturen* ist eine Hommage an und eine Verbeugung vor Jean-François Lyotard, der schon 1985 in *Immaterialität und Postmoderne* anmerkte, dass die zentrale Aufgabe einer Ausstellung darin bestehe, die Besucher*innen so weit zu verunsichern, dass sie einer Auseinandersetzung mit der Ausstellung nicht mehr ausweichen könnten. Was der französische Philosoph damit meint, ist, dass Kunst der

---

3   Détournement ist eine Technik der semantischen Umbesetzung, die im Umkreis der Letteristischen Internationalen entstand und später im Situationismus übernommen wurde.

4   Die erstmals 1956 von Guy Debord beschriebene Psychogeografie ist eine Methode des Gehens und der Stadterkundung, in der man sich treiben lässt, sich der Umgebung aussetzt, sie beobachtet und darüber objektive Erkenntnisse zu gewinnen versucht. Die Psychogeografie untersucht, welchen Einfluss die architektonische oder geografische Umgebung auf die Wahrnehmung, das psychische Erleben und das Verhalten hat.

5   Dérive ist eine Art des Umherirrens oder auch Umherschweifens an einem Ort, um ihn zu entdecken, verstanden als Netzwerk von Erfahrungen und Erlebnissen. Dérive wurde 1956 vom Situationisten Guy Debord definiert.

6   Vgl. Louis Althusser, „Ideologie und ideologische Staatsapparate. Anmerkungen für eine Untersuchung", in: *Ideologie und ideologische Staatsapparate. Aufsätze zur marxistischen Theorie*, Hamburg 1977, S. 108–153.

7   *Sous les pavés, la plage* (Unter dem Pflaster liegt der Strand): Henri Lefebvre, *Das Recht auf Stadt*, Hamburg 2016, S. 28.

8 Vgl. Jean-François Lyotard, *Immaterialität und Postmoderne*, Berlin 1985.

Erkenntnis dient und nicht der Unterhaltung. Ein Museum soll Verwirrung stiften, denn in der postmodernen Gesellschaft mit ihren massiven Umbrüchen und ihrem Bewusstsein vom Ende der Illusionen der Moderne besteht kein Grund, zur Ruhe zu kommen.[8]

Das Unsicht-, jedoch Wahrnehmbare, das Olfaktorische der Ausstellung *Odor* soll das Publikum für eine nahe Zukunft sensibilisieren, die von Immateriellem wie Fake News, digitalen Technologien oder Viren massiv verändert wird. In diesem Sinne ist die Ausstellung hochpolitisch.

Um den letzten Gedanken etwas zu veranschaulichen, möchte ich die Installation *A tale of forked tongues* (2018–2022) von Luca Vitone (* 1964) im Kontext der Ausstellung, des Ferdinandeums und Tirols erläutern. Das Projekt spielt auf ein spezifisches Ereignis im Jahr 1763 der bakteriologischen Kriegsführung in der Neuzeit an: Die britische Armee unter der Führung von Jeffrey Amherst gab Decken an Gruppen von Native Americans aus. Tatsächlich waren diese Decken jedoch mit dem Pockenvirus infiziert und entpuppten sich als biologische Waffen. Ein großer Teil der Bevölkerung, besonders ältere Menschen, Frauen und Kinder, starben an dem Virus, gegen das sie nicht immun waren. Um die Pocken zu bekämpfen, führte Bayern 1807 die Impflicht ein. Für den Impfgegner Andreas Hofer war das Gotteslästerei. Der Streit um die Vakzination führte schließlich zu den berühmten vier Schlachten am Bergisel. Vitones Werk versucht, die Allgegenwärtigkeit eines tödlichen Virus im Raum mittels Duft erfahrbar zu machen und ist im Ferdinandeum in direkter Nachbarschaft zu einer historischen Darstellung von Albin Egger-Lienz zum Bauernaufstand wahrnehmbar.

Somit repräsentierte die Ausstellung *Odor. Immaterielle Skulpturen* eine visuelle Herangehensweise an die Ergebnisse der von der Gesellschaft geschaffenen sozialen Phänomene und Bedingungen. Jede*r ist an den Vorgängen im öffentlichen Raum beteiligt, und wenn wir annehmen, dass eine Kunstinstitution ein (notwendiges) Vehikel der Öffentlichkeit ist, kann den Besucher*innen ihre Mitwirkung an sozialen Phänomenen gerade durch einige Beiträge in dieser Ausstellung über die unmittelbare Realität des Alltagslebens, das die Menschen betrifft, bewusst gemacht werden. Die Ausstellung *Odor. Immaterielle Skulpturen* veranschaulichte, dass man sich der neoliberalen Raumnutzung spielerisch widersetzen kann und dass Architektur nicht nur Waren der kapitalistischen Verwertungslogik re-produzieren muss. So eine Ausstellung im musealen Kontext ist in erster Linie die Inszenierung eines oppositionellen Verhaltens, die Alternativen zum System der Subordination aufzeigt.

WAS EIN KUNSTMUSEUM HEUTE SEIN KÖNNTE

Selbstredend, dass die Ausstellung *Odor. Immaterielle Skulpturen* Reaktionen auslöste, wie wir sie seit der Moderne in ihren variierten und stereotypen Vorurteilen schon kennen. Aber von ihrer Brutalität, den Formen der Falschmeldungen, der museumsinternen Sabotage und dem Boykott waren wir in Innsbruck dann doch überrascht:

Sissel Tolaas geht in ihrer forschungsbasierten Kunst den Fragen nach, wie wir über Geruch kommunizieren können, welche Informationen Geruchsmoleküle unserem Körper durch Einatmen mitteilen oder wie man Unsichtbares wie Geruch, Luft und Atem einfangen kann. Mit ihrer eigens für Innsbruck entwickelten Arbeit *fART_23* spielte die Künstlerin auf verschiedene virulente Themen aus Kunst und Medizin an. An der Kasse des Ferdinandeums bekamen interessierte Besucher*innen ein Getränk angeboten, welches die Personen während des weiteren Museumsbesuchs zu olfaktorischen Produzent*innen werden ließ. Tolaas verwies mit diesem Cocktail aus Bioprodukten auf spielerische Weise auf die Wichtigkeit des Darmtrakts und lud die Besucher*innen somit zur viel beschworenen Partizipation im Museumskontext ein. Der Darm konnte im ersten Raum des Ausstellungsrundgangs entlüftet werden. Die Darmwinde wurden dort in einer speziellen Sitzgelegenheit gesammelt und potenziert. Sowohl das österreichische Boulevardblatt *Kronen Zeitung*[9] als auch der NEOS-Vorsitzende von Tirol, Dominik Oberhofer, beklagten öffentlich die Verschwendung österreichischer Steuergelder für diese „Furz-Ausstellung".[10] Eine zweiminütige Recherche, heutzutage leider kein redaktioneller Standard mehr, hätte ergeben, dass die komplette Ausstellung mit Steuergeldern von der großen Schwester Deutschland finanziert wurde.

Dabei hat die Furzerei[11] im Kunstkontext in Österreich eine lange Tradition. Noch im 19. Jahrhundert gab es auf den deutschsprachigen Jahrmärkten mehr Furz- als heute Trinkbuden. Manfred Deix[12] entwarf 1987 die Fassade des Palasts der Winde für den Luna Luna-Park auf der Hamburger Moorweide von André Heller und Walter Navratil. Der von Deix gestaltete Torbogen begrüßte die Besucher*innen mit grotesken Szenen, die im Inneren des Festzelts zu hören und zu riechen waren: Der Furz eines Mannes lässt die Haare einer Frau fliegen, das Mundstück eines Saxophons wird in den Anus eines Mannes eingeführt und der Wind einer Frau droht die Kerzen auf den Köpfen zweier Männer auszublasen. Im Palast furzte eine Truppe von Spezialist*innen unter Anleitung von Ernst-Ludwig Waldhall,[13] Absolvent des Salzburger Mozarteums, zum Beispiel den Radetzkymarsch.[14]

Aber solange Menschen aus Einfältigkeit, aus Mangel an Erfahrungsdifferenzierung und Identitätsbildung ihrer erziehungsbedingten Wut vom Erlernen und Verstehen demo-

---

9   Alle gesellschaftlichen Bereiche werden von Massenkommunikation dominiert, nach Grundsätzen der Bedarfslenkung, Verleitung und Reklame gestaltet, und in ebenjenen ist es erlaubt, zu lügen, zu täuschen, zu entstellen, zu destabilisieren und zu verdrehen. Die Konsequenzen sind steigende Deprivationsgefühle, epidemische Unsicherheit und ein wachsendes Unbehagen am Status. Die Medien werden zum Klärwerk für Affekte, das trübe Wut in einfache Erklärungsmodelle umwandelt und als Echokammer Hysterien und Vorwürfe reproduziert.

10   Vgl. Markus Gassler, „Tiroler Neos-Chef kritisiert ‚Furz-Ausstellung'", *Kronen Zeitung*, 01.05.2023, https://www.krone.at/2994653 (zuletzt abgerufen am 8. August 2023).

11   Die Kulturtechnik des Furzens zerfällt nach der „Lehre der Bauch- und Darmwinde in vier Unterfürze: 1. den geräuschvollen, gleichwohl geruchlosen und kontrollierten Pressfurz; 2. den für Aufregung sorgenden, lauten und stinkenden Furz, auch vapor tonans odoratus genannt; 3. den ordinären Alkoholfurz, der häufig nach missbräuchlichem Genuss von Spirituosen mit einem Hauch Ammoniak auftritt, 4. den nassen, dunkelgelbbraunen Strich (vapor succulentus), den man an seinem zitternden Begleitgeräusch erkennt." Vgl. Alfred Limbach, Tomi Ungerer, *Der Furz*, München 1986, S. 20 ff.

12   Der österreichische Karikaturist und Katzenfreund Manfred Deix (1949–2016) schuf wunderbare Karikaturen zu Themen wie Sexualität und Politik, darunter zahlreiche Darstellungen, in denen er sich über den Rechtsextremisten Jörg Haider lustig machte. Sein Werk ist so zentral für das, was mehrere Quellen als die „österreichische Seele" bezeichnet haben, dass der Begriff „Deixfigur" in den Duden aufgenommen wurde. Deix' Figuren sind körperlich robust und in vielen Fällen das Gegenteil von „konventionellen Schönheitsidealen".

13   Der Größte seiner Zunft war wohl der Pariser Meisterfurzer Joseph Pujol, der um die Jahrhundertwende die Reichen und Schönen seiner Zeit im Moulin Rouge mit seinem Darmgesang erfreute. Man munkelt, dass Pujol zweifellos der größte Petomane (von „le pet" = der Furz) aller Zeiten war. Es ist überliefert, dass er Geigen, Posaunen, Maschinengewehre und seine Schwiegermutter imitieren sowie einen Heulton von fast einer halben Minute halten konnte, aber am liebsten furzte er Bariton. Vgl. Erich Wiedemann, „Natürlich kann man sich auch mal verpupsen", in: *Der Spiegel* 27/1987, S. 183.

14   Ebd., S. 182.

15   Vgl. Jean-François Lyotard,
       Das postmoderne Wissen, Wien 1994.

16   Vgl. Denis Diderot, Jean Le Rond
       d'Alembert, *Die große Enzyklopädie*,
       Frankfurt am Main 2005.

kratischer Prozesse ausgeschlossen bleiben, so lange muss es eine Ästhetik der Verweigerung geben, die sich der sichtbaren und unsichtbaren Gewalt der Anpassung entgegensetzt. Umso wichtiger sollte daher das Leitmotiv einer Kunstinstitution lauten: die Hartnäckigkeit der Neugier bewahren. Eine Institution sollte anders denken als der Common Sense, sollte anders wahrnehmen, als man gewöhnlich sieht, sonst kann es kein Weiterdenken oder Weiterschauen geben.

Was ist denn das kuratorische Denken heute, wenn nicht die kritische Arbeit des Denkens am Musealen an sich? Ein architektonischer Komplex macht noch kein Museum. Andernfalls kann man sich das Museum auch ohne Kunst vorstellen, wie die Kirche ohne den Glauben oder ein Quarantäne-Zentrum ohne Virus. Kuratieren bedeutet nicht zu bestätigen und zu rechtfertigen, was man ohnehin schon weiß, sondern auszuloten, wie weit man gehen kann, anders zu denken. Es gilt, von einem Aufsagen und Nachsagen zu einem Aussagen zu kommen. In der Welt des postmodernen Wissens geht es darum, anzuerkennen, dass es kein Geheimnis mehr gibt. Bei gleicher Kompetenz liegt der Zuwachs heute in der Produktion des Wissens und nicht mehr in seinem Erwerb, also letztendlich hängt es von der Fantasie (Imagination) ab, die entweder erlaubt, einen neuen Spielzug durchzuführen oder die Regeln des Spiels zu verändern. Eine Institution könnte ein Modell des „offenen Systems" sein, in dem die Relevanz der Aussage darin besteht, Ideen zu „veranlassen", das heißt, andere Aussagen zu treffen, andere Spielregeln festzulegen.[15]

Als Marcel Duchamp das Urinal ins Museum einführte, war das nicht nur eine unverhüllte Anspielung auf die skatologische Konnotation des Wortes „Kabinett", das, wie die Enzyklopädie von Diderot und d'Alembert[16] unterstreicht, unterschiedslos sowohl einen Abort als auch den Raum bezeichnet, in dem die Sammler*innen ihre Schätze aufbewahren. Was man von der Aktion Duchamps behält, ist, mehr noch als die Verspottung der Autorität, die Umlenkung, ja die einfache Verschiebung, die der Kunst eigen ist und die die Institution so sehr vervielfacht und erweitert hat, dass die Kunst inzwischen imstande ist, mit jeglichem Material zu arbeiten. Seit Marcel Duchamp dreht sich alles darum, wie Kunstwerke die Regeln und Konventionen der Institution neu auslegen, was wiederum Gegenstand des kritischen Urteils wird. Eine antiinstitutionelle Haltung ist eben nicht das Resultat einer radikalen Sozialutopie, sondern die formale Entsprechung von wechselnden Anforderungen und deren Reaktionen.

IN DER ZUKUNFT LEBEN

Eine zeitgenössische museale Praxis könnte die Sehnsucht nach Wissen aufgeben und zu einem neuen Bewusstsein kommen, das sich in den Unschärfen und Unsicherheiten der postfaktischen Welt zurechtfindet. Im besten Falle sensibilisiert das Museum mit

17   Martin Heidegger, „Der Ursprung des Kunstwerkes" (1935/1936), in: *Martin Heidegger Gesamtausgabe*; 5; I. Abteilung, Veröffentlichte Schriften 1910–1976, Frankfurt am Main 1977, S. 1–74, 32–42.

einer Ausstellung wie *Odor. Immaterielle Skulpturen* sein Publikum für Fragen, die im alltäglichen Leben eine Rolle spielen, die neue Parameter dafür aufzeigen, wie Sinnkriterien absichtsvollen aktuellen Handelns aussehen könnten, da der göttliche Vorwand wegfällt und Landschaften keine Szenerien mehr sein müssen für die Wunschvorstellungen idealer Ordnungen. Diese Fragen sind Repräsentanten des Unsichtbaren, sie zeigen eine philosophische Idee des in der Zukunft liegenden Unbekannten.

Eine Ausstellung oder Sammlungspräsentation ist an der Aufladung semantischer Felder interessiert, die von einem Kunstwerk erzeugt werden, und an der Komplexität der Bedeutung eines neuen Denkens, das einen Widerstand gegenüber etablierten Vorstellungen bildet. Eine Präsentation von bildender Kunst muss sich uns verschließen und unseren Absichten widerstehen und erhält so im Sinne Martin Heideggers den sie bestimmenden Streit mit der Welt aufrecht: „Wir fragen: Welchen Bezug zeigen das Aufstellen einer Welt und das Herstellen der Erde im Werk selbst? Die Welt ist die sich öffnende Offenheit der weiten Bahnen der einfachen und wesentlichen Entscheidungen im Geschick eines geschichtlichen Volkes. Die Erde ist das zu nichts gedrängte Hervorkommen des ständig Sichverschließenden und dergestalt Bergenden. Welt und Erde sind wesenhaft voneinander verschieden und doch niemals getrennt. Die Welt gründet sich auf die Erde, und Erde durchragt Welt. Allein die Beziehung zwischen Welt und Erde verkümmert keineswegs in der leeren Einheit des sich nichts angehenden Entgegengesetzten. Die Welt trachtet in ihrem Aufruhen auf der Erde, diese zu überhöhen. Sie duldet als das Sichöffnende kein Verschlossenes. Die Erde aber neigt dahin, als die Bergende jeweils die Welt in sich einzubeziehen und einzubehalten. Das Gegeneinander von Welt und Erde ist ein Streit. [...] Im wesenhaften Streit jedoch heben die Streitenden, das eine je das andere, in die Selbstbehauptung ihres Wesens. [...] Die Erde kann das Offene der Welt nicht missen, soll sie selbst als Erde im befreiten Andrang ihres Sichverschließens erscheinen. Die Welt wiederum kann der Erde nicht entschweben, soll sie als waltende Weite und Bahn alles wesentlichen Geschickes sich auf ein Entschiedenes gründen. Indem das Werk eine Welt aufstellt und die Erde herstellt, ist es eine Anstiftung dieses Streites. Aber dieses geschieht nicht, damit das Werk den Streit in einem faden Übereinkommen zugleich niederschlage und schlichte, sondern damit der Streit ein Streit bleibe. [...] In der Innigkeit des Streites hat daher die Ruhe des in sich ruhenden Werkes ihr Wesen. [...] Erde durchragt nur die Welt, Welt gründet sich nur auf die Erde, sofern die Wahrheit als der Urstreit von Lichtung und Verbergung geschieht."[17]

Ein zeitgenössisches Kunstmuseum entwirft alternative Präsentationsmodelle, bezieht unterschiedliche Disziplinen mit ein. Denn die Recherche, das Experiment und die unaufhörliche Verwandlung sind ja auch die Grundlagen jeder kulturellen

18 Es gibt dafür unzählige Beispiele: die Aktualisierung El Grecos durch die Expressionist*innen, die Verwandlung Palladios durch den Architekten Adolf Loos oder die Transformation der minoischen Plastik durch Alberto Giacometti.

19 Pierre Bourdieu und Alain Darbel haben in ihrer Studie *Die Liebe zur Kunst – Europäische Kunstmuseen und ihre Besucher* nachgewiesen, dass ein großer Teil der Museumsbesucher*innen die Institutionen im Rahmen der touristischen Erschließung einer Stadt frequentiert. Was tun, wenn doch niemand kommt?

20 Die Museumsbesucher*innen bringen ihre eigenen Erinnerungen und geistigen Bilder ins Betrachten eines Kunstwerks mit ein. Gemeinsam bilden Rezipient*in und Arbeit ein Zusammenspiel von Bedeutungen, die keine objektive Realität besitzen, die manchmal gelingt und manchmal fehlschlägt wie in jeder intersubjektiven Beziehung.

21 Ich denke, man kann von Museumsbesucher*innen schon erwarten, dass sie offen sind und eine Skepsis gegenüber Vorurteilen mitbringen sowie die Bereitschaft, den Künstler*innen in ihren Arbeiten an Orte zu folgen, wo der Boden steinig und das Erfahrbare schwer zugänglich ist.

22 Für Wahrnehmungserfahrungen sind Erwartung und Erinnerung entscheidend: Wenn ein Museum entdeckt, dass ein fälschlich Rembrandt zugeschriebenes Gemälde doch von einem seiner Assistenten gemalt wurde, dann verliert diese Arbeit ihre atmosphärische Eigenschaft, und das kognitive Vorurteil mindert den qualitativen Wert. All unsere Wahrnehmungen sind kontextuell kodiert und werden zu einer psychophysiologischen Realität in uns, weshalb das Gemälde eines berühmten Malers oder einer berühmten Malerin es „besser" werden lässt. Siehe auch: Maurice Merleau-Ponty, *Phänomenologie der Wahrnehmung*, Berlin 1965, und Maria Brickner, „The Aesthetic Stance: On the Conditions and Consequences of Becoming a Beholder", in: Alfonsia Scarinzi (Hg.), *Aesthetics and the Embodied Mind: Beyond Art Theory and the Cartesian Mind-Body Dichotomy*, Dordrecht 2014, S. 117 f.

23 Museumsbesucher*innen sollten verstehen, dass das „Ich" nicht der Ausgangspunkt des Besuches darstellt, sondern das Ankunftsziel.

Praxis. Die programmatischen Avantgarden des 20. Jahrhunderts waren strikt auf das Neue fokussiert und erzwangen somit eine Aktualisierung des Historischen, des Tradierten und der Vergangenheit. Je fortschrittlicher die künstlerische Produktion wurde, desto gegenwärtiger wurde die Tradition.[18]

Die Vermittlung ist mittlerweile wichtiger als das Kunstwerk im Museum, das Erlebnis wichtiger als die Kennerschaft.[19] Die Kunst hat ihre eigene Sprache, sie muss nicht übersetzt werden durch nichtkünstlerische Vermittlungsformen, welche die Besucher*innen wie Zombies durch die Ausstellungsräume hetzen. Oder sie mit profanen Texten belasten, bei denen die banalisierenden Erklärungen die feinen Nuancen und Mehrdeutigkeiten verkleinern oder gleich ganz ignorieren und den Besucher*innen den Inhalt des Texts im Kunstwerk suchen lässt. Warum nimmt man die Besucher*innen und ihr intellektuelles Gepäck nicht ernst und lässt sie selbst denken?[20] Warum sind Menschen, die ins Fußballstadion gehen, informierter als viele Museumsbesucher*innen? Kann man dasselbe auch vom Museumspublikum, diesen angeblich blinden Passagieren ohne Gepäck, verlangen?[21]

Sehen, Hören, Riechen, Fühlen und Schmecken sind keine passive Rezeption, sondern schöpferische Tätigkeiten, jenseits aller Worte. Man müsste die ausgestellten Gegenstände nur auf jene Art und Weise kontextualisieren und in Beziehung setzen, die es ihnen erlaubt, für sich selbst zu sprechen.[22] Das so erlangte Wissen über den betrachteten Gegenstand führt zu einer psychobiologischen Veränderung im Rezipienten und in der Rezipientin, die mit dem Gefühl einer größeren, durch Verständnis geförderten Handlungsfähigkeit einhergeht.[23] Riechen lässt sich wie Sehen oder Hören trainieren. Gerüche lassen Bilder und Eindrücke entstehen, die mittels künstlerischer Werke wahrnehmbar werden. Ausgehend von der unmittelbaren Erfahrung des Riechens und in der Zusammenschau, berührt die Ausstellung dabei auch sehr aktuelle wie existenzielle Themen wie Selbstempfinden, Körperlichkeit, Vergänglichkeit, Politik oder Klima. Sie stellt zudem die formale Frage nach dem Wechselverhältnis der Sinne als Bestandteil künstlerischer Erfahrung.

Zurück zur Ausstellung *Oodor. Immaterielle Skulpturen*: Jedes Kunstwerk dieser Ausstellung besaß eine prospektive Potenz, eine Polysemie anstelle fixer Bedeutungen. Die museale Präsentation kann verdeutlichen, dass ein Kunstwerk nicht das Produkt eines Individuums, sondern Ausdrucksform eines gesellschaftlichen Zustands ist. Laut Georg Wilhelm Friedrich Hegel ist ein Kunstwerk in seinen historischen Kontext eingebunden und nur aus diesem heraus zu verstehen.[24] Mittlerweile dürfte jedem*jeder klar sein, dass sowohl der Kontext als auch die Bedeutung keine festen Größen darstellen. Vielmehr kann der Kontext nahezu beliebig erweitert und verengt

24   Für Hegel und die ihm nachfolgenden Kunsthistoriker*innen lag das Wesentliche der Kunstwerke in der Vergangenheit, ließ sich also nicht aus der Anschauung, sondern nur durch die historische Rekonstruktion gewinnen. Das aber heißt, dass man ein Kunstwerk lediglich über seine vermittelnden historischen Erklärungen rezipieren darf. Georg W. F. Hegel, *Vorlesungen über die Ästhetik*, Werkausgabe Band 13, Frankfurt am Main 1970, S. 25 f.

25   Der Kunsthistoriker Conrad Fiedler sah wie jede*r, der*die die Wahrnehmung über die Geschichte setzt, in einer chronologischen Aufbereitung der Kunst vergangener Epochen keinen Sinn. Große Kunst spricht unmittelbar und bedarf keiner kunsthistorischen Erklärung für die Betrachter*innen. Anders als die meisten Kunsthistoriker*innen definiert Fiedler die großen, ihn interessierenden Werke nicht als vergangen, sondern als gegenwärtig: „Die Anfänge der Kunstgeschichte dürfen nur da gesucht werden, wo sich innerhalb der sogenannten Kunstübung ein Streben nach Erkenntnis und somit eigentlich künstlerische Tätigkeit zeigt. Es kann lange gemalt, gemeißelt, gedichtet, musiziert werden, ohne dass von Kunst im eigentlichen Sinne die Rede sein kann; das wird von den Handbüchern der Kunstgeschichte immer übersehen, wie sich dieselben überhaupt damit begnügen, die Kunst historisch von allen ihren Nebenseiten zu betrachten, glaubend, damit die Kunst erschöpft zu haben, während eine Geschichte der Kunst im eigentlichen Sinne, d. h. eine Geschichte der durch die Kunst vermittelten, offenbarten Erkenntnis noch zu schreiben ist." Conrad Fiedler, *Schriften zur Kunst nach der Ausgabe München 1913/14 mit weiteren Texten aus Zeitschriften und dem Nachlass*, Gottfried Boehm (Hg.), München 1991, Band 1, S. 82.

26   Bei der Bekämpfung des Anthropozäns und seiner verheerenden Auswirkung auf Klima, Umwelt und Tierreich werden Sie mir ganz sicher unwidersprochen widersprechen.

werden und dabei eigenständige Dimensionen entwickeln, die zusätzliche Wissensformationen eröffnen. Folgerichtig kann es keine abschließende Interpretation, sondern nur eine unendlich fortschreitende Aktualisierung von Interpretationen geben. Eine neue Deutungsweise ist auschließlich als Bruch mit einer alten möglich und in Wirklichkeit auf diese angewiesen, weil sie nur in der Generierung einer Differenzbeziehung als neu wahrgenommen werden kann. Der Überraschungseffekt einer Neuinterpretation setzt eine Erwartungshaltung voraus, die übertroffen wird. Die museale Leistung, historische Räume durch inspirierte Konfrontationen mit zeitgenössischen Positionen zu kombinieren, ist ein Verfügbarmachen der Geschichte, um ihr Bedeutung abzugewinnen und ihr so einen Platz in der Gegenwart einzuräumen.[25] Wenn ein Kunstwerk eindeutig interpretierbar wird, dann verliert es seine symbolische Kraft. Restlose Erklärungen sind der menschliche Versuch, das Dargestellte, die Welt auf ein handliches Format zu stutzen.

Ein zeitgenössisches Museum gewinnt seine Bedeutung alleine aus der Andersartigkeit. Diese Alterität formuliert seine Bedeutung im Hier, die Differenz seine Chance im Jetzt. Von Martin Heidegger stammt die Beobachtung, dass wir eine Gegebenheit erst dann bewusst wahrnehmen und gezielt angehen, wenn irgendetwas nicht mehr stimmt, aus der Norm fällt, woraufhin wir damit das für selbstverständlich Gehaltene infrage stellen.[26]

Dies ist mit der Ausstellung *Odor. Immaterielle Skulpturen* sowohl in Siegen als auch in Innsbruck gelungen. Eine Ausstellung als flüchtiges und immersives Ereignis, das nur während des Besuchs erfahren werden kann und sich gegen seine Medialisierung beugt. Eine weitere Besonderheit der Ausstellung ist, dass man völlig unbelastet, ohne kunsthistorisches oder ikonografisches Besteck, diese Ausstellung besuchen kann. Akademiker*innen sind keineswegs gegenüber den unbefleckten Besucher*innen im kontemplativen Vorteil, nur nasenblind sollte man nicht sein.

BUT IS IT FART?

ON OLFACTORY SCULPTURES
IN THE MUSEUM CONTEXT

FLORIAN WALDVOGEL

Visitors to an art museum expect presentations of collections and special exhibitions, entertaining diversions, and an educational program that relieves the mind. Art exhibitions are not only an artistic forum but also a social forum with entertainment value. The exhibition as a place of education has become a place of social encounter. The substantive engagement with the exhibited object has been replaced by social prestige.

In most museums dedicated to the history of art, works of art serve to furnish an overall scenario. In most cases, the individual galleries are overloaded, and baroque visual pleasure triumphs. A contemporary exhibition is an analytical tool and represents a central node of discourses, practices, and places that produce artworks as "texts" within this interdiscursive web of relations. The starting point for all presentations and exhibitions curated by the Modern Gallery of the Tyrolean State Museums, as well as for reflections on art institutions, is how these can be thought of in a contemporary way.

THINKING INSTITUTIONS
AND EXHIBITIONS IN A
CONTEMPORARY WAY

Thomas Thiel, director of the Museum für Gegenwartskunst Siegen, and I thought about an exhibition that would take into account the conditions of contemporary art, but also the changed function of exhibitions. Based on the works of art themselves, we developed the exhibition *Odor. Immaterial Sculptures*, from which it is difficult to tear oneself away, although there is almost nothing to see.

In nine olfactorily distinct rooms, *Odor. Immaterial Sculptures* presents a selection of works by international artists[1] that place odor as an olfactory and spatial experience at the center of art reception. The exhibition consists almost exclusively of immaterial sculptures, including existing works as well as new productions developed in relation to the site. Olfactory sculptures are a process of self-empowerment that, in conflict with the prevailing "museum" system, allows aspects to interrupt the apparatus of production and change its structures. For Pierre Bourdieu, this disruption opens up social fields that temporarily elude any logic of exploitation.[2] In this way, olfaction turns against the highly symbolic institution of the museum. Through the appro-priation of politically coded spaces, they experience a social inversion towards heterotopia.

The "performative" practice of olfactory sculpture in the museum space examines and critiques the power relations and the symbolic production associated with them. Olfactory sculptures consider the power relations

1   With contributions by Jason Dodge (US), Carsten Höller (SE/DE), Koo Jeong A (KR), Oswaldo Maciá (CO), Teresa Margolles (MX), Pamela Rosenkranz (CH), Sissel Tolaas (NO), Clara Ursitti (UK), and Luca Vitone (IT).

2   See: Pierre Bourdieu, "The Logic of Fields," in: idem and Loïc J. D. Wacquant, *An Invitation to Reflexive Sociology* (Chicago 1992), pp. 94–114.

in the forms of cultural grammar and formulate approaches to challenging them. Buildings, organizations, and institutions do not exist for their own sake; olfactory sculptures therefore automatically critique the underlying logic of profit, efficiency, control, and the regulation of time and space. The olfactory intervention challenges the notion that the museum space is there for obedient compliance, and that we exist only as efficient automatons in the processes of exchange and accumulation. This conclusion underlies the strategies of subversion applied under terms coined or defined by the Situationist International, such as *détournement*[3], *psychogeography*[4], and *dérive*[5], in forms of appropriation, destruction, parody, and alienation of architecture and urbanity.

Where the museum attempts to dictate the social identity of visitors—a spatialization of the "marketing orientation" that encourages people to play a role—odor artists construct a relationship, a sensorial-spatial variation on Louis Althusser's notion of ideology as an imaginary representation of the subject's relationship to his or her real conditions of existence.[6] Odor is therefore rhythmically inconsistent with the prevailing routines of a museum; it creates a counter-rhythm of invisibility and arbitrariness. Olfactory art demonstrates that the temporality of appropriation differs from that of possession in that it strives for an active, mobile time that relates to the specific needs and actions of city dwellers. Where possession is reduced to the notion of having, the rejection of ownership allows for a revival of the social. The olfactory practice thus demonstrates both a redistribution of urban, social, or museum space and a reformulation of the self in accordance with the physical potential of the built environment. Odor points to the revival of urbanity not as a product but as a way of life, affirming Henri Lefebvre's 1968 slogan "Under the pavement, the beach."[7]

The subtitle *Immaterial Sculptures* is an homage to and a nod in the direction of Jean-François Lyotard, who wrote in 1985 in *Immaterialität und Postmoderne* (Immateriality and Postmodernism) that the central task of an exhibition is to unsettle visitors to such an extent that they can no longer avoid engaging with the exhibition. What the French philosopher means by this is that art is for knowledge, not for entertainment. A museum should create confusion, because in postmodern society with its massive upheavals and its awareness of the end of the illusions of modernity, there is no reason to come to rest.[8]

The invisible, yet perceptible, olfactory nature of the exhibition *Odor* is intended to sensitize the public to a near future that is being massively altered by the immaterial, such as fake news, digital technologies, or viruses. In this sense, the exhibition is highly political. To illustrate the last idea, I would like to discuss the installation *A tale of forked tongues* (2018-2022) by Luca Vitone (b. 1964) in the context of the exhibition, the Ferdinandeum, and Tyrol. The project alludes to a specific instance of bacteriological warfare in modern times: in 1763, the British Army, under the leadership of Jeffrey Amherst, issued blankets to groups of Native Americans. However, these blankets were infected with the smallpox virus and proved to be biological weapons. A large portion of the population, especially the elderly, women, and children, died from the virus to which they had no immunity. To combat smallpox, Bavaria introduced compulsory vaccination in 1807. For the anti-vaccinationist Andreas Hofer, this was blasphemy. The dispute over vaccination eventually led to the famous four Battles of Bergisel. Vitone's work attempts to make the omnipresence of a deadly virus in space tangible through the use of scent and can be experienced in the Ferdinandeum in immediate proximity to a historical depiction of the peasant rebellion by Albin Egger-Lienz.

The exhibition *Odor – Immaterial Sculptures* thus represents a visual approach to the results of social phenomena and conditions created by society. Everyone is involved in the processes in the public space, and if we assume that an art institution is a (necessary) vehicle of the public, visitors can be made aware of their participation in social phenomena precisely through several contributions in this exhibition about the immediate reality of everyday life that affects people. The exhibition shows that it is possible to playfully resist the neoliberal use of space, and that architecture does not have to reproduce only the commodities of the capitalist logic of exploitation. Such an exhibition in a museum context is first and foremost

3   *Détournement* is a technique of semantic rerouting that originated in the circle of the Letterist International and was later adapted by the Situationist International.

4   Psychogeography, first described by Guy Debord in 1956, is a method of walking and urban exploration in which one drifts, exposes oneself to the environment, observes it, and attempts to gain objective knowledge about it. Psychogeography examines the influence of the architectural or geographical environment on perception, psychological experience, and behavior.

5   *Dérive*, as defined by the Situationist Guy Debord in 1956, is a way of roaming or wandering in order to discover a place, understood as a network of experiences and observations.

6   See: Louis Althusser, "Ideologie und ideologische Staatsapparate. Anmerkungen für eine Untersuchung," in: *Ideologie und ideologische Staatsapparate. Aufsätze zur marxistischen Theorie* (Hamburg 1977), pp. 108–153.

7   *"Sous les pavés, la plage"* – Henri Lefebvre, Le Droit à la ville (Paris 1968).

8   Jean-François Lyotard, *Immaterialität und Postmoderne* (Berlin 1985).

the staging of an oppositional behavior that points to alternatives to the system of subordination.

WHAT AN ART MUSEUM COULD BE TODAY

It goes without saying that the exhibition *Odor. Immaterial Sculptures* provoked reactions of the kind we have known since modernism, with their multiple and stereotypical prejudices. In Innsbruck, however, we were surprised by their brutality, by the forms of false reports, the sabotage inside the museum, and the boycott.

In her research-based art, Sissel Tolaas explores the questions of how we can communicate through odors, what information odor molecules convey to our bodies through inhalation, or how to capture the invisible, such as odors, air, and breath. With her work *fART_23*, developed especially for Innsbruck, the artist alluded to various virulent themes in art and medicine. At the ticket counter of the Ferdinandeum, interested visitors were offered a drink that allowed them to become olfactory producers during the remainer of their time in the museum. With this cocktail of organic products, Tolaas playfully referred to the importance of the intestinal tract and thus invited visitors to the much-invoked participation in the museum context. The intestine could be vented in the first room of the exhibition. The intestinal winds were collected and potentiated there in a special seating area. The Austrian tabloid *Kronen Zeitung*[9], as well as Dominik Oberhofer, the leader of the NEOS party in Tyrol, publicly lamented the waste of Austrian taxpayers' money on this "fart exhibition."[10] A two-minute investigation— unfortunately no longer an editorial standard these days—would have revealed that the entire exhibition was financed with public funds from the big sister, Germany.

Yet farting[11] in the context of art has a long tradition in Austria. In the nineteenth century, there were more farting booths at German-language fairs than there are drinking booths today. In 1987, Manfred Deix[12] designed the façade of the *Palace of Winds* for André Heller and Walter Navratil's art and amusement park Luna Luna at Hamburg's Moorweide. The archway designed by Deix greeted visitors with images of the grotesque scenes that

could be heard and smelled inside the festival tent: A man's fart sending a woman's hair flying, the mouthpiece of a saxophone being inserted into a man's anus, and a woman's flatulence threatening to blow out the candles on two men's heads. Inside the Palace, a troupe of specialists led by Ernst-Ludwig Waldhall[13], a graduate of the Salzburg Mozarteum, farted, for example, the Radetzky March.[14]

But as long as people remain excluded from learning and understanding democratic processes due to simple-mindedness, due to a lack of differentiated experience and identity formation of their education-conditioned rage, there must be an aesthetics of refusal that opposes the visible and invisible violence of conformity. It is therefore all the more important that the leitmotif of an art institution should be: "Preserve the intractability of curiosity." An institution should think differently than common sense, should perceive differently than one usually sees, otherwise there can be no thinking further or looking further.

What is curatorial thinking today, if not the critical work of thinking about the museum itself? An architectural complex does not make a museum. Otherwise, one can imagine the museum without art, like the church without faith or a quarantine center without a virus. Curating does not mean confirming and justifying what one already knows, but rather exploring how far one can go in thinking differently. It is a matter of moving from reciting and recounting to making statements. In the world of postmodern knowledge, it is a matter of acknowledging that there are no more secrets. With the same level of competence, growth today lies in the production of knowledge and no longer in its mere acquisition; it therefore ultimately depends on imagination, which allows one either to make a new move or to change the rules of the game. An institution could be a model of an "open system" in which the relevance of the statement is to "trigger" ideas, that is, to make other statements, to establish other rules of the game.[15]

When Marcel Duchamp introduced the urinal into the museum, it was not only an undisguised allusion to the scatological connotation of the word "cabinet," which, as emphasized in the *Encyclopédie* edited by Denis Diderot and Jean Le Rond d'Alembert,[16] indiscriminately denotes both a toilet and the space where collectors keep

9   All social spheres are dominated by mass communication, shaped by the principles of demand management, seduction, and advertising, and it is precisely in these spheres that it is permissible to lie, deceive, misrepresent, destabilize, and distort. The result is a growing sense of deprivation, an epidemic of insecurity, and a growing sense of status anxiety. The media become a sewage treatment plant for affects, transforming turbid rage into simple explanatory models and reproducing hysteria and accusations as an echo chamber.

10   See: Markus Gassler, "Tiroler Neos-Chef kritisiert 'Furz-Ausstellung,'" in: *Kronen Zeitung*, May 1, 2023, https://www.krone.at/2994653 [last accessed on October 18, 2023].

11   According to the "doctrine of abdominal and intestinal winds," the cultural technique of farting "can be divided into four sub-farts: 1. the noisy, but odorless and controlled pressed fart; 2. the excitatory, loud, and smelly fart, also called *vapor tonans odoratus*; 3. the common alcoholic fart, which often occurs after abusive consumption of spirits with a hint of ammonia; and 4. the wet, dark yellow-brown stripe (*vapor succulentus*), recognizable by its accompanying trembling sound." Alfred Limbach and Tomi Ungerer, *Der Furz* (Munich 1986), pp. 20ff. [translated].

12   The Austrian cartoonist and cat lover Manfred Deix (1949–2016) created wonderful caricatures on subjects ranging from sexuality to politics, including numerous depictions poking fun at the right-wing extremist Jörg Haider. His work is so central to what several sources have called the "Austrian soul" that the term "*Deixfigur*" was added to the Duden dictionary of the German language. Deix's figures are physically robust and in many cases the opposite of "conventional ideals of beauty."

13   The greatest in his field was probably the Parisian master farter Joseph Pujol, who at the turn of the twentieth century delighted the rich and beautiful of his day at the Moulin Rouge with his bowel music. Pujol was undoubtedly the greatest *pétomane* (fartomaniac, from *le pet* = the fart) of all time. It is said that he was able to imitate violins, trombones, machine guns, and his mother-in-law, as well as hold a howling tone for nearly half a minute, but his favorite was the baritone fart. See: Erich Wiedemann, "Natürlich kann man sich auch mal verpupsen," in: *Der Spiegel*, no. 27, 1987, p. 183.

14   Ibid., p. 182.15

15   Jean-François Lyotard, *Das postmoderne Wissen*, Wien 1994.

16   Denis Diderot, Jean Le Rond d'Alembert, *Encyclopédie ou Dictionnaire raisonné des sciences, des arts et des métiers* (Paris 1751–1772).

their treasures. What one retains from Duchamp's action, even more than the mockery of authority, is the redirection, indeed the simple displacement, inherent in art, which has multiplied and expanded the institution to such an extent that art is now capable of functioning with any material. Since Marcel Duchamp, everything has been about how works of art reinterpret the rules and conventions of the institution, which in turn becomes the subject of critical judgment. An anti-institutional attitude is precisely not the result of a radical social utopia, but rather the formal correspondence of changing demands and their reactions.

LIVING IN THE FUTURE

A contemporary museum practice could abandon the longing for knowledge and arrive at a new consciousness that finds its way in the blurriness and uncertainties of the post-factual world. In the best case, with an exhibition such as *Odor. Immaterial Sculptures*, the museum sensitizes its audience to questions that play a role in everyday life, that reveal new parameters of what the criteria of meaning of intentional, contemporary action might look like, when the divine pretext falls away and landscapes are no longer necessarily backdrops for the pipe dreams of ideal orders. These questions are representatives of the invisible, they reveal a philosophical idea of the unknown that lies in the future.

An exhibition or a presentation of a collection is aimed at charging the semantic fields generated by a work of art and at the complexity of the meaning of a new thought that forms a resistance to established ideas. A presentation with visual art must close itself off to us and resist our intentions, thus maintaining, in the sense of Martin Heidegger, the dispute with the world that defines it:

"We ask: what relationship do the setting up of a world and the setting forth of the earth exhibit in the work itself? The world is the self-opening openness of the broad paths of simple and essential decisions in the destiny of a historical people. The earth is the unforced coming forth of the continually self-closing, and in that way, self-sheltering. World and earth are essentially different and yet never separated from one another. World is grounded on earth, and earth rises up through world. But the relation between world and earth never atrophies into the empty unity of opposites unconcerned with one another. In its resting upon earth the world strives to surmount it. As the self-opening it will tolerate nothing closed. As the sheltering and concealing, however, earth tends always to draw the world into itself and to keep it there. The opposition of world and earth is strife. [...] In essential strife, however, the opponents raise each other into the self-assertion [*Selbstbehauptung*] of their essences. [...] The earth cannot do without the openness of world if it is to appear in the liberating surge of its self-closedness. World, on the other hand, cannot float away from the earth if, as the prevailing breadth and path of all essential destiny, it is to ground itself on something decisive. In setting up world and setting forth earth the work instigates this strife. But this does not happen so that the work can simultaneously terminate and settle the conflict in an insipid agreement, but rather so that the strife remains a strife. [...] The repose of the work that rests in itself thus has its essence in the intimacy of the struggle. [...] Earth rises up through world and world grounds itself on the earth only insofar as truth happens as the ur-strife between clearing and concealment."[17]

A contemporary art museum develops alternative models of presentation and involves various disciplines. After all, research, experimentation, and constant transformation are the foundations of any cultural practice. The programmatic avant-gardes of the twentieth century focused strictly on the new, forcing an updating of the historical, the traditional, and the past. The more advanced artistic production became, the more present tradition became.[18]

Mediation has become more important than the artwork in the museum, experience more important than connoisseurship.[19] Art has its own language, it does not need to be translated by non-artistic forms of mediation that rush visitors through exhibition rooms like zombies. Or burden them with profane texts whose trivializing explanations diminish or ignore the subtle nuances and ambiguities, leaving the visitor to search for the content of the text in the work of art. Why not take the visitors and their intellectual baggage seriously and let them think for themselves?[20] Why are

17   Martin Heidegger, "The Origin of the Work of Art" [1935/1936], in: idem, *Off the Beaten Track*, ed. and trans. Julian Young and Kenneth Haynes (Cambridge 2002), pp. 1–56, here pp. 26f., 32.

18   There are countless examples of this, including the Expressionists' updating of El Greco, the architect Adolf Loos's modern take on Palladio, and Alberto Giacometti's transformation of Minoan sculpture.

19   In their study *The Love of Art: European Art Museums and their Public* (trans. Caroline Beattie and Nick Merriman, Stanford 1990), Pierre Bourdieu and Alain Darbel demonstrated that a large proportion of museum visitors frequent the institutions as part of a city tour. But what do you do if no one comes?

20   Museum visitors bring their own memories and mental images to the viewing of a work of art. Together, the recipient and the work form an interplay of meanings that has no objective reality, sometimes succeeding and sometimes failing, as in any intersubjective relationship.

21   In my opinion, museum visitors can be expected to be open-minded and skeptical of preconceived notions, as well as willing to follow the artists in their work to places where the ground is rocky, and the experiential is difficult to access.

22   Expectation and memory are crucial to perceptual experience: If a museum discovers that a painting wrongly attributed to Rembrandt was actually painted by one of his assistants, the work loses its atmospheric quality, and cognitive prejudice diminishes its qualitative value. All our perceptions are contextually encoded and become a psycho-physiological reality within us, which is why knowing that a painting was created by a famous painter makes it "better." See: Maurice Merleau-Ponty, *Phenomenology of Perception* [1945], trans. Colin Smith (New York and London 1962); Maria Brickner, "The Aesthetic Stance: On the Conditions and Consequences of Becoming a Beholder," in: Alfonsia Scarinzi (ed.), *Aesthetics and the Embodied Mind: Beyond Art Theory and the Cartesian Mind-Body Dichotomy* [Contributions to Phenomenology, no. 73] (Dordrecht et al. 2014), pp. 117–138.

people who go to the soccer stadium more informed than many museum visitors?[21] Can the same be demanded of the museum public, these supposed stowaways without baggage?

Seeing, hearing, smelling, feeling, and tasting is not a passive reception, but rather a creative activity, beyond all words. One would only have to contextualize and relate the exhibited objects in such a way that allows them to speak for themselves.[22] The knowledge thus acquired about the object in question leads to a psychobiological change in the recipient that is accompanied by a sense of greater agency fostered by understanding.[23] Smell, like sight and hearing, can be trained. Odors give rise to images and impressions that become perceptible through artistic works. Based on the direct experience of smelling and in the overall view, the exhibition also touches on both very current and existential themes, such as self-perception, corporeality, transience, politics, or climate. It also raises the formal question of the interrelationship of the senses as a component of artistic experience.

Back to the exhibition *Odor. Immaterial Sculptures*: Each work of art in this exhibition possesses a prospective potency, a polysemy instead of fixed meanings. The museum presentation can make it clear that a work of art is not the product of an individual, but rather an expression of a social condition. According to Georg Wilhelm Friedrich Hegel, a work of art is inte-grated into its historical context and can only be understood from the perspective of this context.[24] By now, it should be clear to everyone that both context and meaning are not fixed quantities. Rather, context can be expanded and contracted almost at will, developing independent dimensions that open up additional configurations of knowledge. Consequently, there can be no final interpretation, but rather only an infinitely progressive actualization of interpretations. A new model of interpretation is only possible as a break with an old one and is in fact dependent on it, because it can only be perceived as new in the generation of a relation of difference. The surprise effect of a new interpretation presupposes an expectation that is exceeded. The museum's task of connecting historical spaces with contemporary posi-tions through inspired confrontations is to make history available in order to extract meaning from it and thus give it a place in the present. When a work of art becomes unambiguously interpretable, it loses its symbolic power. Complete explanations are the human attempt to reduce what is represented, the world, to a manageable format.[25]

A contemporary museum derives its meaning solely from its otherness. This otherness formulates its meaning in the here and now, the difference its opportunity in the now. You, dear reader, surely share the observation that we only consciously perceive and specifically address a given situation when something is no longer right, falls out of the norm, and thus calls into question what we take for granted.[26] This was achieved with the exhibition *Odor. Immaterial Sculptures* in both Siegen and Innsbruck. An exhibition as an ephemeral and immersive event, which can only be experienced during the visit, and which works against its medialization. Another special feature of the exhibition is that it can be visited completely unencumbered, without any art historical or iconographic trappings. Academics are by no means at a contemplative advantage over the untainted visitor, but one should not be "nose blind."

23   Museum visitors should understand that the "ego" is not the starting point of the visit, but rather the destination.

24   For Hegel and the art historians who of art lay in the past and could therefore not be understood by mere contemplation, but only by historical reconstruction. But this means that a work of art can only be received through its mediating historical explanations. Yawn! See: Georg W. F. Hegel, *Vorlesungen über die Ästhetik II* [1835], vol. 13 of the complete works (Frankfurt am Main 1970), pp. 25f.

25   The art historian Conrad Fiedler, like anyone who places perception above history, saw no point in a chronological treatment of the art of past eras. Great art speaks directly to the viewer and requires no art historical explanation. Unlike most art historians, Fiedler de*fines the great works that interest him not as past but as present: "The beginnings of art history can only be sought where, in the so-called practice of art, a striving for knowledge and thus actual artistic activity is revealed. Painting, sculpting, writing poetry, and making music can be practiced for a long time without one speaking of art in the proper sense; this is always overlooked by the handbooks of art history, just as they are generally content to look at art historically from all its secondary sides, believing that they have thus exhausted art, while a history of art in the proper sense, that is, a history of the revealed knowledge conveyed by art, has yet to be written." Conrad Fiedler, *Schriften zur Kunst nach der Ausgabe München 1913/14 mit weiteren Texten aus Zeitschriften und dem Nachlass*, ed. Gottfried Boehm (Munich 1991), vol. 1, p. 82 [translated].

26   When it comes to combating the Anthropocene and its devastating effects on the climate, the environment, and the animal kingdom, I am sure you will disagree with me without contradiction.

DIE (POLITISCHEN) POTENZIALE OLFAKTORISCHER KUNST ODER: EIN PLÄDOYER FÜR DAS RIECHEN IM MUSEUM

LEA MÄRZ

1   Olfaktorische Kunst setzt Geruch als primäres und intentionales Mittel ein, sie wird vorrangig durch das olfaktorische System (Riechen und Einatmen) erlebt. Vgl. Gwenn-Aël Lynn und Debra Riley Parr, „Introduction", in: Dies. (Hg.), *Olfactory Art and the politics in an age of resistance*, New York, London 2021, S. 1–9, hier S. 1.

2   Vgl. Jim Drobnick, „The Museum as Smellscape", in: Nina Levent und Alvaro Pascual-Leone, *The Multisensory Museum: Cross-Disciplinary Perspectives on Touch, Sound, Smell, Memory, and Space*, Lanham 2014, S. 177–196, hier S. 187.

3   Der Philosoph Georg Wilhelm Friedrich Hegel (1770–1831) bezeichnete den Geruchssinn (und den Geschmackssinn) als minderwertig und verwerflich. Ein Erkenntnisgewinn sei durch ihn so gut wie ausgeschlossen. Jedoch sei es das höchste Streben des Menschen, Vernunft walten zu lassen und über den Geist zu absolutem Wissen zu gelangen. Über seine Umwelt jedoch könne der Mensch durch das Riechen nichts erfahren. Der Psychoanalytiker Sigmund Freud (1856–1939) postulierte, Riechen sei etwas Triebhaftes. Das Triebhafte sei den Tieren vorbehalten. Um sich darüberzustellen und den „Zivilisationsprozess" voranzutreiben, unterdrücke der Mensch den Geruchssinn. Dies übe er aus, seitdem er aufrecht gehe und somit die Nase vom Boden gehoben habe.

Riechen ist eine unmittelbare, assoziative und ungefilterte Erfahrung. Gerüche können eine starke Wirkung auf uns haben, sie können Erinnerungen wecken, Emotionen hervorrufen und unsere Stimmung beeinflussen. Diese Gefühle können unter anderem negativer Natur sein oder uns ängstigen, außerdem treten diese starken Effekte besonders auf der unbewussten Ebene auf. Gerüche können eingesetzt werden, um Menschen emotional zu lenken oder sogar zu manipulieren.

Obwohl der Geruch als Sinneseindruck in der bildenden Kunst[1] immer mehr an Bedeutung gewinnt, ist olfaktorische Kunst im Museum selten anzutreffen. Aufgrund der Dominanz des Visuellen in der (westlichen) Gesellschaft im Allgemeinen und in Kunstmuseen im Besonderen ist der Umgang mit dem Geruch also gar nicht so einfach. Zum einen gibt es Schwierigkeiten auf der musealen Ebene, wie Thomas Thiel in seinem Beitrag *Das olfaktorische Museum* beschreibt: Dies betrifft das Ausstellen, Vermitteln, Dokumentieren und Konservieren eines ephemeren Mediums. Zum anderen ist es gerade für das Museumspublikum (übrigens auch für Kunstkritiker*innen) nicht einfach, mit olfaktorischen Arbeiten umzugehen, da der ästhetische Diskurs um jene Künste mit einer sich dem visuellen Sinn entzieht, weniger etabliert ist.[2] Im Falle unserer Ausstellung *Odor. Immaterielle Skulpturen* sah sich das Publikum zudem mit gänzlich leeren Räumen konfrontiert. Dies widerspricht der grundsätzlichen Erwartungshaltung des Publikums an ein Museum für bildende Kunst. Das Visuelle sieht sich in der Gesellschaft an der Spitze der Künste mit einer Jahrhunderten und spätestens seit der sogenannten Aufklärung fest verankerten Vorstellung einer Hierarchie der Sinne, welche das Riechen (sowie das Schmecken) als niederen und zweitrangigen Sinn begreift – er bringe uns kaum Erkenntnis (Georg Wilhelm Friedrich Hegel), ergo befindet sich alles, was sich auf die Nase bezieht, in einem „niederen" Entwicklungsstadium, einer vorgesellschaftlichen Entwicklungsstufe (Sigmund Freud).[3] Damit einher geht ein fehlendes Vokabular, um das Erlebte (das Gerochene) zu beschreiben und somit auch einzuordnen.

Tatsächlich liegen gerade in den Unterschieden zum Visuellen die Stärken der Auseinandersetzung mit olfaktorischen Arbeiten. Wie Florian Waldvogel in seinem Beitrag *But is it fArt?* in diesem Band darlegt, birgt olfaktorische Kunst ein großes subversives Potenzial, das nicht nur gegen die problematische Dominanz des Visuellen protestieren, sondern diese möglicherweise auch aus den Angeln heben kann. Ebenso lassen sich museale Räume und Ausstellungen durch Gerüche inklusiver und für alle erfahrbarer gestalten. Gerade im Hinblick auf die vielerorts vollzogenen – und längst überfälligen – Diversifizierungsprozesse der Museen sind beide Aspekte nicht mehr aus der musealen Praxis wegzudenken, um kulturelle und gesellschaftliche Teilhabe zu gewährleisten.

4   Jürgen Raab, *Die soziale Konstruktion olfaktorischer Wahrnehmung. Eine Soziologie des Geruchs.* Diss. Konstanz 1998, S. 9.

5   Vgl. Hsuan L. Hsu, „Olfactory Politics in Black Diasporic Art", In: Gwenn-Aël Lynn und Debra Riley Parr (Hg.), *Olfactory Art and the politics in an age of resistance*, New York, London 2021, S. 10–21, hier S. 10.

6   Vgl. Lynn und Parr 2021 (wie Anm. 1), 2021, S. 2–4.
    Anm. der Autorin: Den Begriff „subaltern" benutze ich hier nach Gayatri Chakravorty Spivak, die Subalternität (Untergeordnetheit) als Ergebnis von sozialer Ausgrenzung durch vorherrschende Diskurse versteht.

7   Vgl. Richard J. Stevenson, „The Forgotten Sense.", in: Nina Levent und Alvaro Pascual-Leone 2014 (wie Anm. 2), S. 151.

EINE KONSTRUKTIVE POSITION?

Der Geruchssinn ist also Vorurteilen ausgesetzt, die verhindern, dass auch das Olfaktorische einer ästhetischen Betrachtung unterzogen wird. Die oben erwähnte Hierarchisierung der Sinne ist zugleich Produkt und Produzentin rassistischen und kolonialen (und auch klassistischen) Denkens: Der vermeintliche westliche Fortschritt im Zivilisationsprozess geht mit einer Desodorierung einher, welche die „olfaktorische Bereinigung" des Körpers zum Standard des sogenannten „Zivilisierten" erhebt und damit auch bestimmt, was wohlriechend und was es nicht ist. Die „ästhetische Bewertung von Gerüchen und die Wahl desodorisierender [...] Geruchspraktiken und -techniken [sind] Bestandteile symbolischer Grenzziehungsprozesse zwischen sozialen Großgruppen"[4] und schaffen damit weitere (sozial-)rassistische Kategorien. Sinne und Wahrnehmung sind also sozial geprägt und in bestimmte kulturelle Kontexte eingebettet. Gerüche sind jedoch auf persönlicher und kultureller Ebene weiterhin mit sozialen und persönlichen Vorstellungen von Identität, Ort und Erinnerung verknüpft. Gerade im Zusammenhang mit Körpern wurden und werden Gerüche als ein Regulativ für das Eigene und das Fremde und so zur Abgrenzung von biopolitischen Ordnungen genutzt.[5]

Die visuelle Dominanzkultur blendet dabei die enorme kulturelle Bedeutung des Geruchs für viele Identitäten in sakralen und profanen Praktiken aus. In Bezug auf die Kunst besteht oft noch die Vorstellung, dass Kunst oder Artefakte nur dann einen Wert haben, wenn sie sichtbar sind und auch bleiben. Zumindest sollten sie jedoch, wie etwa im Falle von Konzept- oder Performancekunst, dokumentierbar sein – in Wort oder Schrift. Gerade das Archiv der westlichen Kulturen sammelt und archiviert nach diesen Kriterien. Wie aber kann man sammeln, wenn etwas nur ephemer und weder als Objekt noch als Bild archivierbar ist? Von dieser Position aus entfaltete sich das subversive Potenzial der olfaktorischen Kunst: Geruch wird als Problem wahrgenommen, weil er das Visuelle und seine ästhetischen Prinzipien und Diskurse stört, indem er diese umgeht. Dies gilt insbesondere in Hinblick auf die Abwesenheit olfaktorischer Kunst auf dem Kunstmarkt (unter anderem aufgrund von Sammlungs- und Konservierungsproblemen). Das politische Potenzial der subalternen Rolle der Geruchskunst wird hier besonders deutlich, da sie sich der kapitalistischen Verwertung nicht nur entzieht, sondern gänzlich verweigert.[6]

MÖGLICHKEITEN DER INKLUSION?

Da sich die meisten Museen auf das Visuelle konzentrieren, sind Blinde und Menschen mit Sehbeeinträchtigungen am stärksten von der Museumserfahrung ausgeschlossen.[7] Oftmals liegt der Fokus bei der Inklusionsarbeit daher auf dem Tastsinn: Die Berührung wird genutzt, um das Visuelle durch Referenz-

8   Mehr dazu untersuchte das Förderprojekt Verbund Inklusion von 2018–2022.

9   Es gibt auch Menschen, die unter Anosmie, also dem vollständigen Verlust des Geruchssinns leiden, diese sind von der olfaktorischen Erfahrung ausgeschlossen. Eine optimale Museumserfahrung würde auf multisensorischer Ebene geschehen.

objekte zu repräsentieren. Der Geruch als autonomes und nicht zu übersetzendes Kunstwerk kann hier jedoch als Element eingesetzt werden, um den Raum und museale Teilhabe auf eine andere und vor allem neue Weise erfahrbar zu machen. Den Geruchssinn anzusprechen, ihn nicht nur als zusätzliches Angebot, sondern als reines Erlebnis für alle einzusetzen, hebt die Barriere gerade für blinde und sehbehinderte Menschen auf.[8] Olfaktorische Kunst kann nicht nur praktische Orientierungshilfe in der Architektur bieten, sondern vor allem ein Gefühl vermitteln, Teil der Sache zu sein: Wenn der Geruch als Kunstwerk für sich steht, repräsentiert die Erfahrung nicht etwas anderes (wie das Visuelle).[9] Allein der Aspekt der Teilhabe sollte Grund genug sein, olfaktorische Kunst als legitimen Gegenstand künstlerischer ästhetischer Diskurse zu etablieren.

Wie viele andere künstlerische Techniken hinterfragt der Einsatz von Geruch unsere Wahrnehmung und Vorurteile gegenüber dem Bekannten und Unbekannten. Als künstlerisches Medium können Gerüche uns als Betrachter*innen aus der Position des passiven Beobachtenden herausholen und in eine aktive, partizipative Rolle versetzen. Gerüche drängen sich uns in einer Weise auf, wie es die bildende Kunst nicht vermag. Durch sie können wir mit unseren Vorstellungen von Schönheit, besonders aber auch von Abscheu und Ekel konfrontiert werden und so über die Konstruktion gesellschaftlicher Standards nachdenken. Olfaktorische Kunst ist also performativ und partizipativ und kann so kulturelle, soziale und politische Teilhabe ermöglichen. Die olfaktorische Komponente kann neue Wege der Kommunikation eröffnen und als immaterielle Skulptur mehr als nur eine Ergänzung zum Visuellen darstellen.

THE (POLITICAL) POTENTIAL OF OLFACTORY ART, OR: A PLEA FOR SMELLING IN MUSEUMS

L E A   M Ä R Z

Smelling is an immediate, associative, and unfiltered experience. Odors can have a powerful effect on us: They can trigger memories, evoke emotions, and affect our mood. These feelings can be negative or frightening, and these powerful effects occur primarily at the subconscious level. Odors can be used to guide or even manipulate people emotionally.

Although odor is becoming increasingly important as a sensory impression in the visual arts, olfactory art[1] is rarely found in museums. Due to the dominance of the visual in (Western) society in general and in art museums in particular, dealing with odor is not so easy. On the one hand, there are difficulties at the museum level, as Thomas Thiel describes in his essay "The Olfactory Museum": How do you exhibit, communicate, document, and preserve an ephemeral medium? On the other hand, it is not easy for museum audiences in particular (and, for that matter, art critics) to engage with olfactory

works, since the aesthetic discourse surrounding forms of art that elude the visual sense is less established.[2] In the case of our exhibition *Odor. Immaterial Sculptures*, the audience was confronted with completely empty rooms. This contradicts the public's basic expectations of a fine art museum. The visual sees itself at the top of the arts, in keeping with the idea of a hierarchy of the senses which has been firmly anchored in society for centuries and at the latest since the so-called Enlightenment. According to that hierarchy, the sense of smell (as well as that of taste) is a lower, secondary sense—it hardly brings us any knowledge (Georg Wilhelm Friedrich Hegel), ergo everything that has to do with the nose is in a "lower" stage of development, a pre-social stage of development (Sigmund Freud)[3]. This is accompanied by a lack of vocabulary to describe and thus classify what we experience (what we smell).

Indeed, the strengths of an examination of olfactory works lie precisely in their differences from the visual. As Florian Waldvogel explains in his essay "But is it fArt?", olfactory art has a

1   Olfactory art uses odor as a primary and intentional means; it is experienced primarily through the olfactory system (smelling and inhaling). See: Gwenn-Aël Lynn and Debra Riley Parr, "Introduction," in: idem (eds.), *Olfactory Art and the Political in an Age of Resistance* (New York and London 2021), pp. 1–9, here p. 1.

2   See: Jim Drobnick, "The Museum as Smellscape," in: Nina Levent and Alvaro Pascual-Leone (eds.), *Multisensory Museum: Cross-Disciplinary Perspectives on Touch, Sound, Smell, Memory, and Space* (Lanham, Maryland 2014), pp. 177–196, here p. 187.

3   The philosopher Georg Wilhelm Friedrich Hegel (1770–1831) described the sense of smell (as well as that of taste) as inferior and reprehensible; gaining knowledge through it is virtually impossible. For Hegel, however, it is humanity's highest aspiration to let reason prevail and to attain absolute knowledge through the mind. But, he argued, people cannot learn anything about their environment by smelling. The psychoanalyst Sigmund Freud (1856–1939) postulated that smell is instinctual. For him, instincts were left to animals: In order to place ourselves above them and to advance the "civilizing process," humans suppressed their sense of smell. We have been doing this since we began walking upright, lifting our noses off the ground.

great subversive potential that not only protests the problematic dominance of the visual but can also possibly unhinge it. Odors can also make museum spaces and exhibitions more inclusive and accessible to all. Especially in light of the—long overdue— processes of diversification that are taking place in many museums, it is impossible to imagine museum practice without both aspects in order to ensure cultural and social participation.

A CONSTRUCTIVE POSITION?

The sense of smell is thus exposed to prejudices that prevent it from being subjected to aesthetic considerations. The above-mentioned hierarchization of the senses is both a product and producer of racist and colonial (as well as classist) thinking: The supposed Western progress in the process of civilization goes hand in hand with a de-odor-ization that elevates the "olfactory cleansing" of the body to the standard of the so-called "civilized" and thus also determines what is fragrant and what is not. The "aesthetic evaluation of odors and the selection of deodorizing olfactory practices and techniques are components of symbolic border demarcation processes between large social groups"[4] and thus create further (socially) racist categories. Senses and perception are thus socially shaped and embedded in specific cultural contexts. On an individual and cultural level, however, odors are still linked to social and personal ideas of identity, place, and memory. Particularly in relation to the body, odors have been and continue to be used to regulate the familiar and the foreign, and thus to demarcat biopolitical orders.[5]

The dominant visual culture ignores the enormous cultural significance of odors for many identities in sacred and profane practices. In relation to art, there is often still the idea that art or artifacts only have value if they are visible and remain so. However, as in the case of conceptual or performance art, they should at least be documentable, be it orally or in writing. The archive of Western cultures in particular collects and archives according to these criteria. But how can you collect something that is ephemeral and cannot be archived either as an object or as an image? The subversive potential of olfactory art derives from this position: Odor is perceived as a problem because it disturbs the visual and its aesthetic principles and discourses by circumventing them. This is particularly true with regard to the absence of olfactory art on the art market (due to collection and conservation problems, among other things). Here, the political potential of the subaltern role of olfactory art becomes particularly clear, as it not only evades capitalist exploitation, but rejects it altogether.[6]

OPPORTUNITIES FOR INCLUSION?

Because most museums focus on the visual, blind and visually impaired people are the most excluded from the museum experience.[7] The focus of inclusion work is therefore often on the sense of touch: Touch is used to represent the visual through reference objects. Odor, however, in the form of an autonomous and untranslatable work of art, can be used here as an element to make the space and participation in the museum tangible in a different and, above all, new way. Addressing the sense of smell, using it not only as an additional offer but as a pure experience for everyone, removes the barrier for blind and visually impaired people in particular.[8] Olfactory art can not only provide practical orientation in architecture, but above all it can convey the feeling of being part of the whole: When the odor stands alone as a work of art, the experience does not represent something else (like the visual).[9] The aspect of participation alone should be reason enough to establish olfactory art as a legitimate object of artistic and aesthetic discourse.

Like many other artistic techniques, the use of odor challenges our perceptions and preconceptions of the known and the unknown.[10] As an artistic medium, odor moves us as viewers from the position of passive observers to an active, participatory role. Odor imposes itself on us in a way that visual art cannot. Through it, we can be confronted with our own notions of beauty, and especially of disgust and revulsion, and thus reflect on the construction of social norms. Olfactory art is therefore performative and participatory and can thus enable cultural, social, and political participation. The olfactory component can open up new ways of communication and, as an immaterial sculpture, can be more than just a complement to the visual.

4   Jürgen Raab, *Die soziale Konstruktion olfaktorischer Wahrnehmung. Eine Soziologie des Geruchs*, PhD diss. University of Constance 1998, p. 9, available online at: https://kops.uni-konstanz.de/server/api/core/bitstreams/aee30105-a890-49a9-8800-58afe5af7df2/content [last accessed on December 2, 2023] [translated].

5   See: Hsuan L. Hsu, "Olfactory Politics in Black Diasporic Art," in: Gwenn-Aël/Parr 2021 (see note 1), pp. 10–21, here p. 10.

6   See: Gwenn-Aël/Parr 2021, Introduction (see note 1), pp. 2–4. I use the term "subaltern" here after Gayatri Chakravorty Spivak, who understands subalternity (subordination) as the result of social exclusion by dominant discourses.

7   See: Richard J. Stevenson, "The Forgotten Sense. Using Olfaction in a Museum Context: A Neuroscience Perspective," in: Gwenn-Aël/Parr 2021 (see note 1), pp. 151–165, here p. 151.

8   The funding project "Verbund Inklusion" (2018–2022) investigated this in greater detail.

9   There are also people who suffer from anosmia, a complete loss of the sense of smell, who are excluded from the olfactory experience. An optimal museum experience would therefore take place on a multisensory level.

JASON DODGE

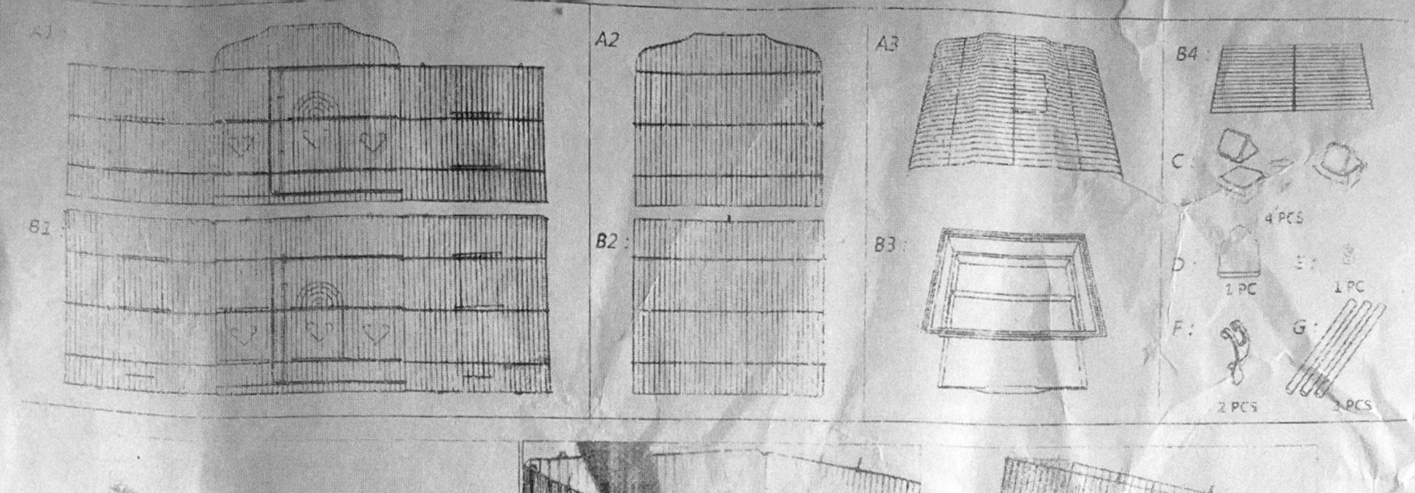

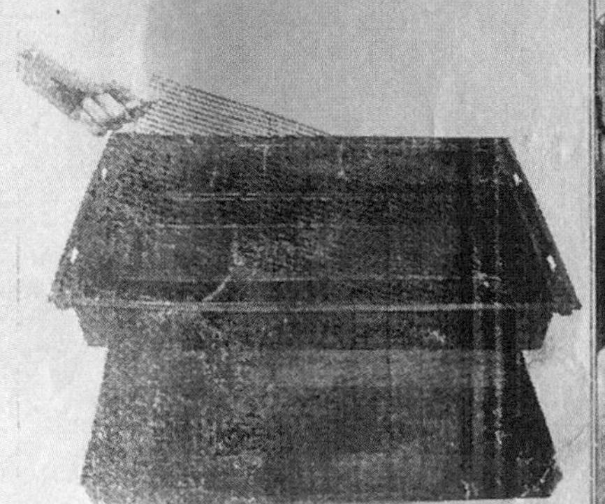

step 1 :
put grate B4 into B3

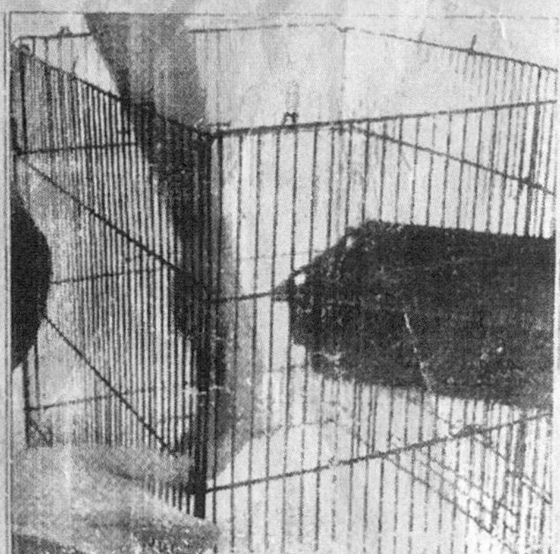

step 2 :
unfold cage B1 and B2 into
the cube shape

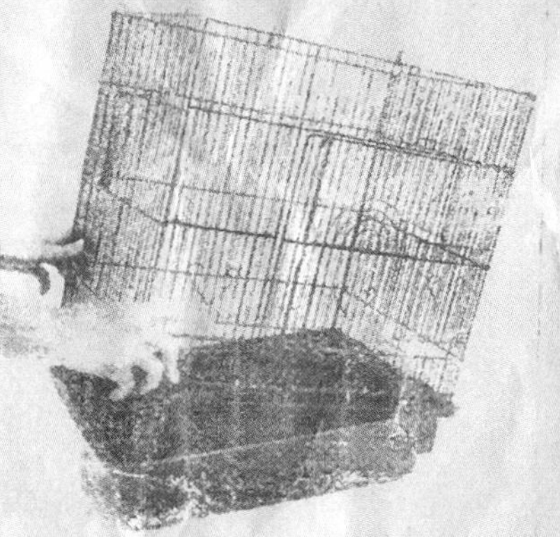

step 3 :
connect the finished B.

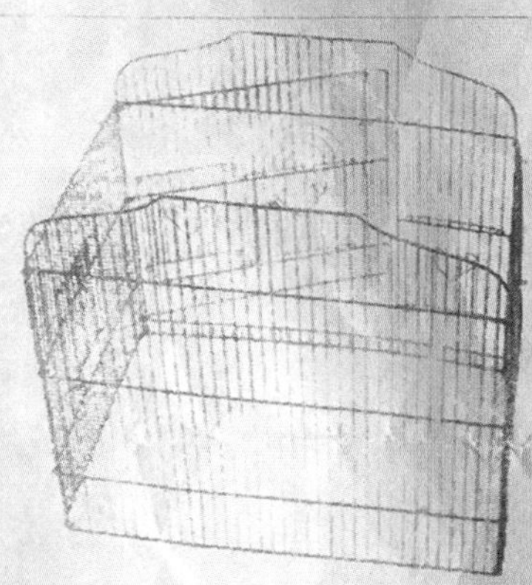

step 4 :
unfold cage A1 and A2 into
the cube shape

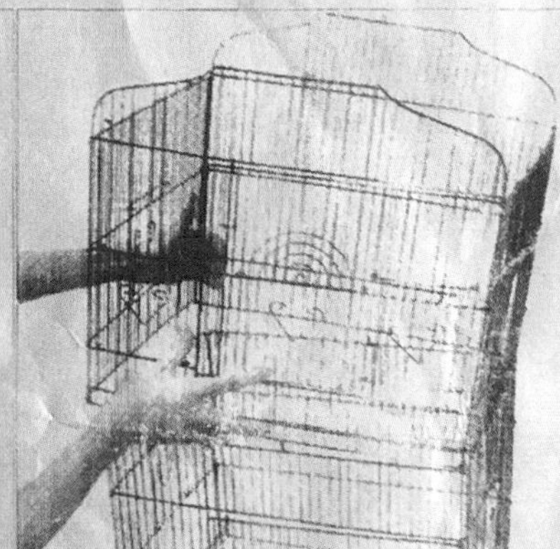
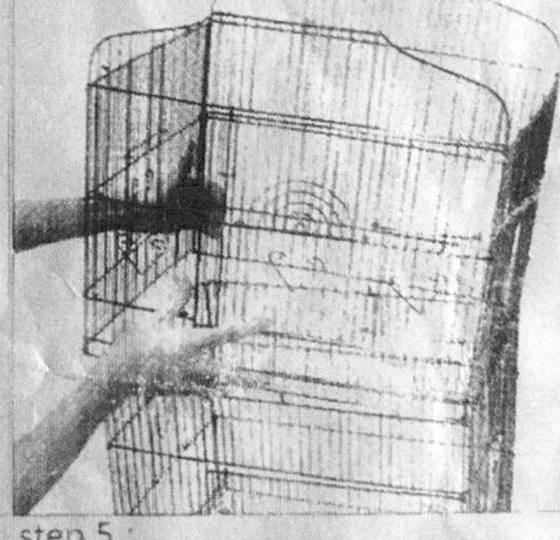

step 5 :
connect A1A2 and B.

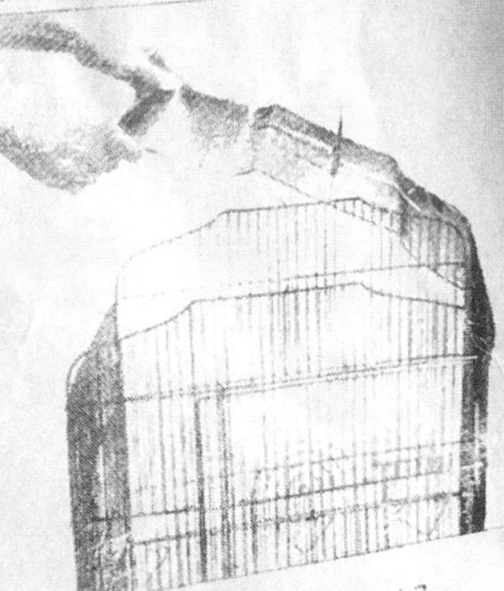

step 6:
fix swing D and E in the A3.

step 7:
Assemble 2pc F in right

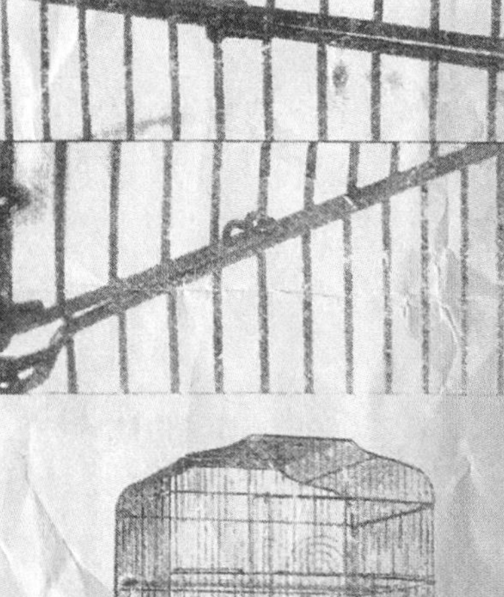

FINISH

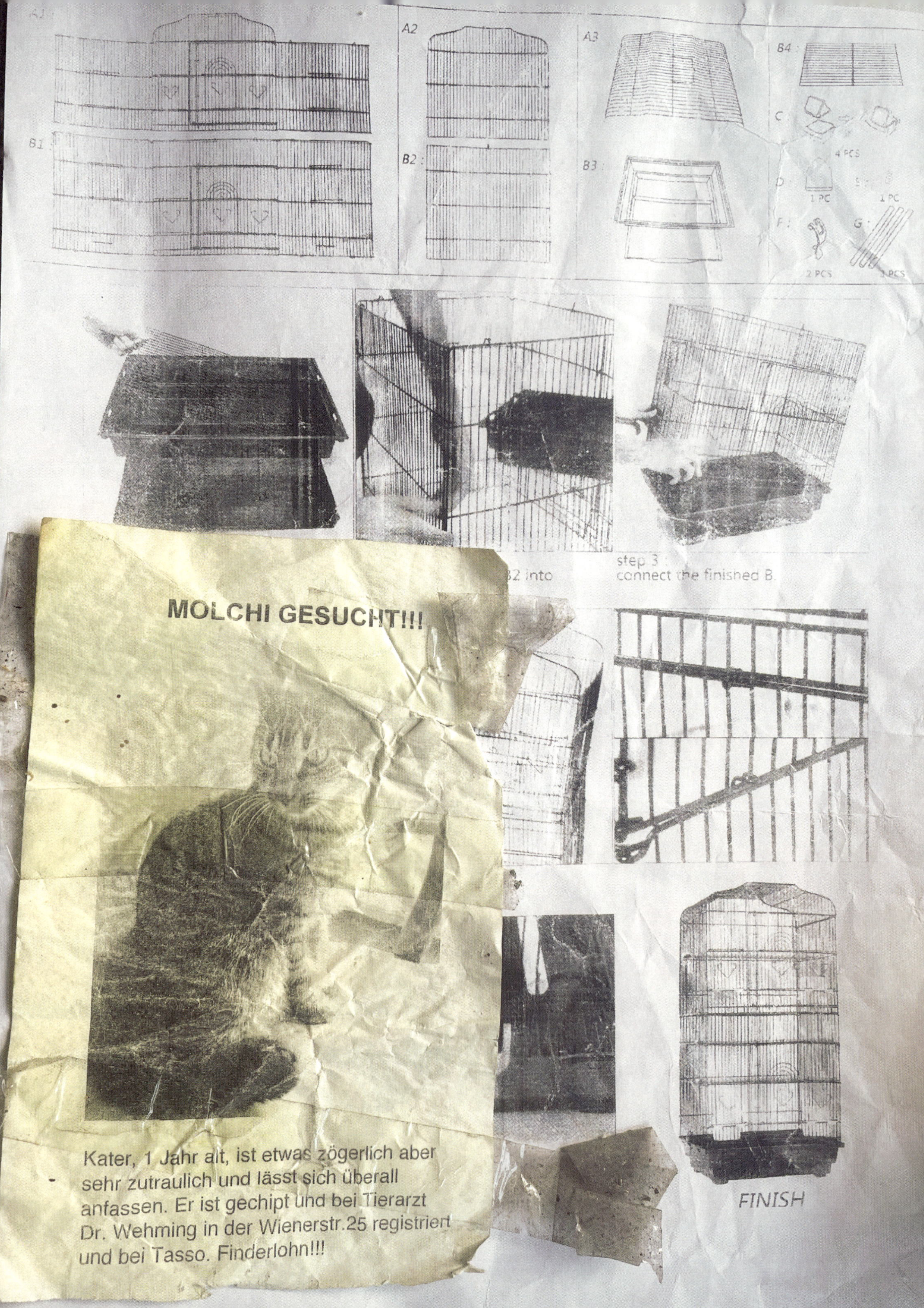
A1
A2
A3
B4
B1
B2
B3
C
4 PCS
D
1 PC
F
2 PCS
G
1 PCS
B2 into
step 3
connect the finished B.
MOLCHI GESUCHT!!!
Kater, 1 Jahr alt, ist etwas zögerlich aber
sehr zutraulich und lässt sich überall
anfassen. Er ist gechipt und bei Tierarzt
Dr. Wehming in der Wienerstr.25 registriert
und bei Tasso. Finderlohn!!!
FINISH

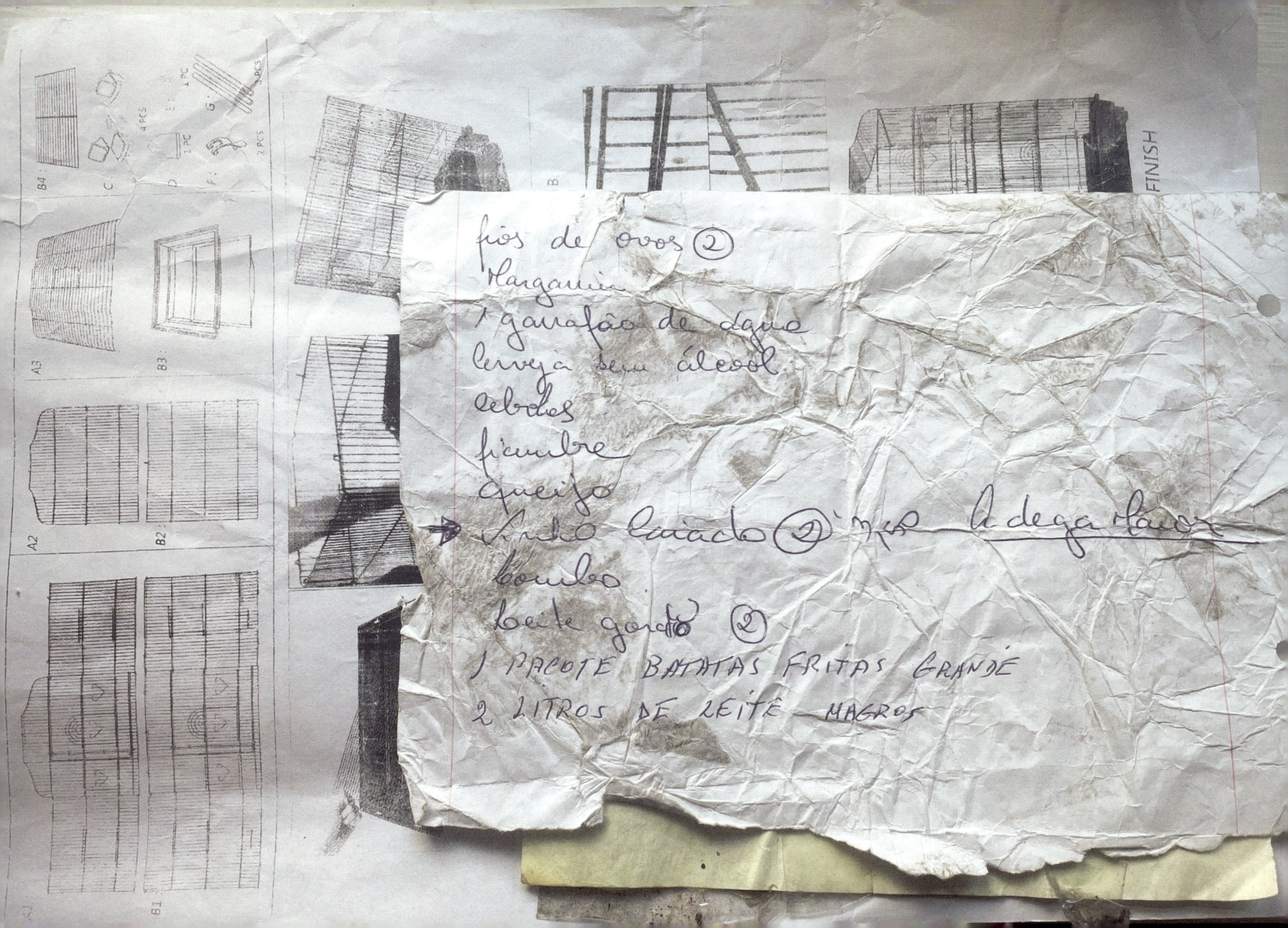
fios de ovos (2)
Margarina
1 garrafão de água
cerveja sem álcool
cebolas
fiambre
queijo
pão ralado (2) mel adega
bombos
leite gordo (2)
1 PACOTE BATATAS FRITAS GRANDE
2 LITROS DE LEITE MAGROS
FINISH

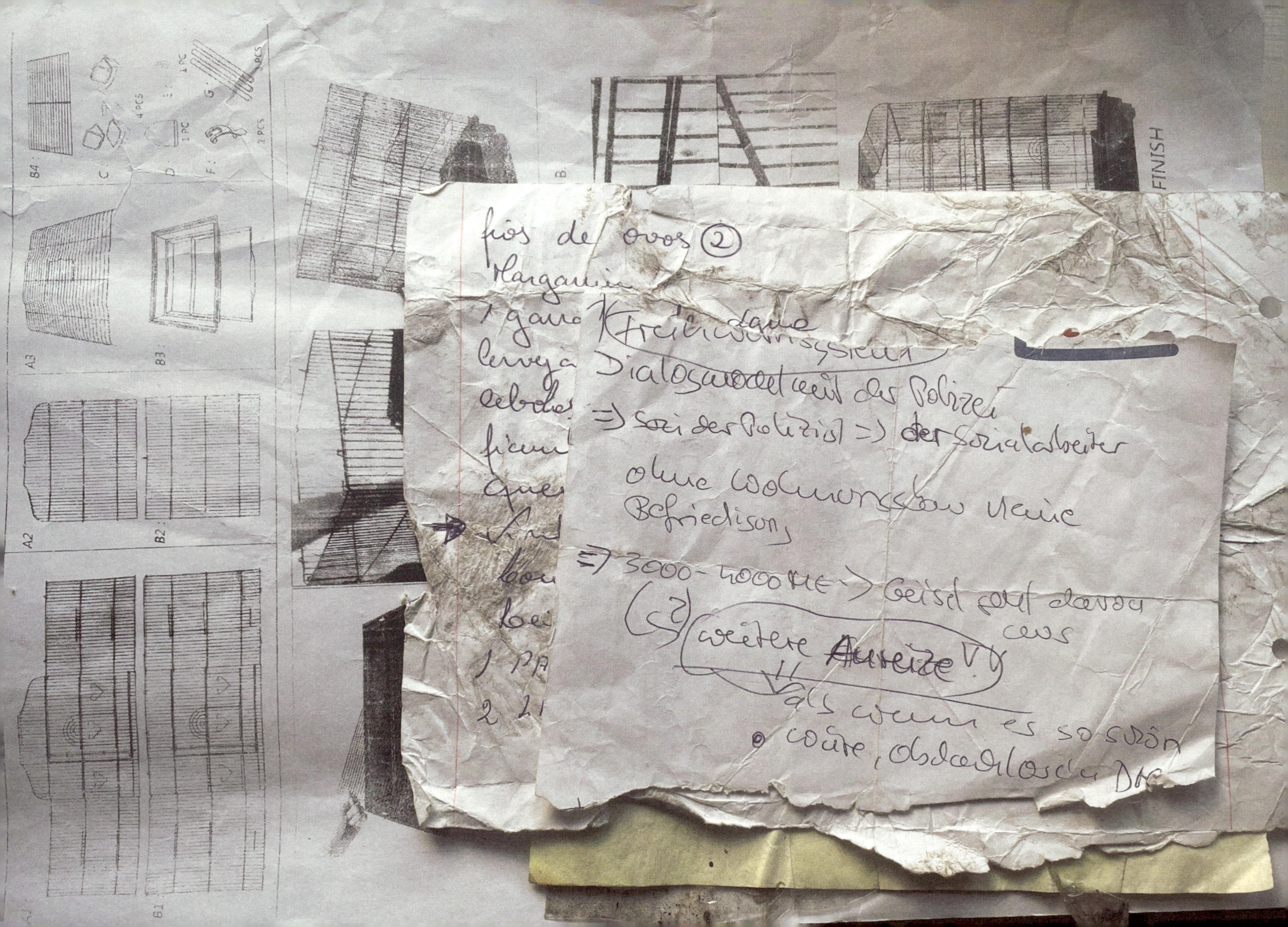

fios de ovos ②
Margarina
1 garra ...
laranja
cebolas
frann...
que...

Kreativsystem
Dialogsaat ... der Polizei
=> Sei der Polizist => der Sozialarbeiter
ohne Wohnungslose keine
Befriedisong
=> 3000 - 4000 RE => Geisel auf davon cus
(2) weitere Anreize V)
als wenn es so schön
• coute, Obdachlose Dbe
FINISH

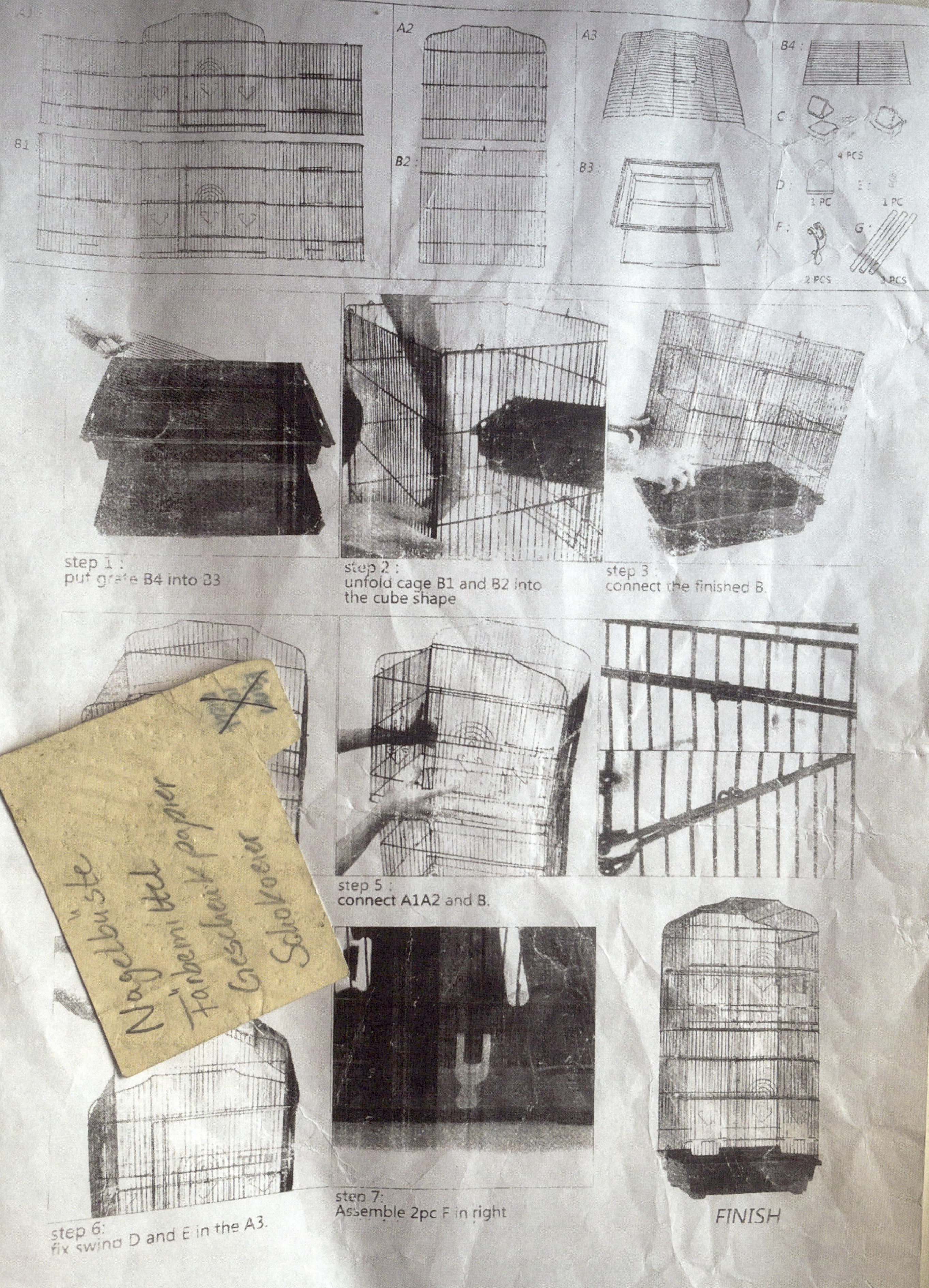

A1
A2
A3
B4 :
B1 :
B2
B3
C :
4 PCS
D :
1 PC
E :
1 PC
F :
2 PCS
G :
2 PCS
step 1 :
put grate B4 into B3
step 2 :
unfold cage B1 and B2 into
the cube shape
step 3 :
connect the finished B.
step 5 :
connect A1A2 and B.
step 6:
fix swing D and E in the A3.
step 7:
Assemble 2pc F in right
FINISH
Nagelbürste
Tänbemittel
Geschenkpapier
Schokoeier

CARSTEN HÖLLER

Geruch und Gehorsam: Menschliche Kommunikation über körpereigene Gerüche

Ein Vortrag mit anschließender Odorama-Präsentation

Einleitung

Der Titel mag Ihnen etwas kryptisch erscheinen; er bezieht sich auf unser unbewußtes Verhalten hinsichtlich intraspezifischer, körpereigener Duftstoffe, also darauf, wie wir – meist, ohne es zu wissen – auf Körpergerüche anderer Menschen reagieren. Am Ende meines Vortrags – und deshalb bin ich heute der letzte Redner – können Sie dann die Achsel- und Genitalgerüche, über die ich vorher berichtet habe, selbst erriechen: Ich werde synthetische Analoga dieser Substanzen auf einer Kochplatte verdampfen und mittels eines Ventilators in den Raum blasen. Die Gerüche werden, soviel kann ich jetzt schon prophezeien, nicht allen gefallen, wahrscheinlich werden einige von Ihnen vorzeitig den Raum verlassen.

Zunächst einige Ausführungen darüber, wie ich überhaupt zu diesem Thema gekommen bin. Ich habe nach meiner Promotion am Institut für Phytopathologie (Lehre von den Pflanzenkrankheiten) der Universität Kiel mit Insekten gearbeitet. Wir haben untersucht, wie bestimmte Insekten innerhalb einer Art und zwischen verschiedenen Arten mittels Duftstoffen kommunizieren. Sie wissen ja vielleicht, daß die meisten Insekten – falls überhaupt – nicht besonders gut sehen oder hören und daß daher bei Insekten der Geruchskommunikation eine besondere Rolle zukommt.

Mit der Identifikation und Synthese des ersten Sexualpheromons bei einem Schmetterling (dem Seidenspinner) durch Butenandt und Mitarbeiter Mitte der 50er Jahre wurde die Forschung über Kommunikation mittels Duftstoffen eingeleitet. Sexualpheromone sind Duftstoffe, die von einem Partner abgegeben werden und den anderen aus zum Teil beträchtlichen Entfernungen anlocken. Diese Pheromone scheinen bei allen bisher untersuchten Schmetterlingsarten vorzukommen. Bei einigen Arten setzen sich die Weibchen auf eine exponierte Warte, strecken ihr Hinterteil in die Luft und sondern Duftstoffe ab, die die Männchen aus bis zu mehreren Kilometern Entfernung anlocken. Beim Traubenwickler (Abb. 1) nutzt man diese Form der Kommunikation zwischen den Geschlechtern im Rahmen der sogenannten Verwirrmethode zur Schädlingsbekämpfung: In Weinbergen werden künstliche weibliche Sexualpheromone des Traubenwicklers

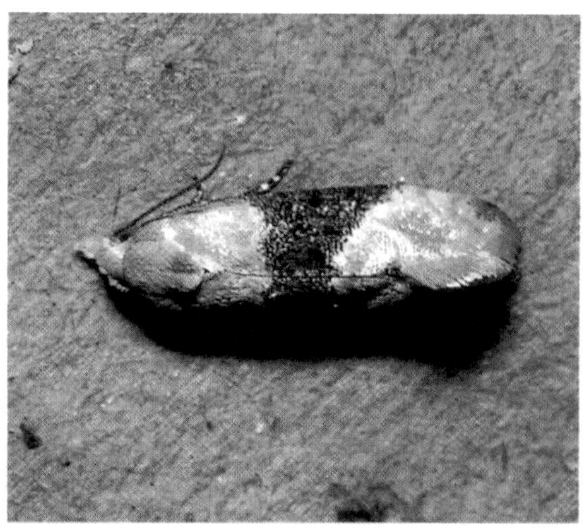

werden dadurch so verwirrt, daß sie die echten Weibchen nicht mehr finden, so daß diese keine befruchteten Eier ablegen können – was natürlich ganz im Interesse der Weinbauern ist, weil die Larven des Traubenwicklers gefürchtete Schädlinge sind.

Die Entdeckung der Existenz von Sexualpheromonen bei Schmetterlingen hat dazu geführt, daß wir über Geruchskommunikation bei Insekten inzwischen eine ganze Menge wissen. So sind bis heute weit mehr als 1.000 Duftstoffe von Insekten chemisch identifiziert worden. Neben den Sexuallockstoffen gibt es bei Insekten noch eine ganze Reihe anderer Duftstoffe mit Signalfunktion: zum Beispiel Alarmpheromone, mit denen verwandte Individuen vor Feinden gewarnt werden, oder Markierungspheromone, mit denen unter anderem der Ort, wo eine Eiablage stattgefunden hat, markiert und somit kenntlich gemacht wird.

Die Wissenschaftler haben neben Insekten auch andere Lebewesen unter die Lupe genommen und untersucht, ob sie mittels Duftstoffen kommunizieren. Heute wissen wir, daß sowohl bei den unterschiedlichsten Tiergruppen, vom Einzeller bis zum Elefanten, als auch bei einigen Pflanzenarten Geruchskommunikation vorkommt und zum Teil eine wichtige Rolle spielt. Die Frage liegt also nahe, inwieweit bei uns Menschen körpereigene Gerüche heute noch Verständigungsfunktion haben, ob wir über Duftstoffe kommunizieren, oder ob unsere kulturelle Entwicklung dazu geführt hat, daß bei uns Gerüche als Signalträger bedeutungslos geworden sind. Erstaunlicherweise wissen wir über den Menschen in dieser Hinsicht nur sehr wenig (viele Tierarten sind da weitaus genauer untersucht worden), was vielleicht darauf zurückzuführen ist, daß wir glauben, das Riechen spiele bei uns keine große Rolle mehr, weil unsere bewußte Wahrnehmung hauptsächlich aus Gesehenem und Gehörtem gespeist wird. Das sagt aber noch lange nichts darüber aus, ob gerochene Informationen bedeutungslos geworden sind, denn vielleicht werden sie, ähnlich wie bei Tieren, unbewußt wahrgenommen und führen zu unbewußten Verhaltensänderungen.

Körpergeruch und Immunsystem

Nehmen wir als Beispiel meine Eltern, die wir hier am Tage ihrer Hochzeit sehen (Abb. 2). Sicher haben sie sich aufgrund körperlicher und charakterlicher Eigenschaften zueinander hingezogen gefühlt; aber wie haben meine Eltern gewußt, daß ihre Immunsysteme zueinander passen und daß sie gemeinsam Kinder, also meinen Bruder und mich, zeugen können? In diesem Zusammenhang scheint der Körpergeruch des jeweils anderen eine wesentliche Informations-

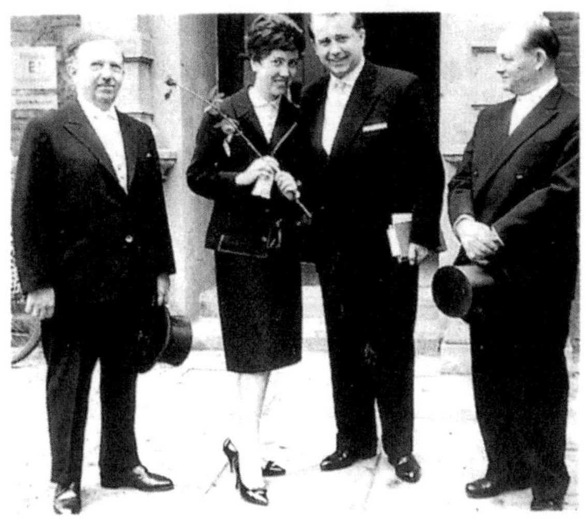

Abb. 2 Meine Eltern (Mitte) am 3. September 1960, dem Tag ihrer Hochzeit, vor dem Standsesamt Lüneburg mit den Trauzeugen

quelle zu sein, auch wenn wir uns dessen gar nicht bewußt sind. Offensichtlich verfügen Menschen, deren Körpergeruch wir nicht mögen, über ein Immunsystem, welches mit dem unseren nicht kompatibel ist. Nehmen wir an, Sie stünden in der Schlange vor der Kasse im Supermarkt, und der Kunde oder die Kundin vor Ihnen röche nach Ihrem Ermessen unangenehm. Sehr wahrscheinlich könnten Sie, wenn es sich um jemand Andersgeschlechtlichen handelt, mit dieser Person keine Kinder bekommen, oder die Chance einer Fehlgeburt oder einer sonstwie mißglückten Schwangerschaft wäre relativ hoch. Hier steht also der schlechte Körpergeruch einer solchen Vereinigung wie eine biologische Barriere entgegen.

Bei Ratten konnte man bereits deutlich nachweisen, daß Tiere mit sehr ähnlichen Immunsystemen sich nicht besonders gut riechen können und sich daher aus dem Wege gehen. Nach einer Knochenmarktransplantation änderten sich das Immunsystem und der Körpergeruch, so daß Ratten (und wahrscheinlich auch Menschen), die sich vorher nicht riechen konnten, nach einer solchen Operation durchaus intime Bande knüpfen können. Der biologische Vorteil ist klar: Wir wurden darauf selektiert, Nachkommen mit möglichst diversen Immunsystemen zu zeugen, weil diese gegen die Vielzahl der Parasiten und Pathogene am besten gefeit sind.

Nun produzieren allerdings nur wenige Menschen so deutliche Geruchssignale, daß wir sie ohne Umschweife als angenehm oder unangenehm riechend einstufen können. Meist müssen wir erst einmal Informationen über den Körpergeruch sammeln, wir müssen herausfinden, wie der oder die andere riecht, also eine Art von Tauglichkeitstest durchführen. In Deutschland und an vielen anderen Orten der Welt gibt man sich zur Begrüßung die Hand, und durch das Austauschen von Handschweiß und danach das Heranführen der eigenen Hand an die Nase kann man erste Informationen darüber sammeln, wie der oder die andere riecht. Kennt man sich etwas besser (in einigen Ländern gilt das folgende allerdings auch für die Begegnung Unbekannter), so küßt man sich bei Begrüßung und Verabschiedung auf die Wangen – wobei ja nicht richtig geküßt wird: Die Beteiligten berühren sich meist nur flüchtig (Abb. 3), was deutlich zeigt, daß es weniger um das Küssen als vielmehr um die Aufnahme des Geruchs des anderen geht. Das ist natürlich von Land zu Land verschieden, die Deutschen und die US-Amerikaner sind mit dem Wange-an-Wange-Kuß ziemlich zurückhaltend, die Franzosen küssen sich dagegen schnell zweimal, die Belgier dreimal. Auch das berühmte Nasenreiben der Inuit dient wahrscheinlich nur der Aufnahme des Geruchs des oder der anderen, um herauszufinden, ob man es mit einem potentiellen Partner zu tun hat oder nicht. Diese Begrüßungs- und Verabschiedungszeremonien sind ein gutes Beispiel dafür, daß die Beschaffung von Geruchsinformationen häufig ganz unbewußt vonstatten geht.

Individualität des Körpergeruchs

Patrick Süskind hat mit seinem Buch *Das Parfum* ja für einigen Wirbel gesorgt, und viele Leser haben intuitiv oder aus eigener Erfahrung verstanden, daß Süskind zwar mächtig übertrieben hat, die biologischen Grundvoraussetzungen für die Beeinflussung anderer durch Gerüche aber durchaus gegeben sind. Wir alle haben wahrscheinlich irgendwann in unserem Leben mit großem Genuß an einem Kleidungsstück des- oder derjenigen gerochen, in den oder in die wir uns gerade verliebt hatten. Außerdem wissen wir aus eigener Erfahrung, daß kein Mensch gleich riecht (Abb. 4), obwohl Menschen mit ähnlichem Genotypus offenbar eine Art gemeinsamer Grundnote haben. Es gibt Spezialisten, die besonders empfindlich für diese Gerüche von Menschen verschiedener Herkunft zu sein scheinen. So kenne ich jemanden, der darauf spezialisiert ist, Russen zu riechen. Er war vor einiger Zeit mit einem Freund in Südafrika, und als die beiden ihr Hotel betraten, sagte er, daß es nach Russen röche, obwohl das zu der damaligen Zeit sehr unwahrscheinlich war. Er war sich seiner Sache aber ziemlich sicher; die Nachfrage an der Rezeption bestätigte seine Vermutung.

Unterschiedliche Körpergerüche verschiedener menschlicher Herkünfte sind wohl zum Teil auf Differenzen in der Bakterienflora zurückzuführen, weil einige der von den Körperdrüsen abgegebenen Substanzen geruchlos sind (speziell die im Achselbereich) und erst nach Spaltung durch bestimmte Corynebakterien ihren charakteristischen Geruch entfalten. Interessant ist aber, daß offensichtlich jeder Mensch seinen individualspezifischen Körpergeruch zu haben scheint, genauso, wie jeder von uns – außer eineiigen Zwillingen – anders aussieht. Und eineiige Zwillinge sehen sich nicht nur zum Verwechseln ähnlich, sie riechen auch gleich; was ein guter Hinweis darauf ist, daß die unterschiedliche Beschaffenheit unseres Körpergeruchs neben Bakterien und kulturellen Differenzen, zum Beispiel Eßgewohnheiten, auch auf genetische Unterschiede zurückzuführen ist.

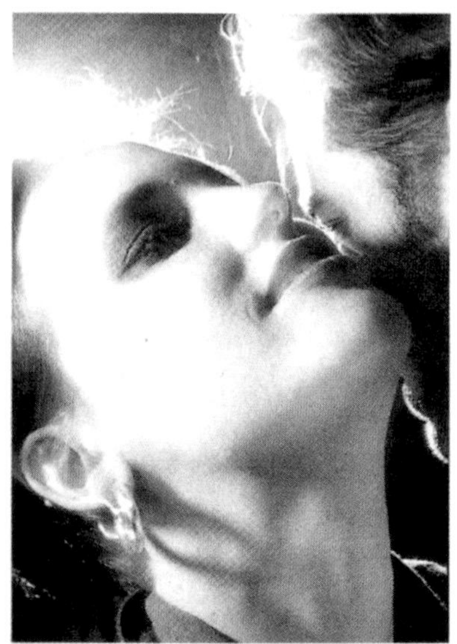

Abb. 3 Der Wangenkuß, ein in Europa häufiges Begrüßungs- und Verabschiedungsritual

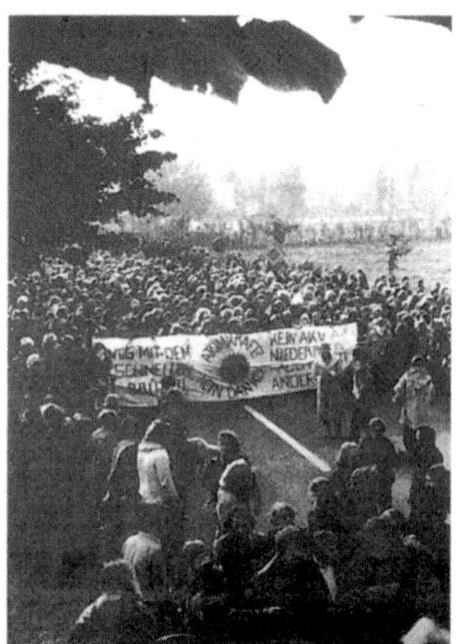

Abb. 4 Eine größere Menschengruppe. Jeder dieser Menschen riecht anders (gilt nicht für eineiige Zwillinge).

nen und ihrer Mutter (sowie anderen Verwandten) eindrucksvoll nachweisen. Zunächst einmal gibt es wissenschaftliche Ergebnisse, die zeigen, daß Mütter aus einem Haufen optisch nicht unterscheidbarer Kleider, die von verschiedenen, aber gleichaltrigen Neugeborenen getragen wurden, herausriechen können, welcher Strampelanzug von ihrem Baby getragen wurde. Die Wissenschaftler fanden bei einer genaueren Analyse dieses Phänomens heraus, daß Väter die Kleider ihres Babys ebenfalls erriechen können – allerdings schlechter als Mütter – und daß eine diesbezügliche Fähigkeit auch bei Großmüttern und Tanten, nicht aber bei Großvätern und Onkeln nachweisbar war. Demnach scheint vor allem die weibliche Seite ihre Kinder, Enkelkinder und Neffen am Geruch erkennen zu können. Es stellt sich die Frage, ob das andersherum ebenso funktioniert, ob also auch Babys ihre Mütter anhand ihres Geruchs identifizieren können. Der Geruch der Achseln und Brustwarzen der Mutter scheint ja ein entscheidender Stimulus für das Neugeborene zu sein, das so die Quelle der Muttermilch findet. Wissenschafler haben ein sehr interessantes Experiment durchgeführt, um herauszufinden, ob Babys auf den Achselschweiß ihrer Mutter positiv reagieren. Dazu wurden am Kopfende des Bettchens mit dem jeweiligen ‚Versuchsbaby‘ rechts und links je ein Wattebausch befestigt, wobei der eine Bausch vorher unter der Achsel der Mutter gerieben, der andere mit dem Achselschweiß einer anderen Mutter, die ein gleichaltriges Baby hatte, imprägniert worden war. Per Videoanalyse wurde gemessen, wie oft das Baby seinen Kopf zu welchem Wattebausch drehte. Das Ergebnis war deutlich: Die Babys schienen sich viel mehr für den Geruch der eigenen Mutter zu interessieren, konnten also offensichtlich zwischen dem Achselschweiß der eigenen und dem einer anderen Mutter mit ihrem Näschen unterscheiden.

Ich habe bis jetzt vor allem über menschliche Körpergerüche als Informationsträger gesprochen, die Tauglichkeit oder Untauglichkeit im Falle einer möglichen reproduktiven Vereinigung signalisieren, und über die Genetik des Körpergeruchs beziehungsweise die Festigung der Mutter-Kind-Beziehung durch Duftstoffe. Ich werde noch kurz zwei weitere Themen behandeln, bevor ich mich der Odorama-Präsentation von Menschengeruch widme. Es geht zum einen um die Beziehung zwischen Geruch und dem Zyklus der Frau, zum anderen um die Möglichkeit der Existenz von Sexualpheromonen beim Menschen.

Körpergeruch und Zyklus der Frau

Ich befasse mich mit drei Aspekten aus diesem hochinteressanten Themenkomplex. Der erste: Frauen, die mindestens zweimal im Monat mit oder neben einem Mann schlafen – wobei es hier nicht auf den Geschlechtsverkehr ankommt, sondern allein auf die körperliche Nähe –, weisen vergleichsweise häufig regelmäßige, kurze Zyklen von 29 Tagen auf, wogegen bei Frauen ohne Männerkontakt oft unregelmäßige, längere Zyklen zu beobachten sind. Hier könnte man vermuten, daß eine vom Mann abgegebene Substanz die vergleichsweise

macht, weil die fruchtbaren Tage der Frau als Folge der Präsenz des Mannes häufiger und kontinuierlicher auftreten. Die aktive Männersubstanz scheint der Geruch des Mannes zu sein, denn in Experimenten, in denen Frauen ohne Männerkontakt beim Schlafen einen Wattebausch mit Achselmännergeruch im Bett hatten, konnte man feststellen, daß diese Frauen nach einiger Zeit ebenfalls kurze, regelmäßige Zyklen aufwiesen, genauso wie die Vergleichssubjekte mit Männerkontakt. Männerschweiß hat also offensichtlich einen Einfluß auf die Länge des Zyklus der Frau.

Der zweite Aspekt ist ziemlich spekulativer Natur, aber dennoch so interessant, daß ich ihn hier zumindest kurz darlegen möchte. Es geht um ein europäisches und US-amerikanisches Phänomen; nämlich darum, daß die erste Menstruation im Lauf der Jahrzehnte immer früher auftritt. In den letzten 150 Jahren hat das Alter, bei dem die Menstruation erstmalig einsetzt, um zwei bis drei Monate je Dekade abgenommen; wenn die Mädchen vor 150 Jahren im Durchschnitt mit 15 Jahren ihre erste Blutung hatten, sind sie heute bei diesem Ereignis drei Jahre jünger. Das kann an einer Vielzahl von Einflußfaktoren liegen, zum Beispiel an veränderten Ernährungsbedingungen. Eine alternative Erklärung wäre aber, daß dieses Phänomen auf Duftstoffeinflüsse zurückzuführen ist, ähnlich wie bei Mäusen Pheromone den Zeitpunkt des Einsetzens der Geschlechtsreife beeinflussen. Bei Mäusemädchen ist es nämlich so, daß die Präsenz eines erwachsenen Männchens oder seines Geruchs es frühzeitig geschlechtsreif werden läßt, während Weibchengeruch genau den gegenteiligen Effekt hat: Mäusemädchen werden bei Präsenz anderer geschlechtsreifer Weibchen zu sexuellen Spätzündern. Das könnte beim Menschen ähnlich sein, weil durch gesellschaftliche Veränderungen, zumindest in Europa und in den USA,

- die Zahl auswärts arbeitender Frauen zugenommen hat, die dadurch weniger zu Hause sind und deren Geruchspräsenz dementsprechend geringer ausfällt, so daß vielleicht der die Geschlechtsreife verzögernde weibliche Faktor weniger stark geworden ist
- die Männer aufgrund kürzerer Arbeitszeiten mehr zu Hause sind und dadurch auch ihr Geruch im Einflußbereich ihrer heranwachsenden Töchter mehr als früher die sexuelle Entwicklung ihrer Töchter beschleunigen könnte
- die Familien nicht mehr so groß sind, daher auch weniger Mädchen zusammenleben und so womöglich ein weiterer inhibierender Faktor abgeschwächt wurde.

Hierzu liegen allerdings keine wissenschaftlichen Daten vor. In Zukunft werden wir genauer wissen, ob es sich tatsächlich so verhält, wie durch diese Hypothese postuliert, oder ob nicht doch andere Faktoren ausschlaggebend sind.

Der dritte Aspekt ist wahrscheinlich der interessanteste und vielleicht einigen Frauen aus eigener Erfahrung bekannt: Frauen, die zusammenwohnen oder sich zumindest sehr häufig sehen, synchronisieren oft ihre Zyklen, so daß sie nach einiger Zeit im gleichen Zeitraum menstruieren. Barbara McClintock hat bereits

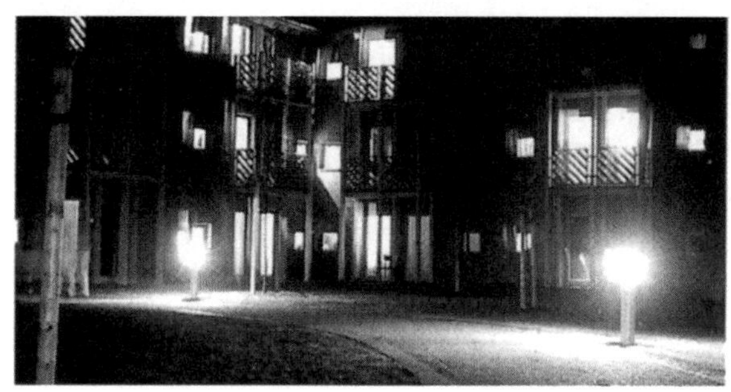

Abb. 5 Ein Studentenwohnheim mit Appartements für einzelne Studentinnen und Wohngemeinschaften

publiziert, die die Synchronisation weiblicher Zyklen eindrucksvoll belegen. Sie hat in Studentenwohnheimen (Abb. 5) Daten erhoben, in denen 17- bis 22jährige Studentinnen entweder einzeln oder in kleinen Gruppen wohnten. Bei denjenigen Studentinnen, die sich zu mehreren ein Appartement teilten, konnte sie synchronisierte Zyklen feststellen; folglich menstruierten meist alle Studentinnen in einer Wohngemeinschaft zur gleichen Zeit, wohingegen bei den allein lebenden Studentinnen kein regelmäßiges Muster erkennbar war. Lag das am Geruch? Gab es vielleicht ein geruchlich ‚dominantes Weibchen‘ in jeder Wohngemeinschaft, das die anderen Studentinnen in ihrem Rhythmus synchronisierte? Die Wissenschaftlerin hatte eine Studentin ausfindig gemacht, die bemerkt hatte, daß in mehreren aufeinanderfolgenden Jahren ihre Freundinnen, mit denen sie ein Zimmer auf einer Sommerschule teilte, ihren Zyklus dem ihrigen anpaßten. Diese Studentin fungierte im nachfolgenden Experiment als ‚Geber-Frau‘: Ihr Achselgeruch wurde auf einen Wattebausch aufgetragen und anderen Studentinnen im entsprechenden Alter vorgesetzt, die aber keinen persönlichen Zugang zur ‚Geber-Frau‘ hatten, diese auch nicht kannten und an anderen Orten wohnten, mit der Aufforderung, vier Monate lang dreimal pro Woche an dem Wattebausch zu riechen. Nach dieser Zeit hatten tatsächlich die meisten Versuchsstudentinnen ihren Zyklus mit dem der ‚Geber-Frau‘ synchronisiert. Im Gegensatz dazu war bei der Kontrollgruppe, die im gleichen Zeitraum an lediglich mit Lösungsmittel behandelten Wattebäuschen gerochen hatte, keine Synchronisation eingetreten. Warum das so ist, und welchen biologischen Nutzen die Frauen davon (gehabt) haben könnten, ist nicht bekannt.

Menschliche Sexualpheromone

Über die Existenz von Sexualstoffen beim Menschen ist bisher nur wenig bekannt, und die publizierten Daten widersprechen sich teilweise. Meine Ausführungen beziehen sich übrigens auf heterosexuelle Beziehungen allein aus dem Grund, weil Sexualpheromone bei Homosexuellen noch überhaupt nicht untersucht worden sind. Meines Wissens liegen jedenfalls keine publizierten Daten vor. Was Heterosexuelle angeht, so gab es Ende der 70er, Anfang der 80er Jahre eine relativ große Anzahl an Veröffentlichungen zu zwei nahe miteinander verwandten Substanzen, die besonders in der männlichen Achsel produziert werden und für die Frauen eine besonders feine Nase haben, ganz besonders zur Zeit ihres Eisprungs. Es existieren also Hinweise, daß diese Substanzen Sexualpheromone sein könnten, mit denen Männer Frauen anlocken, zumal bereits früh von Kirk-Smith und Mitarbeitern die Ergebnisse eines inzwischen berühmten Experiments publiziert worden sind, die diese Hypothese zu bestätigen schienen. Die

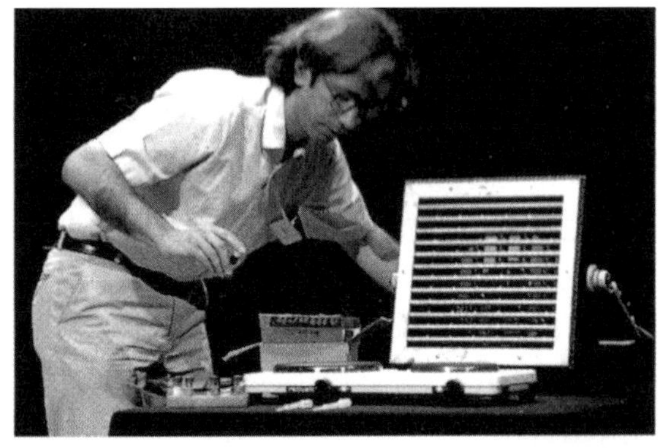
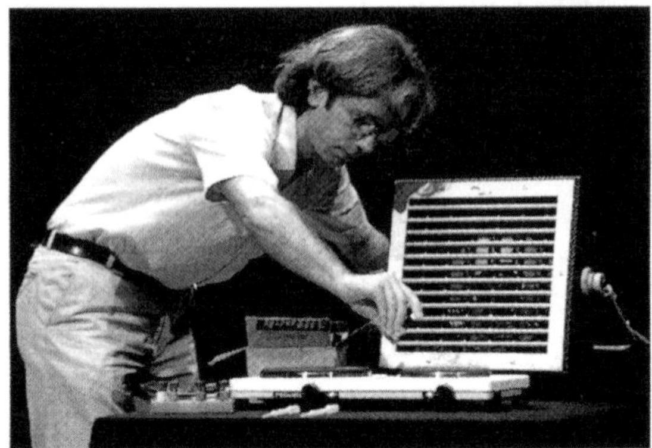
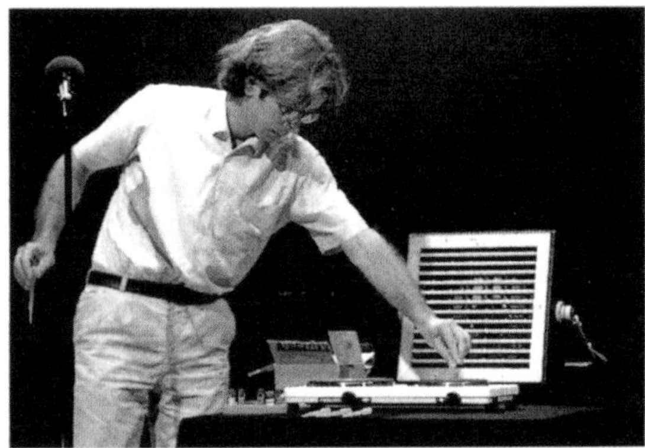

arztwartezimmer einen der Stühle mit der entsprechenden Substanz behandelt und festgestellt, daß Frauen sich häufiger auf diesen Stuhl setzten als auf die unbehandelten; im Gegensatz zu Männern, die den behandelten Stuhl eher zu meiden schienen. Die Ergebnisse waren aber, statistisch gesehen, nicht ausreichend und konnten in nachfolgenden Versuchen auch nur teilweise bestätigt werden. Schließlich wurden noch eine Reihe von Gasmaskenexperimenten durchgeführt: Bestimmten Filtern dieser Gasmasken wurden jene Stoffe zugesetzt und anderen nicht. Die unwissenden Versuchspersonen sollten Abbildungen von Häusern, Tieren und Menschen beurteilen. Aber auch hier sind die Ergebnisse widersprüchlich geblieben.

Die biologische Bedeutung dieser Stoffe ist vielleicht weniger die eines Sexuallockstoffs als vielmehr die eines Distanzpheromons, mit dem sich Männer gegenseitig auf Abstand halten. So wurde zum Beispiel je eine Toilettenbox in einer Reihe von Toiletten mit dem Stoff behandelt und danach deutlich von potentiellen Benutzern gemieden, ganz so, als vermuteten sie hinter der Tür unbewußt eine Gefahr oder

Abb. 6–8 Odorama-Präsentation in der Kunst- und Ausstellungshalle in Bonn

eine Art Supermann. Außerdem scheinen diese beiden Stoffe, die ich Ihnen in der folgenden Odorama-Präsentation als erste angedeihen lassen werde, ein Mittel für den Mann zu sein, um die fruchtbaren Tage der Frau zu erkennen: Frauen mögen diese Substanzen meist gern riechen, wenn sie ihren Eisprung haben, empfinden den Geruch aber als unangenehm, wenn sie menstruieren. Vielleicht sind diese Achselgerüche also so etwas wie Waffen des Mannes, um den Zeitpunkt des besonders hohen ‚reproduktiven Werts‘ einer potentiellen Partnerin herauszufinden – womöglich als Gegenmaßnahme gegen die Strategie der menschlichen Frau, die (anders als beispielsweise Schimpansenfrauen) nicht zeigt, wann sie ihre fruchtbaren Tage hat. Diese sogenannte ‚verborgene Ovulation‘ ist für die Menschenfrau von Vorteil, weil sie so Sexualität wie ein Tauschmittel einsetzt, das heißt, Männer dazu bringen kann, in sie zu investieren und sie glauben zu lassen, durch Sex ‚reproduktiven Zugang‘ zu ihr zu haben, obwohl die Frau vielleicht nur an ihren unfruchtbaren Tagen mit dem entsprechenden Mann verkehrt. Ich spreche hier natürlich von – größtenteils – unbewußten Verhaltensformen, die sich im Laufe der menschlichen Evolution als gewinnbringend erwiesen haben und daher gefördert wurden.

Odorama-Präsentation

Bevor ich zu Beginn die beiden Stoffe Androstenol und Androstenon auf einer Kochplatte verdampfe, möchte ich darauf hinweisen, daß über 40 Prozent der Männer diese Stoffe nicht wahrnehmen können – offenbar aus genetischen Gründen. Bei Frauen sind nur 10 Prozent für diese Substanzen anosmisch. Daß man sie nicht bewußt riechen kann, heißt übrigens nicht, daß sie nicht doch an den entsprechenden Rezeptoren binden und bestimmte Informationen an spezialisierte Partien im Gehirn weitergeleitet werden.

Beginnen wir jetzt mit Androstenol, dieser Substanz, die offenbar vom Mann produziert wird, um sowohl andere Männer fernzuhalten als auch, um den momentanen ‚reproduktiven Status‘ einer Frau ermitteln zu können. Männer mögen den Geruch, falls sie ihn überhaupt wahrnehmen, eher nicht, bei Frauen ist die Reaktion – wie oben erwähnt – zyklusabhängig.

Ich träufle etwas Androstenol, in Ethanol gelöst, auf die Kochplatte.

Gleich hinterher die zweite Komponente, die ketonische Form von Androstenol, nämlich Androstenon, die vielleicht ähnlich wirkt wie Androstenol, aber noch schweißiger und urinöser riecht.

Androstenon wird verdampft.

Gut, jetzt ein kleines Intermezzo: Ich habe ein Parfum aus dem Sex Shop mitgebracht, *Exzess* von Beate Uhse, welches laut Verpackungsbeilage „Sie als Mann unwiderstehlich macht. Schöne Frauen sprechen Sie spontan an, suchen Ihre Nähe, möchten am liebsten sofort mit Ihnen ins Bett. Dieser Duft erweckt weibliche Urtriebe." Soweit der Text. Leider stimmt das nicht, aber urteilen Sie selbst.

Ich sprühe Exzess auf die Kochplatte.

Meines Erachtens enthält das Parfum nur eine Reihe moschusähnlich riechender Substanzen; ich habe Exzess auch gaschromatographisch untersucht und zumindest von den mir bekannten Substanzen, die eine Wirkung haben könnten, nichts gefunden.

Kommen wir jetzt zu den Gerüchen der Frau. Von Rhesusaffen wissen wir, daß die Affenweibchen im Vaginalbereich bestimmte niedermolekulare, leichtflüchtige Fettsäuren produzieren und daß die Zusammensetzung dieses Fettsäuren-

dem ‚Eisprung-Cocktail‘ für die Männchen sehr attraktiv. Bei der menschlichen Frau gibt es nun ähnliche Schwankungen des Fettsäuremusters im Vaginalbereich; die Fettsäuren sind dieselben, die Zusammensetzung des Gesamtgemisches ist aber eine andere. Es liegt also nahe, ähnliche Versuche mit Männern durchzuführen, bis jetzt liegen allerdings nur sehr wenige Ergebnisse dazu vor. Zunächst, als Einleitung sozusagen, lasse ich Sie eine einzelne dieser Fettsäuren riechen, eine bestimmte Form der Buttersäure. Dieser Stoff findet sich bei prämenopausalen fruchtbaren Frauen in relativ großer Menge im Vaginalbereich, nach der Menopause hingegen kaum noch. Diese Buttersäure könnte daher ein generelles Merkmal für Fruchtbarkeit sein.

Buttersäure wird verdampft.

Der folgende Cocktail aus Fettsäuren, wie er im Vaginalbereich der Frau zur Zeit des Eisprungs zu finden ist, stinkt relativ stark.

Fettsäurencocktail I

Ich habe dann noch eine letztes Gemisch, mit dem ich meinen Vortrag abschließen möchte; ebenfalls ein Fettsäurencocktail aus all diesen Substanzen, die vielleicht Männer anlocken, aber dieses Mal von mir selbst wie ein Parfum kreiert, indem ich allen Substanzen Noten gegeben habe und sie dann in entsprechenden Konzentrationen zusammengemischt habe.

Fettsäurencocktail II

Mehr oder minder eilig verlassen die Besucherinnen und Besucher den solcherart ‚bedufteten‘ Raum.

Dieser Text wurde 1994 veröffentlicht in | This Text was published in 1994 in:
Uta Brandes, Klaus Barth, *Das Riechen. Von Nasen, Düften und Gestank*
(= Schriftreihe Forum, Bd. 5) Göttingen 1995.

KOO
JEONG A

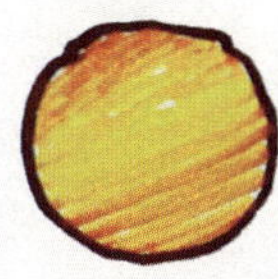

molecular   shape

1948

1974

1991

1996

2000

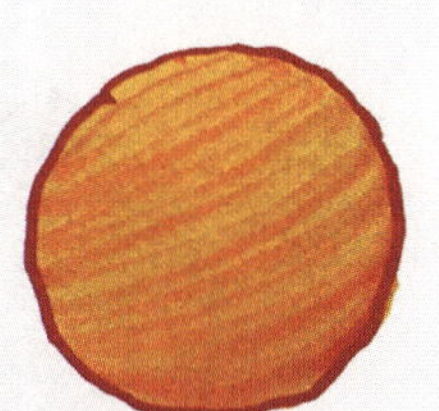

molecular   vibrations

1938

1964

1981

1996

2023

2023 KOO

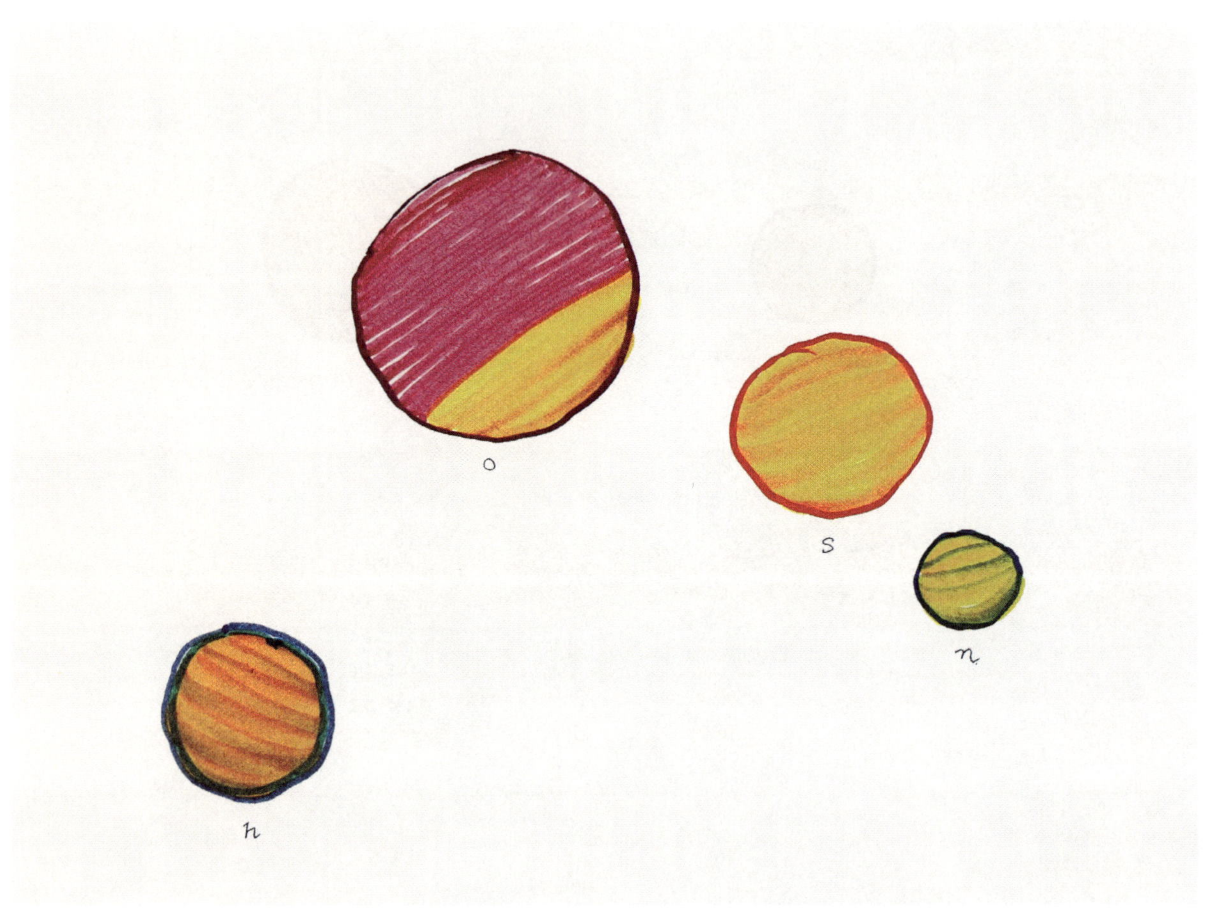
o
s
n
h

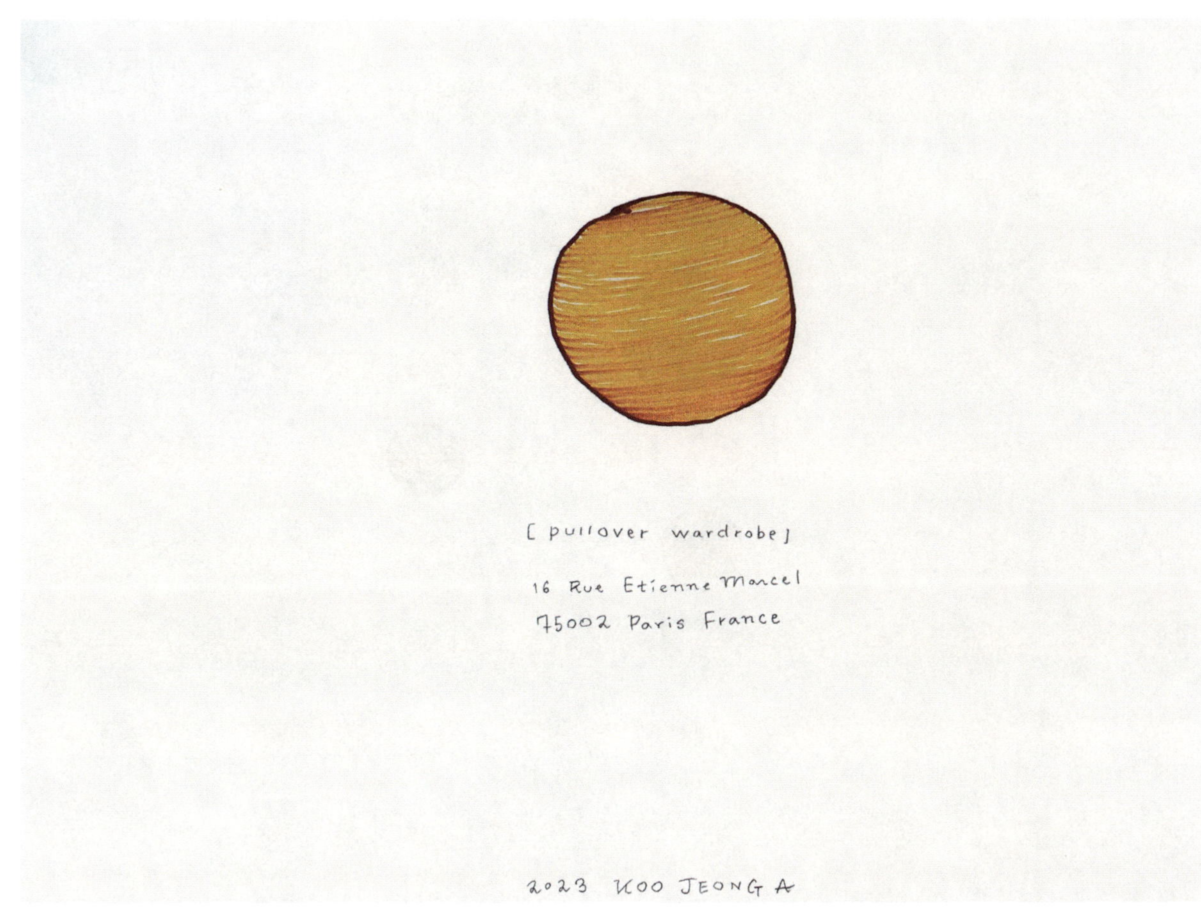
[pullover wardrobe]
16 Rue Etienne Marcel
75002 Paris France
2023 KOO JEONG A

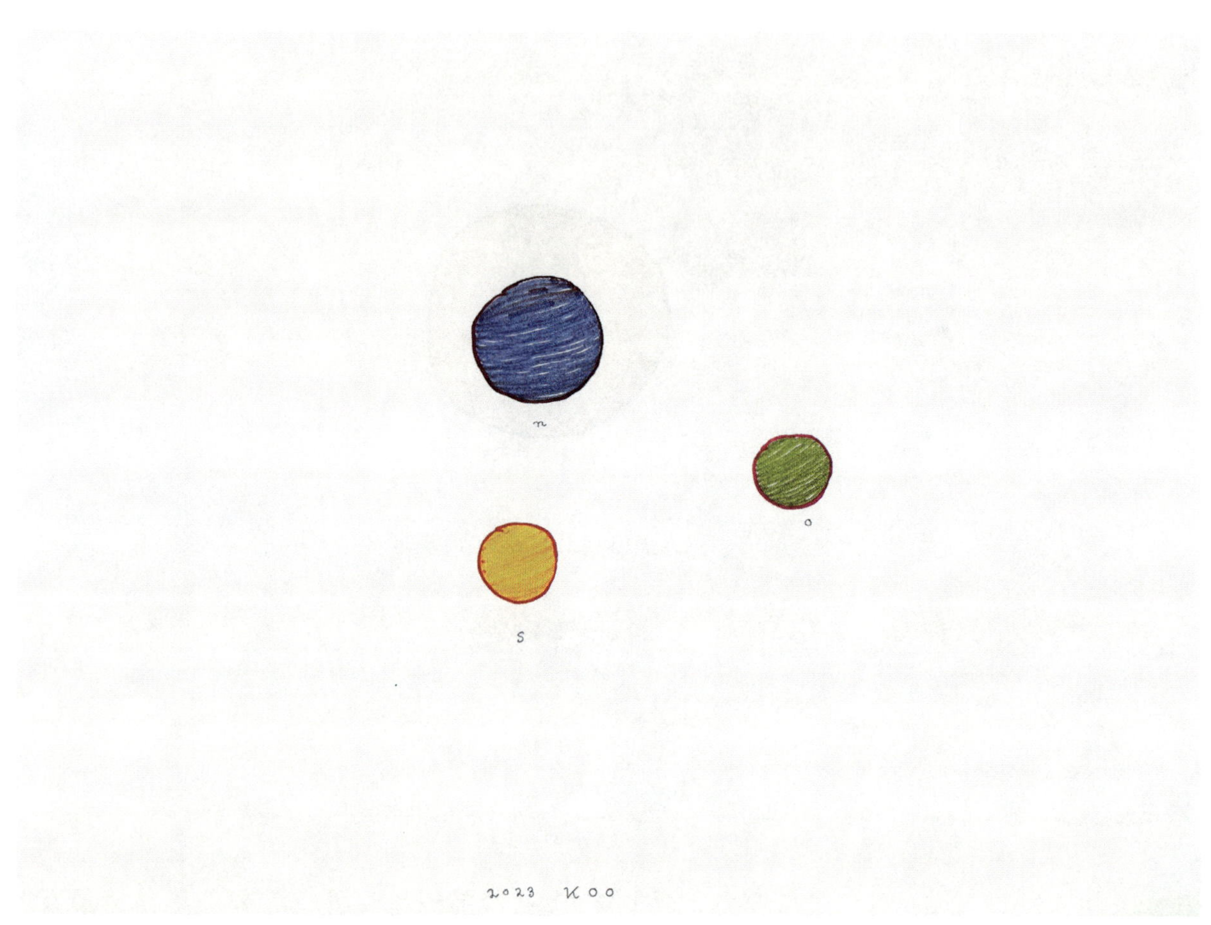

2023 KOO

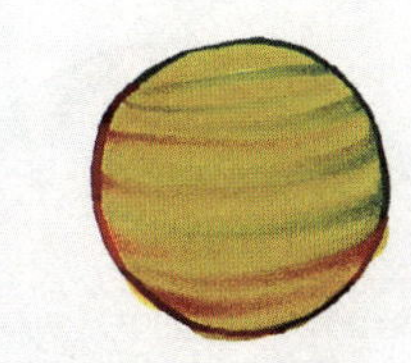

[pullover wardrobe]

16 R Etienne Marcel

75002 Paris France

2023 KOO Jeong A

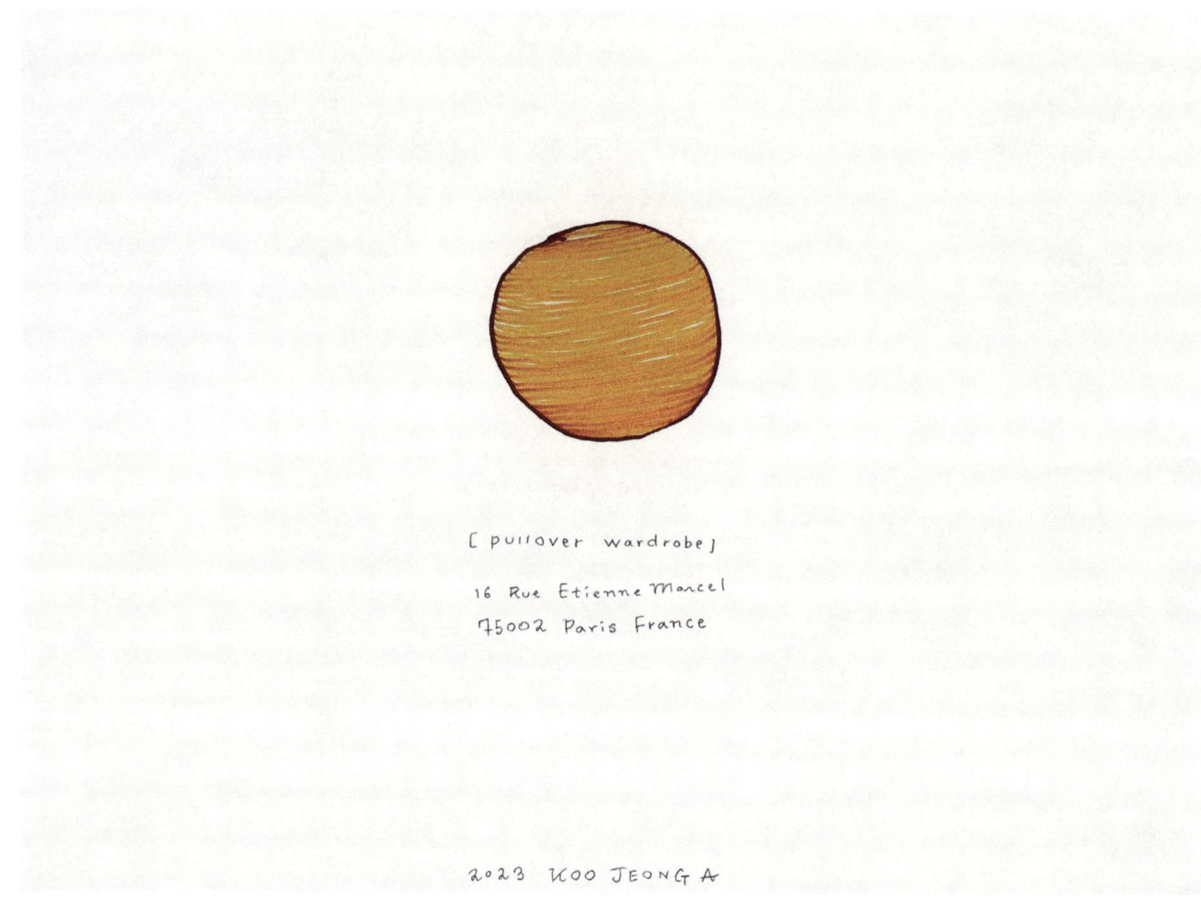

[pullover wardrobe]
16 Rue Etienne Marcel
75002 Paris France
2023 KOO JEONG A

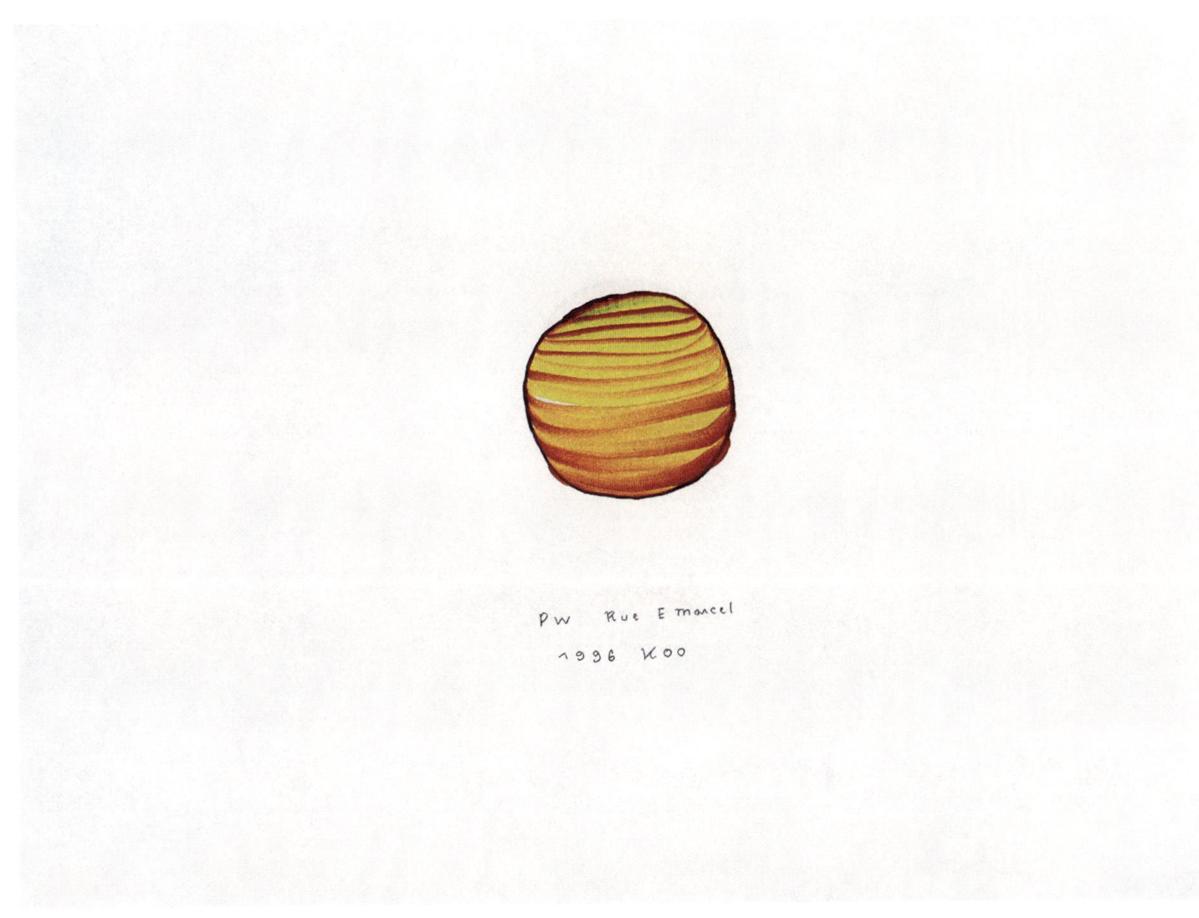

PW   Rue E marcel
1996 KOO

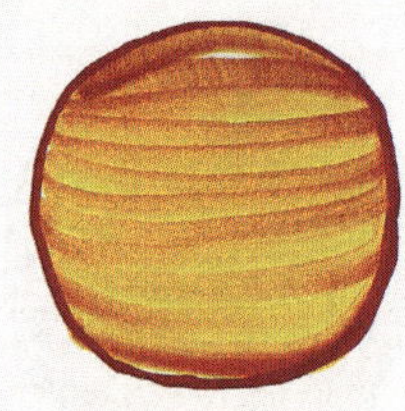

[Pullover Wardrobe]
1996
16 Rue Etienne marcel
75002 Paris France

2023 KOO Jeong A.

OSWALDO MACIÁ

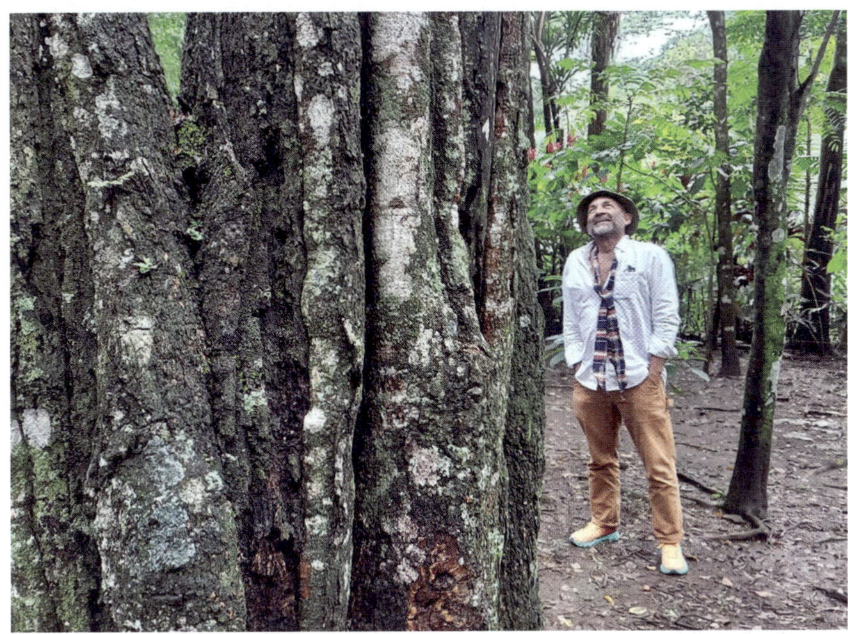

Oswaldo Maciá erschafft olfaktorisch-akustische Skulpturen, die auf Zeit, Ort und die sich ständig verändernde Natur unseres Planeten reagieren. Maciás immersive Klang- und Geruchsinstallationen sind in internationalen Kunstsammlungen vertreten und wurden weltweit ausgestellt, so in der Tate Modern, der Tate Britain, auf der Manifesta 9, der Biennale in Venedig, im Daros Latinamerica, auf der Riga Biennale, im MOCO Montpellier Contemporain, in der Kunsthalle Bremen, im Site Santa Fe und auf der Mercosul Biennale (Porto Alegre, Brasilien). Maciá wurde in der karibischen Stadt Cartagena de Indias, Kolumbien, geboren. Er lebt und arbeitet in London und New Mexico.

Oswaldo Maciá creates olfactory-acoustic sculptures that respond to time, place, and the ever-changing nature of our planet. Stimulating questions about how we find our place in the world, Maciá's immersive scenarios of sound and smell are represented in international art collections and have been exhibited worldwide, including at the Tate Modern, the Tate Britain, Manifesta 9, the Venice Biennale, the Daros Latinamerica Collection, the Riga Biennial, MO.CO. Montpellier Contemporain, the Kunsthalle Bremen, Site Santa Fe, and the Bienal do Mercosul (Porto Alegre, Brazil). Maciá was born in the Caribbean city of Cartagena de Indias, Colombia. He lives and works in London and New Mexico.

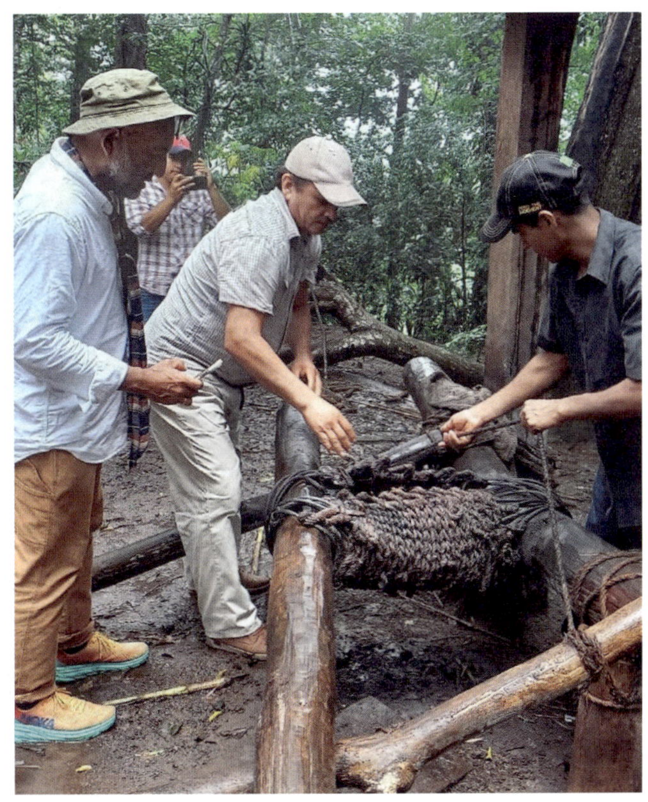

Der Künstler erforscht eine (post-)koloniale Geschichte des Geruchs und untersucht die lokale Produktion und Migration von Gerüchen und Düften sowie die damit verbundene Aneignung und das Verschwinden von lokalem Wissen und überlieferten Techniken. Er kreiert skulpturale Kompositionen aus Bildern, Objekten, Klängen und – vor allem – natürlichen Düften, die neue Perspektiven auf die Gerüche eröffnen, die Kulturen prägen.

The artist explores a (post)colonial history of smell, investigating the local production and migration of smells and scents, and the associated appropriation and disappearance of local knowledge and traditional techniques. He creates sculptural compositions that emerge from images, objects, sounds, and, above all, natural scents, opening up new perspectives on the smells that shape cultures.

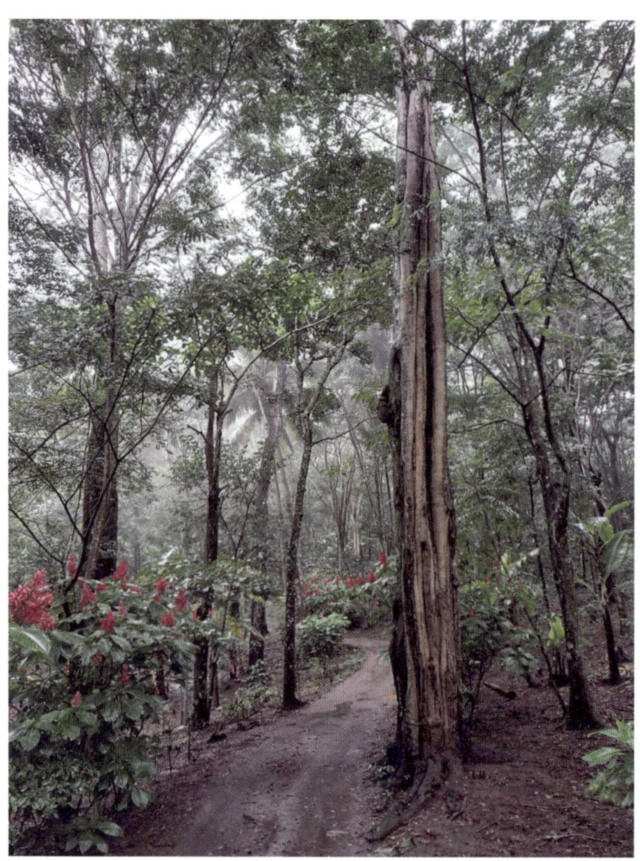

Für diese Arbeit sammelte Maciá Substanzen vom Myroxylon balsamum var. Pereirae, auch Perubalsam genannt, einem in Mittelamerika beheimateten Baum, der in den wilden Wäldern von El Salvador zu finden ist; vom Bulnesia sarmientoi oder Paraguay lignum vitae, einem Baum aus der einzigartigen biologischen Vielfalt von El Chaco, Paraguay, und von der Elettaria cardamomum oder auch grüner Kardamom, einer aus Indien stammenden und in Guatemala angebauten krautartigen Pflanze.

For this work, Maciá collected samples of *Myroxylon balsamum* var. *pereirae*, or Peru balsam, a tree native to Central America and found in the wild forest of El Salvador; *Bulnesia sarmientoi*, or the "Paraguay *lignum vitae*" tree, from the unique biodiversity of El Chaco, Paraguay; and *Elettaria cardamomum*, or green cardamom, an herbaceous plant native to India and cultivated in Guatemala.

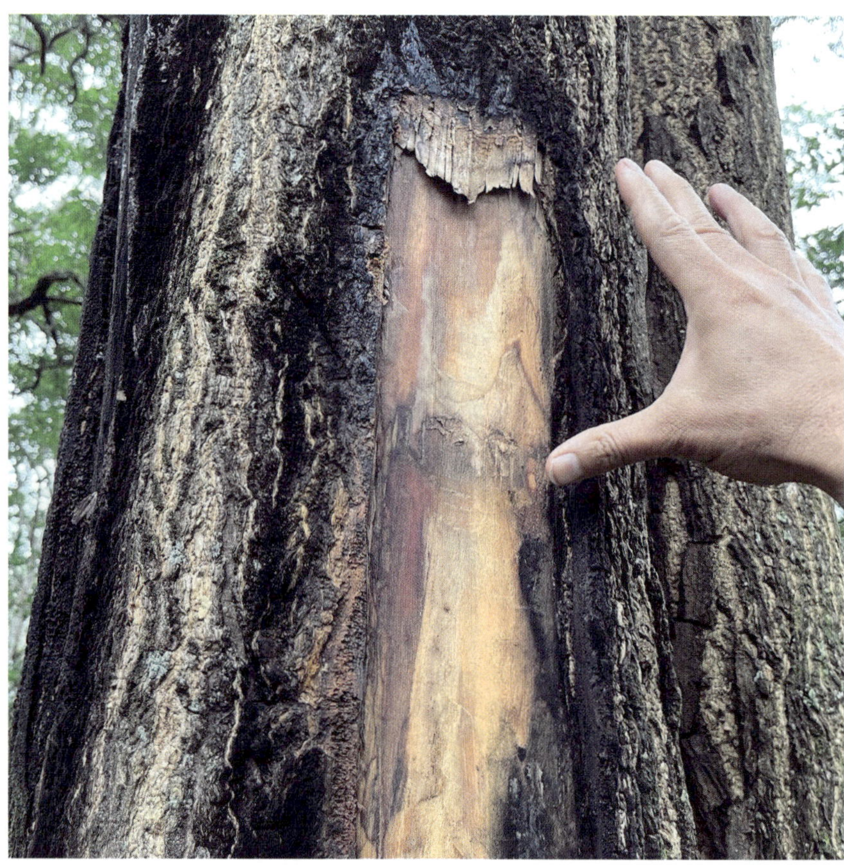

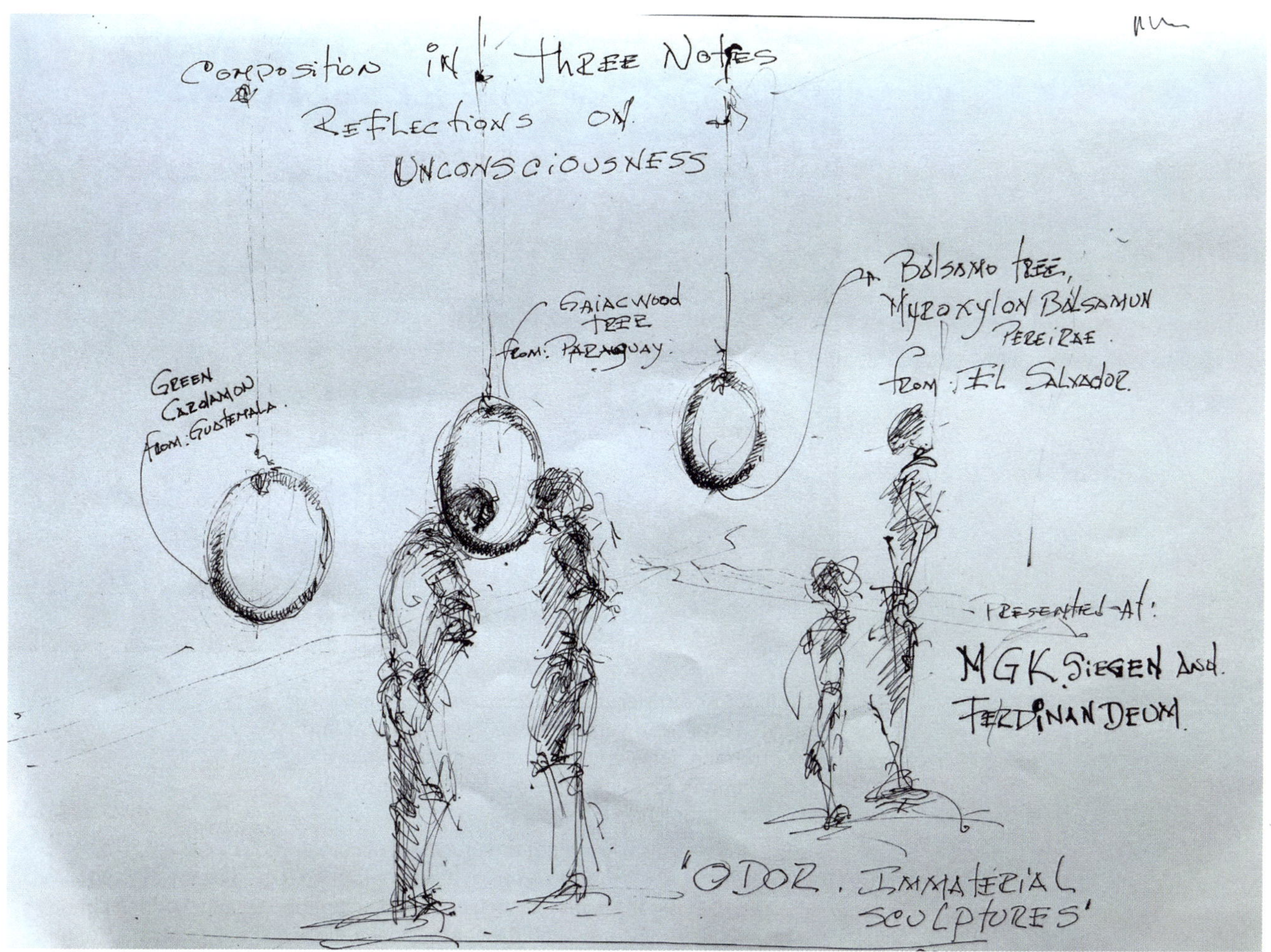

Composition in Three Notes: Reflections on Unconsciousness entstand in Zusammenarbeit mit Elisa Aragón, Nelixia aus Guatemala, und verwendet natürliche Düfte von Pflanzen mit einer langen kulturellen und rituellen Tradition in Südamerika.

Composition in Three Notes: Reflections on Unconsciousness, created in collaboration with Elisa Aragón, Nelixia from Guatemala, uses natural scents from plants with a long cultural and ritual tradition in South America.

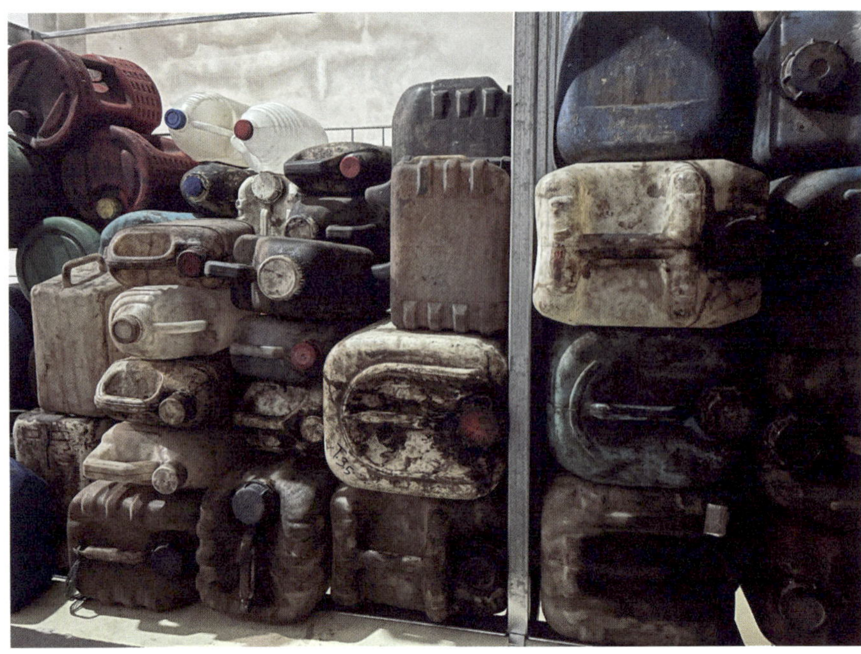

Als Teil der Kolonisierungsprozesse wurden diese aromatischen Stoffe auf verschiedene Weise benutzt und mit Korruption, schwierigen Arbeitsbedingungen und der Handels- und Produktionskette der Parfümindustrie in Verbindung gebracht.

As part of the processes of colonization, these aromatic substances have been appropriated in various ways and have become associated with corruption, difficult working conditions, and the commercial trade and production chain of the perfume industry.

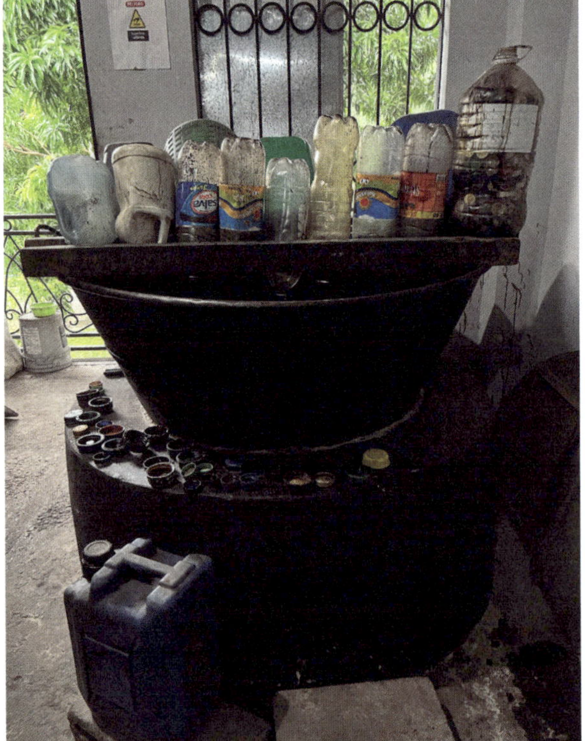

Die Materialien – und die Erfahrung dieser Arbeit, die durch das Medium des Geruchs direkt vom Gehirn aufgenommen wird – können als Fußabdruck eines spezifischen Ortes und einer bestimmten Zeit gelesen werden.

The materials–and the experience of the work taken directly into the brain through the medium of smell–can be read as a footprint of a specific place and time.

In einem gelb gestrichenen Raum,
der an die pigmentierten Zellen eines
Riechepithels erinnert, vermitteln drei
50 Zentimeter lange Gipsringe, die
jeweils mit dem natürlichen Duft einer
der Pflanzen durchtränkt sind, ein
ungefiltertes Dufterlebnis.

Die Arbeiten wurden 2022/23 im
MGKSiegen und im Tiroler Landesmuseum – Ferdinandeum präsentiert.

In a yellow-painted room reminiscent
of the pigmented cells of an olfactory
epithelium, a trio of fifty-centimeter plas-
ter rings, each infused with the natural
fragrance of one of the plants, creates an
unfiltered olfactory experience.

Work presented at MGKSiegen and the
Tyrolean State Museum – Ferdinandeum
in 2022–23.

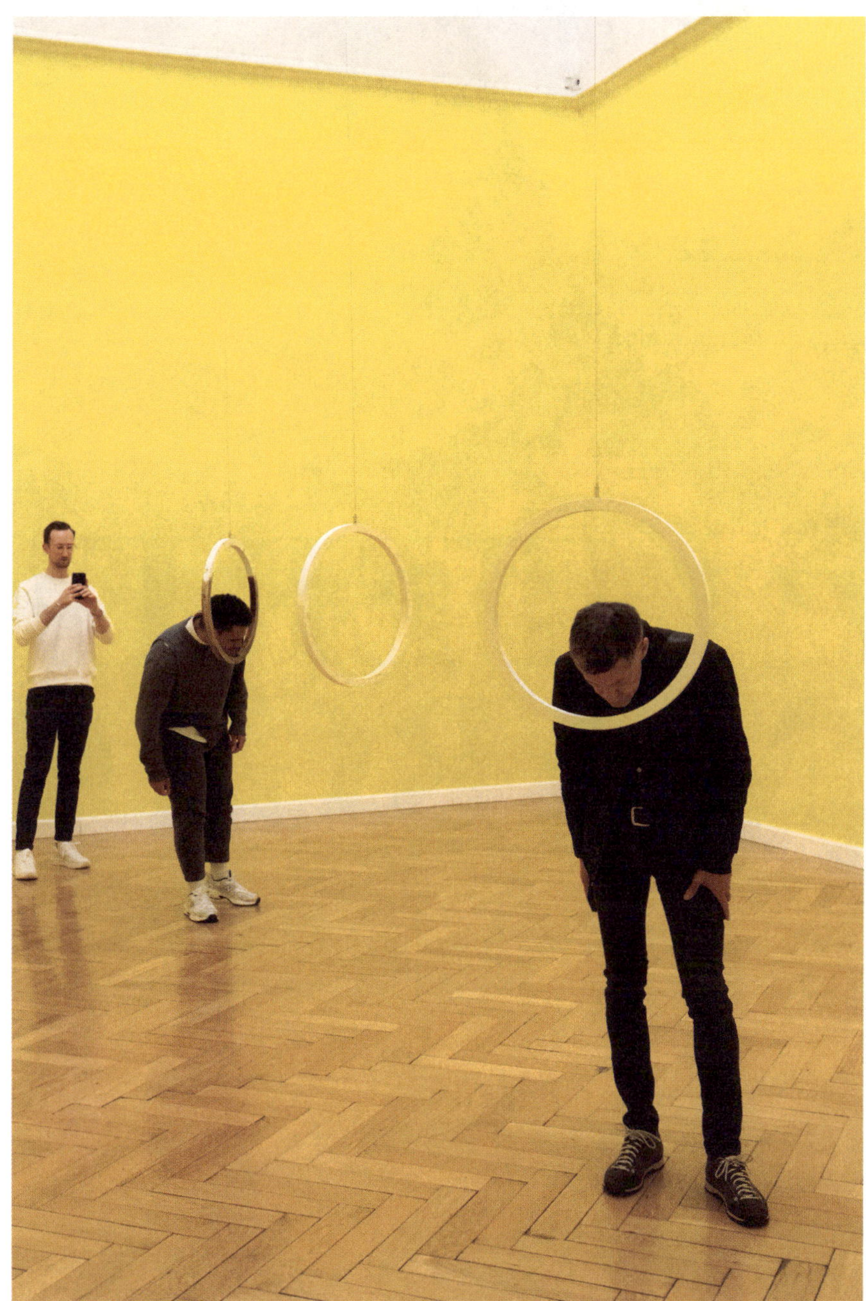

TERESA MARGOLLES

Ich denke, den Körper zu zeigen, das Bild einer Leiche zu zeigen,
verursacht eine Ablehnung des Bildes. Deshalb arbeite ich mit dem, was
die Leiche berührt. Nicht mit der Leiche selbst, sondern mit ihrer Peripherie.
In diesem Fall ist die Peripherie der Geruch. In Lateinamerika, wo wir in
diesem ewigen Krieg leben, in Mexiko, Kolumbien, El Salvador, gewöhnst
du dich daran, die Bilder im Fernsehen, die Leiche in den Medien, in der
Zeitung zu sehen.
Das gibt dir Distanz, weil du nichts riechst.
Du siehst nur das Bild.
Du siehst den Körper, den toten Körper.
Du spürst ihn nicht über den Geruchssinn.
Für mich ist es sehr wichtig, dass der Geruchssinn bewirkt, dass er dich
direkt in die Realität mitnimmt.
Für mich ist es sehr wichtig, dass der Geruchssinn dich direkt in die
Realität bringt.
Das heißt, der Tod ist real.
Er ist kein Bild.
Er ist real.
Und für mich ist es der Geruchssinn, der dich in die Realität bringt.

TERESA MARGOLLES

I think that showing the body, showing the image of a corpse, causes a
rejection of the image. That's why I work with what touches the corpse.
Not with the corpse itself, but with its periphery. In this case, the periphery
is the smell. In Latin America, where we live in this eternal war, in Mexico,
Colombia, El Salvador, you get used to seeing the images on television, the
corpse in the media, in the newspaper.
It gives you distance because you can't smell anything.
You only see the image.
You see the body, the dead body.
You don't feel it through your sense of smell.
For me, it's very important that the sense of smell has the effect of taking
you directly into reality.
For me, it is very important that the sense of smell brings you directly into
reality.
This means that death is real.
It is not an image.
It is real.
And for me, it is the sense of smell that brings you into reality.

TERESA MARGOLLES

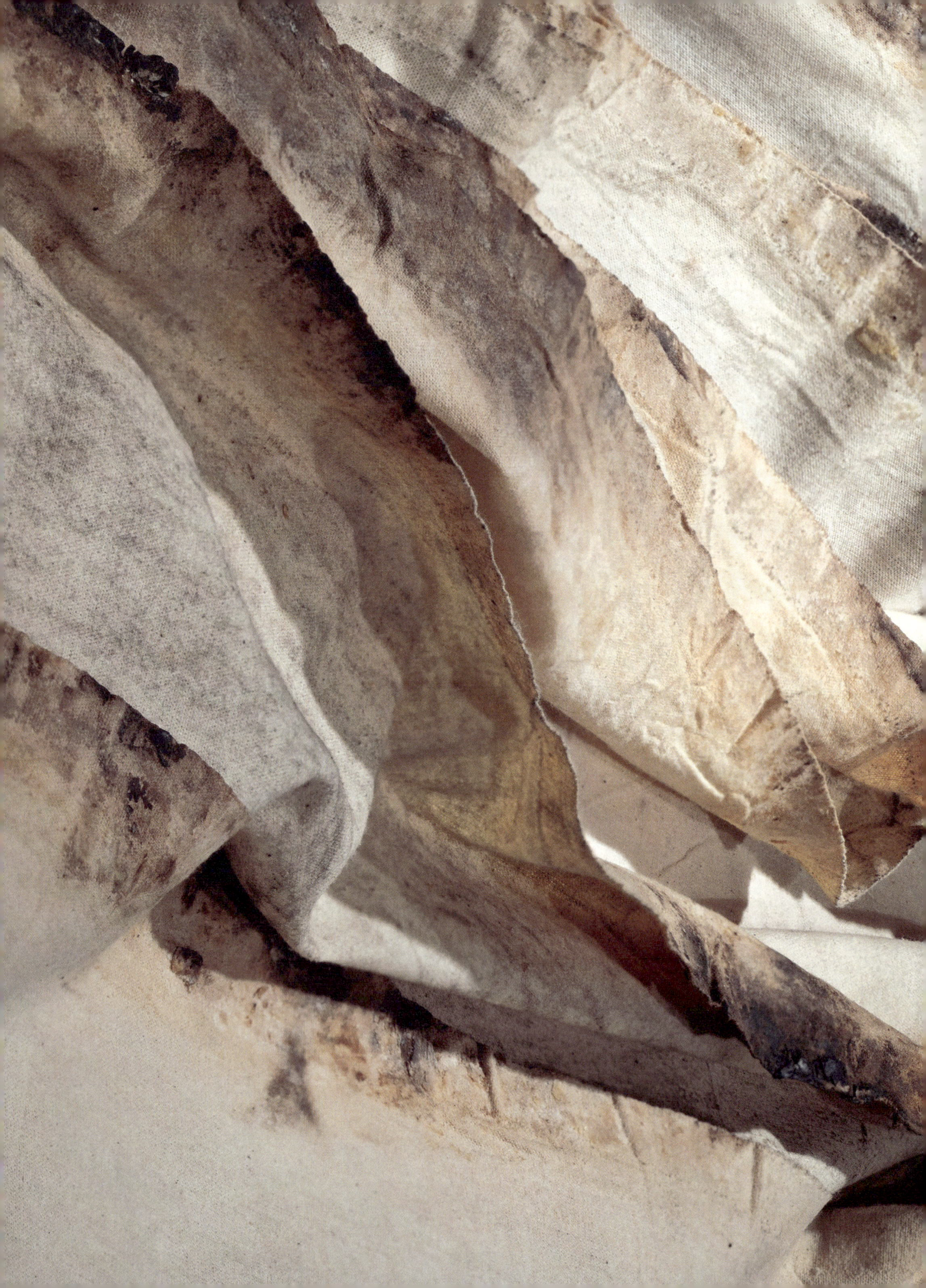

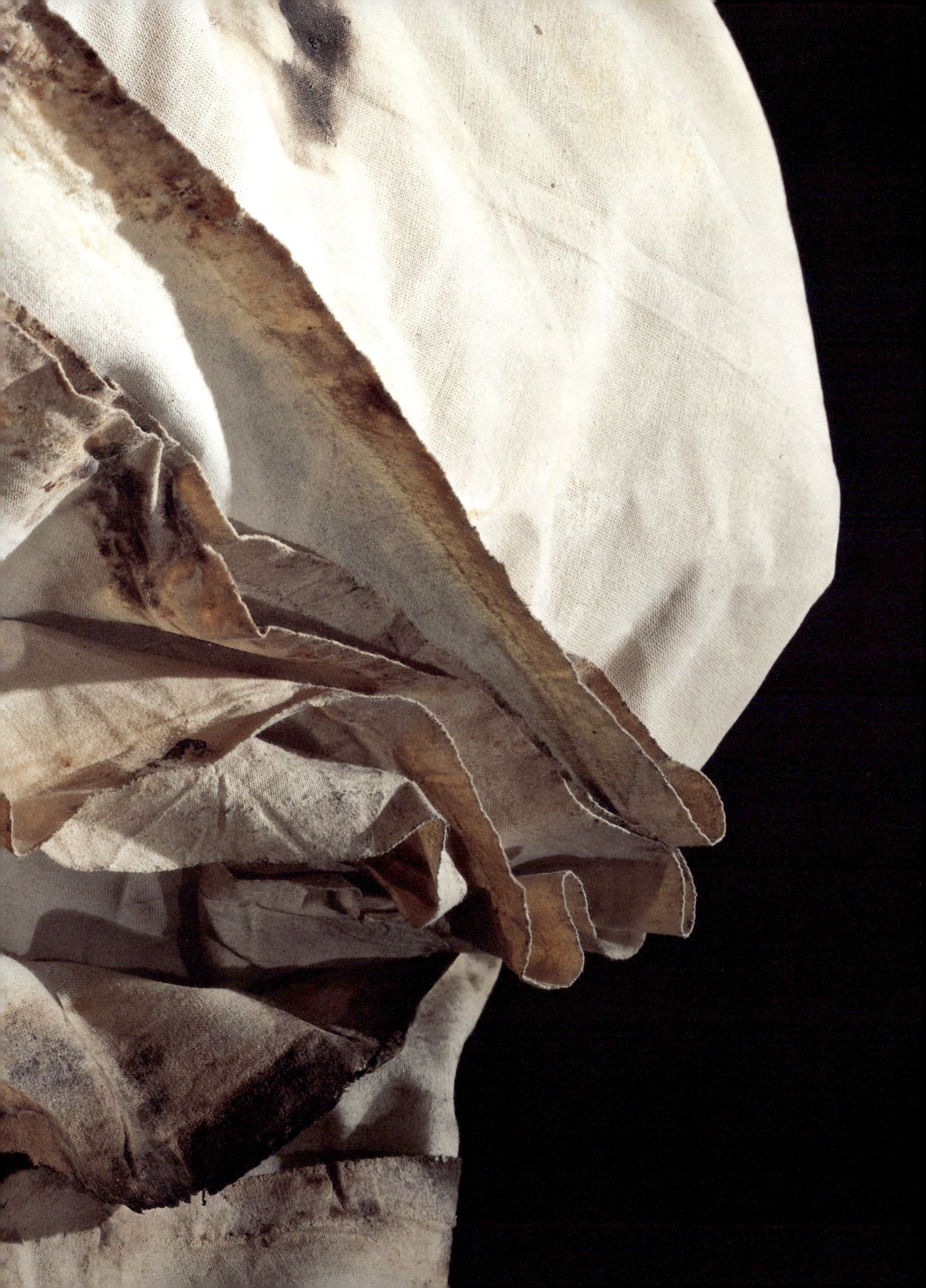

PAMELA ROSENKRANZ

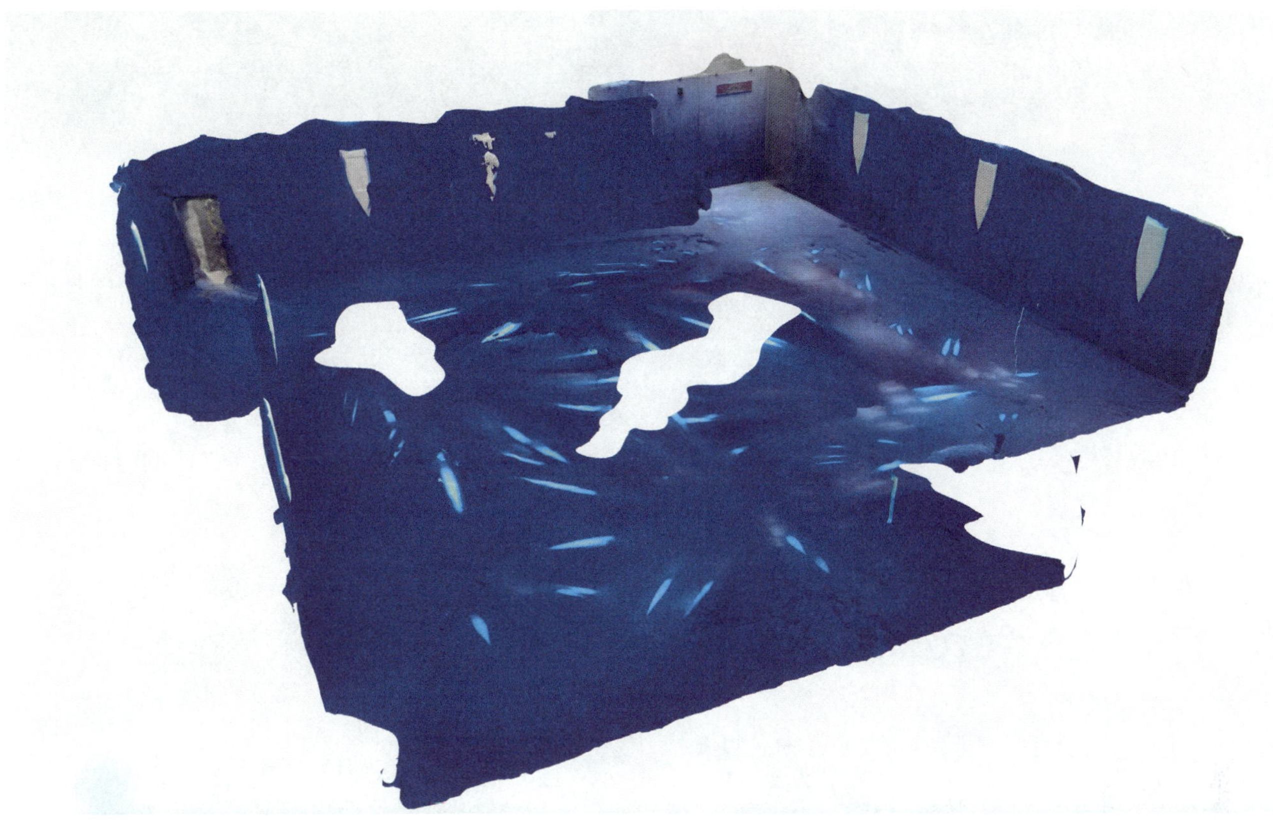

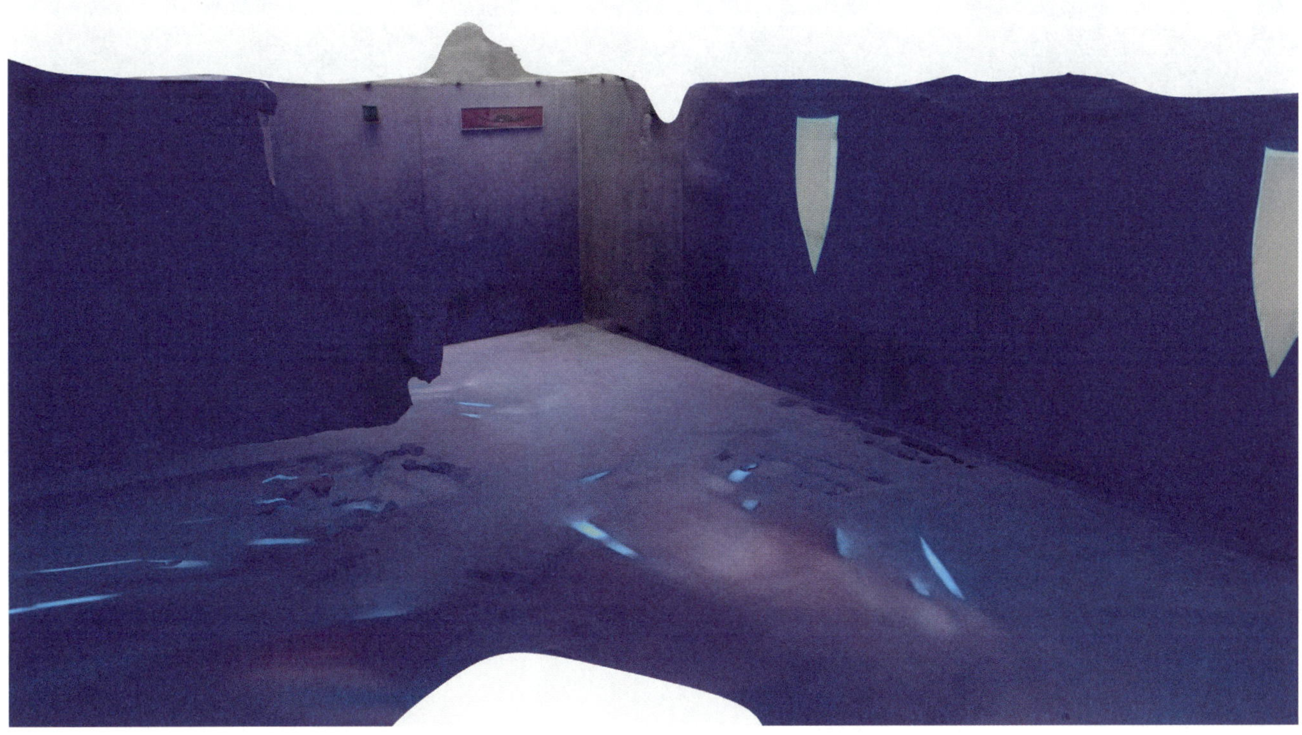

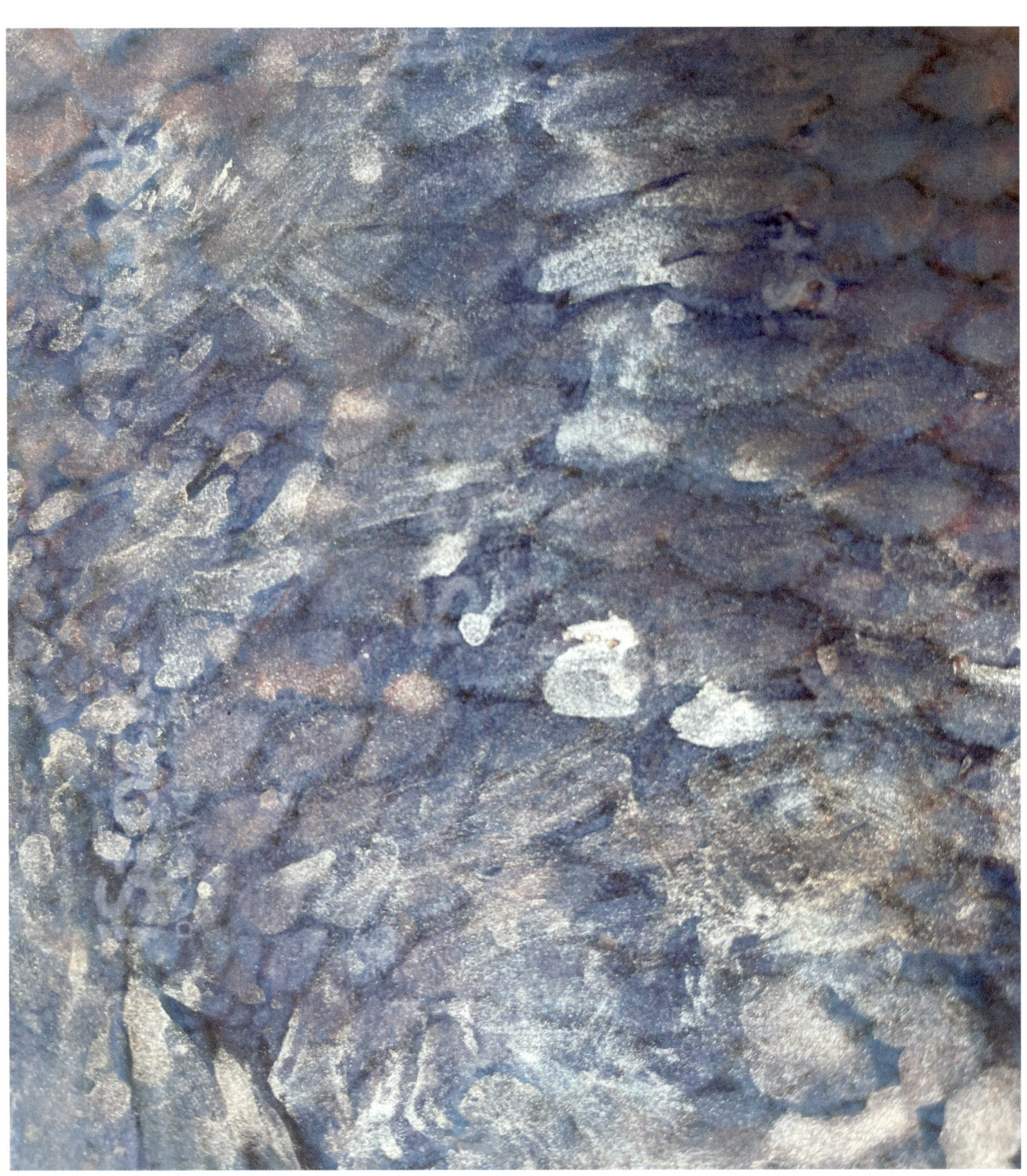

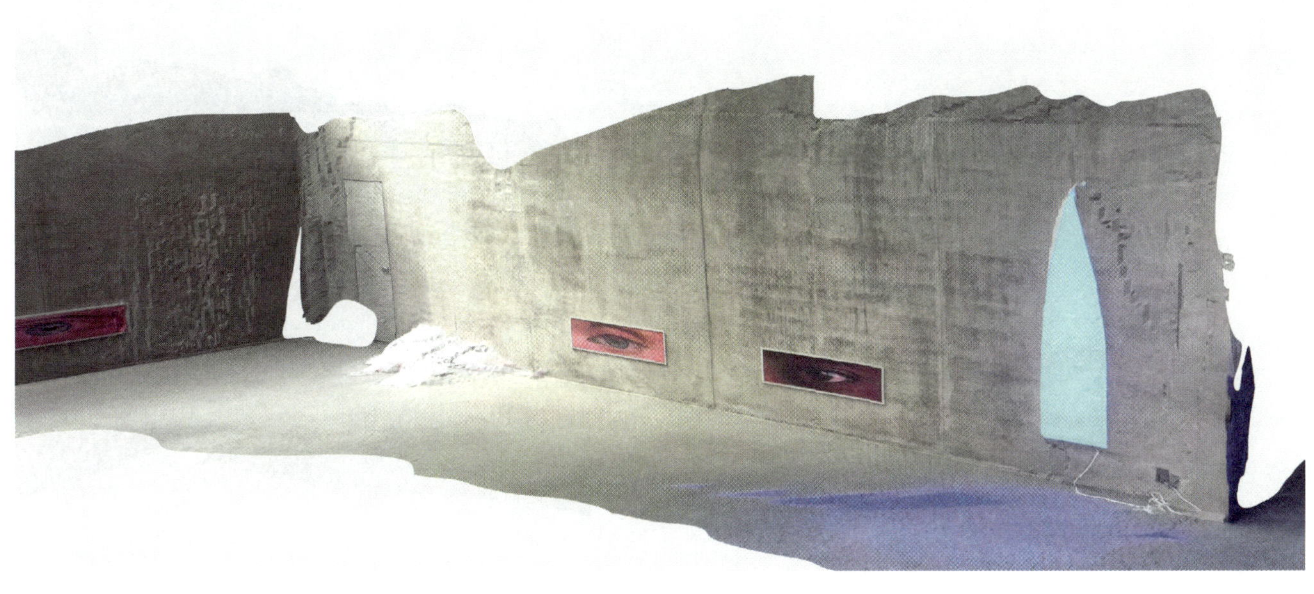

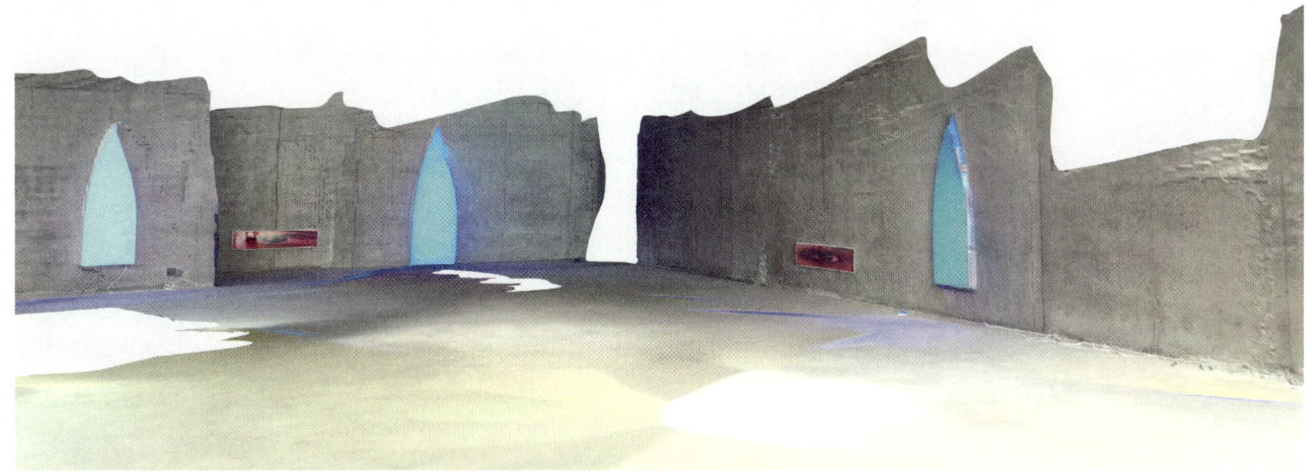

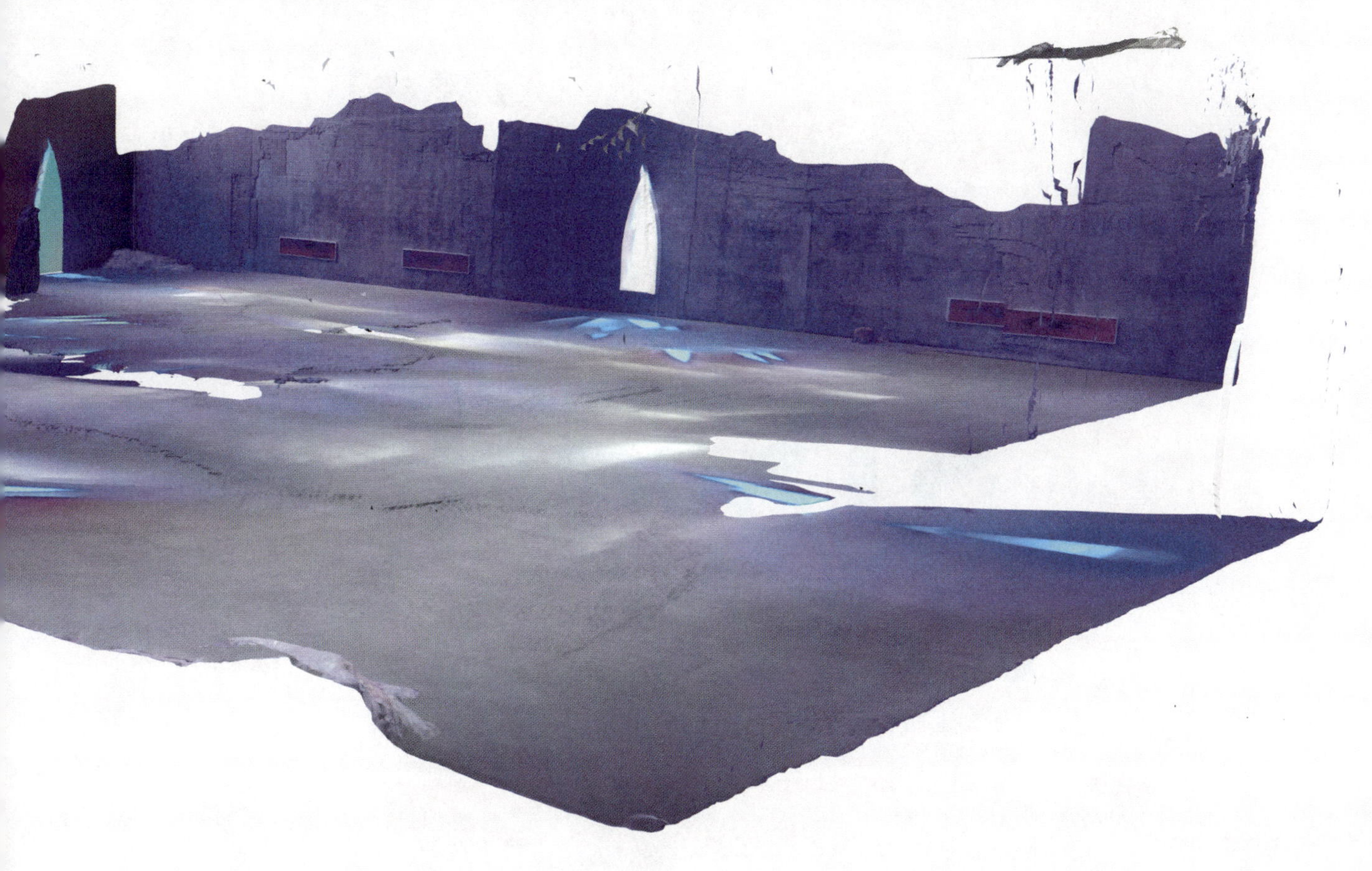

SISSEL TOLAAS

*f*ART

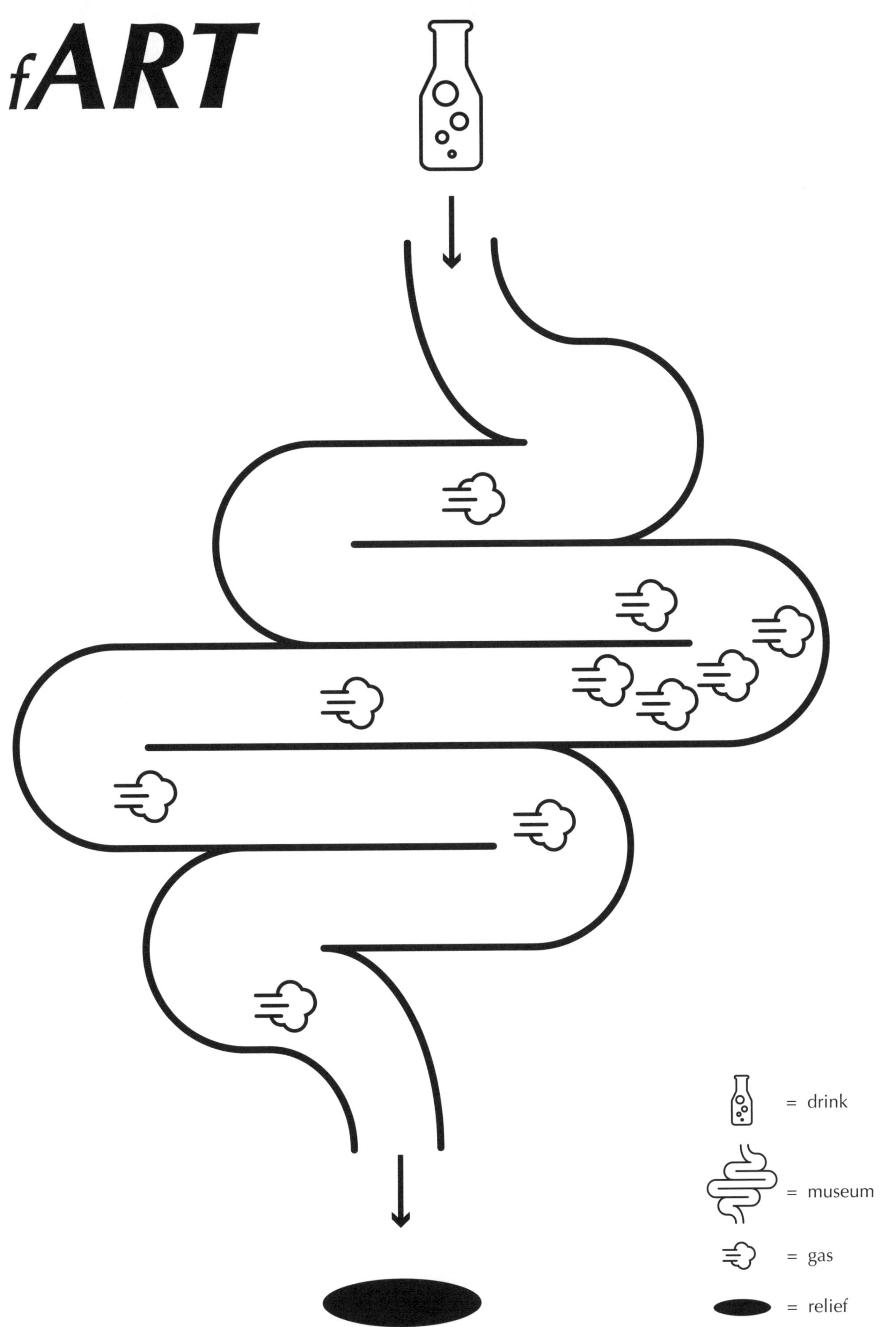

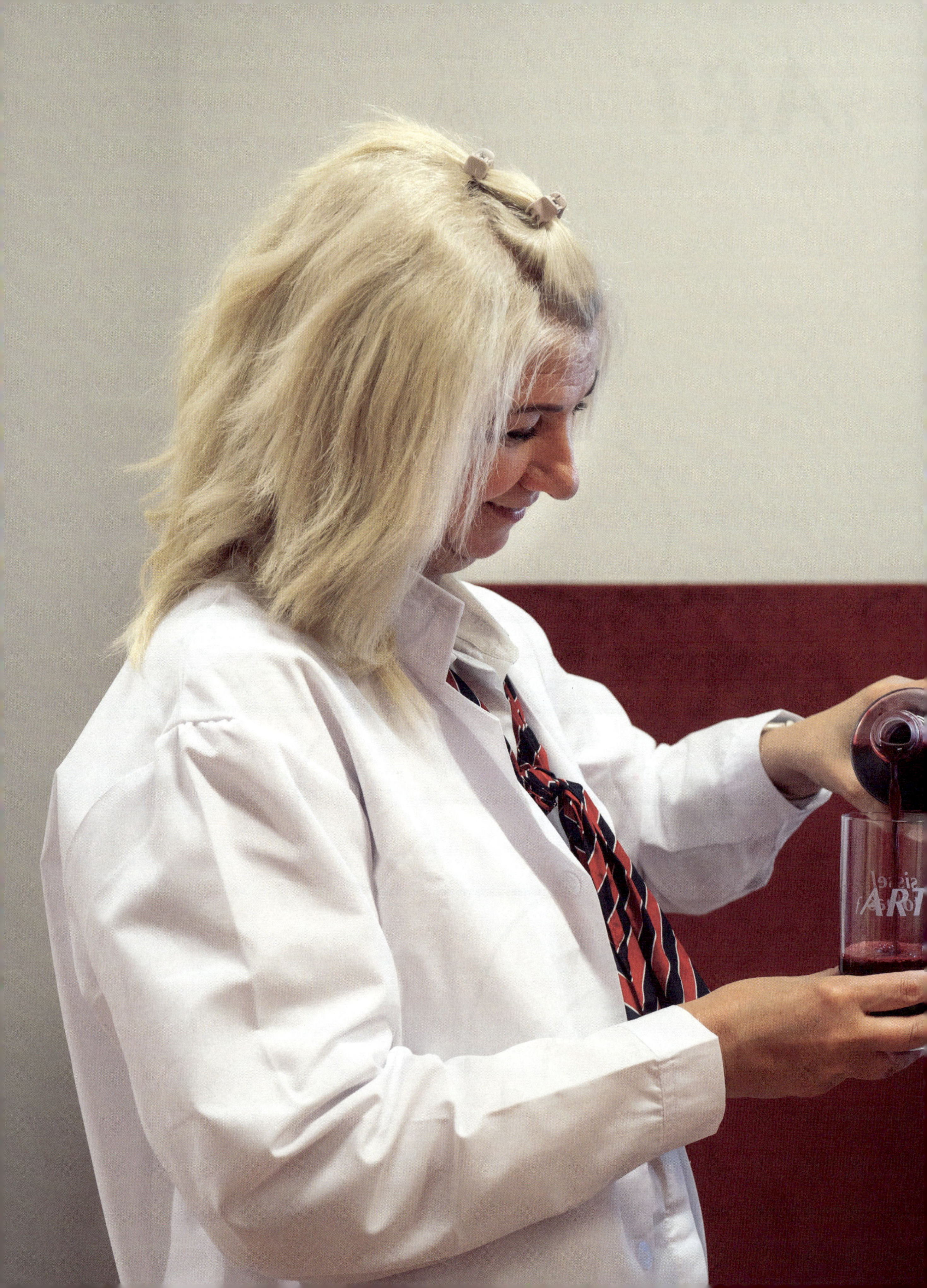

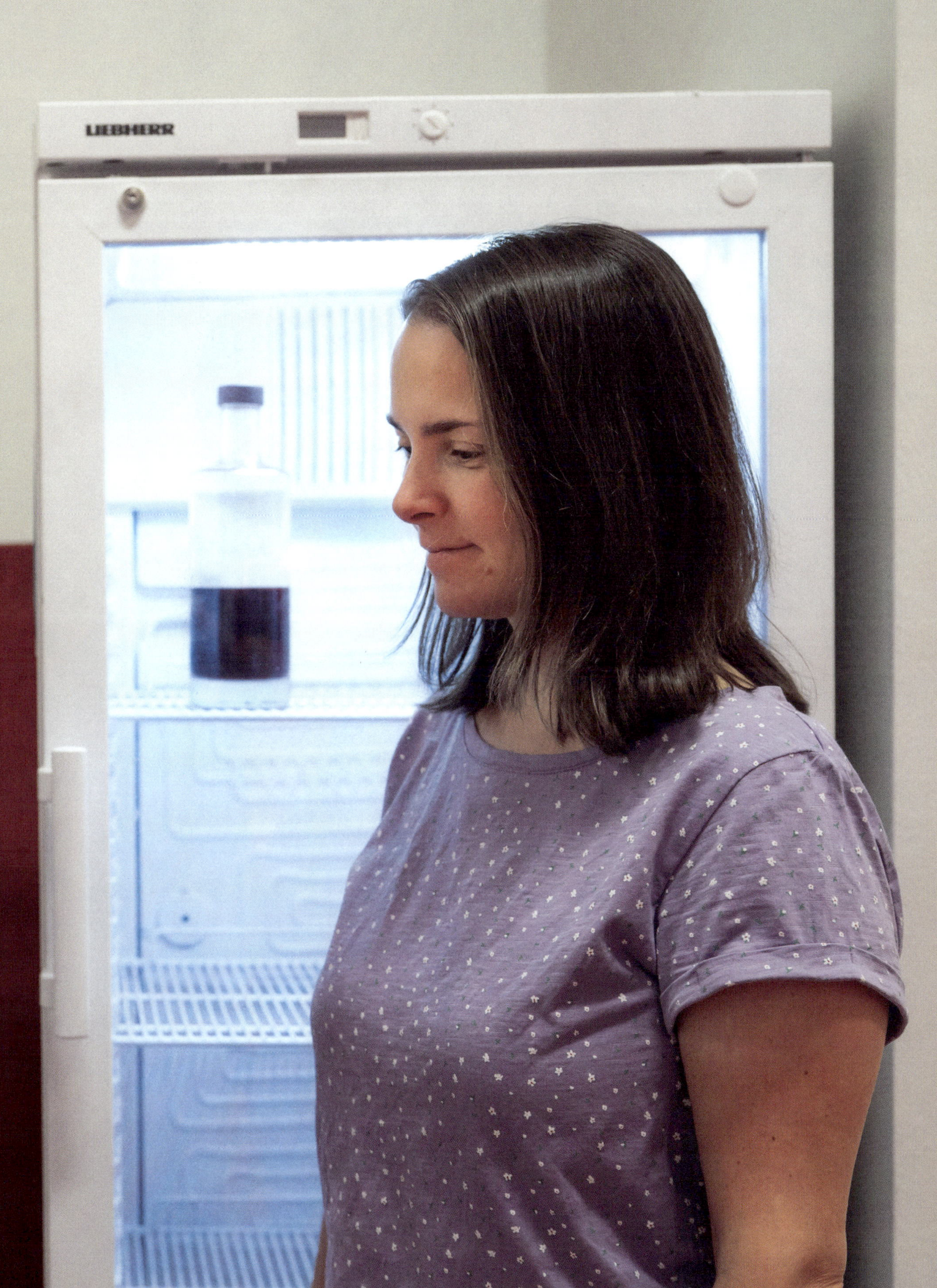

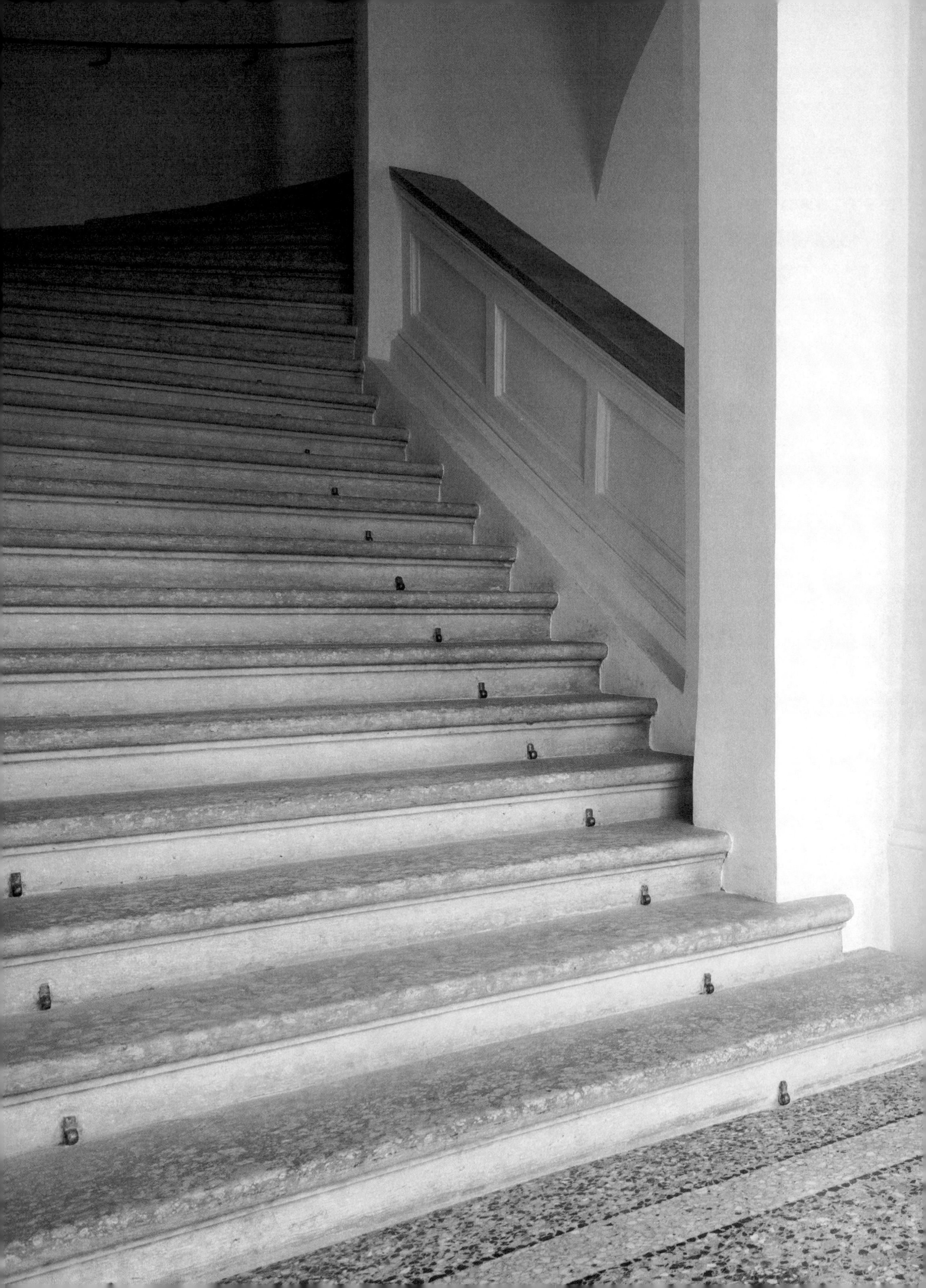

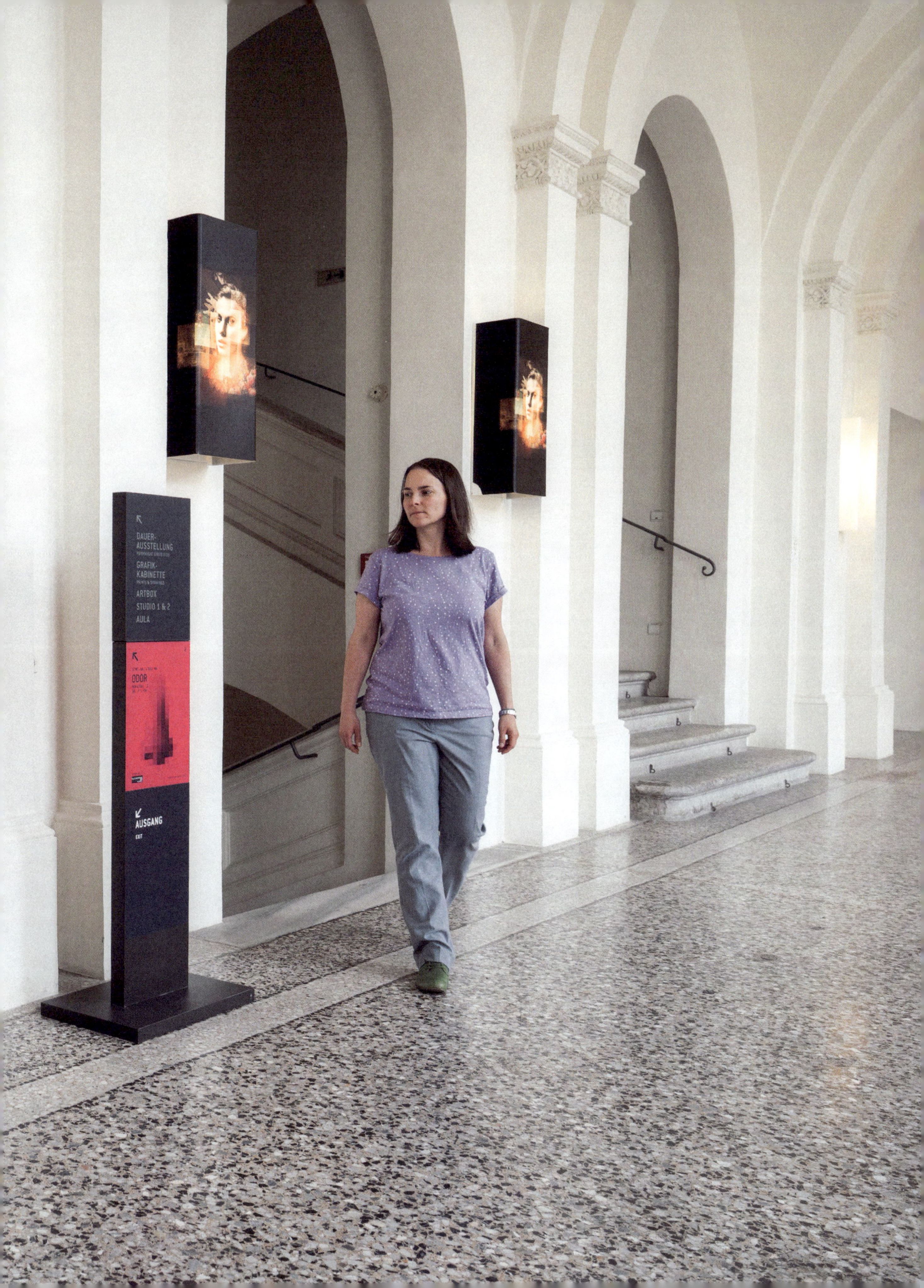

DAUER-
AUSSTELLUNG
PERMANENT EXHIBITION

GRAFIK-
KABINETTE
PRINTS & DRAWINGS

ARTBOX

STUDIO 1 & 2

AULA

ODOR

AUSGANG
EXIT

ODOR

Immaterielle Skulpturen

In neun olfaktorisch voneinander getrennten Räumen präsentiert „ODOR – Immaterielle Skulpturen" eine Auswahl an Werken internationaler Künstler·innen, welche Geruch als Riech- und Raumerfahrung in den Mittelpunkt der Kunst rezeption stellen. Gezeigt werden fast ausschließlich immaterielle Skulpturen, darunter bestehende Werke ebenso wie Neuproduktionen, die in Bezug zum Ort entwickelt wurden.

Ausgehend von der unmittelbaren Erfahrung des Riechens und in der Zusammenschau berührt die Ausstellung dabei auch sehr aktuelle wie existenzielle Themen wie Selbstempfinden, Körperlichkeit, Vergänglichkeit, Politik oder Klima. Sie stellt zudem die formale Frage nach dem Wechselverhältnis der Sinne als Bestandteil künstlerischer Erfahrung.

Das Unsichtbare, aber Wahrnehmbare, das Olfaktorische der Ausstellung „ODOR" soll das Publikum für eine nahe Zukunft sensibilisieren, die vom Immateriellen wie Fake News, digitalen Technologien oder Viren massiv verändert wird.

Gefördert durch die

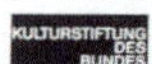

In Kooperation mit dem MGK Siegen

ODOR

Immaterial Sculptures

In nine rooms that are separate in olfactory terms, "ODOR – Immaterial Sculptures" presents a selection of works by international artists who place smell as an olfactory and spatial experience at the centre of the experience of art. The sculptures on display are almost exclusively immaterial. They include pre-existing works as well as new ones that have been developed with reference to the location.

Based on the immediate experience of smelling and in the overview the exhibition also touches on current, existential issues such as self-perception, corporeality, transience, politics and climate. It also explores the formal question of the interrelationship of the senses as an integral part of the artistic experience.

The invisible but perceptible, the olfactory nature of the exhibition is intended to sensitise visitors to a near future that is being drastically changed by intangibles such as fake news, digital technologies and viruses.

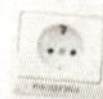

Mit Ausstellungsbeiträgen in räum
With exhibition contributions in sp

Sissel Tolaas

Carsten Höller

Luca Vitone

Teresa Margolles

Koo Jeong A

Jason Dodge

Pamela Rosenkr

Oswaldo Maciá

Clara Ursitti

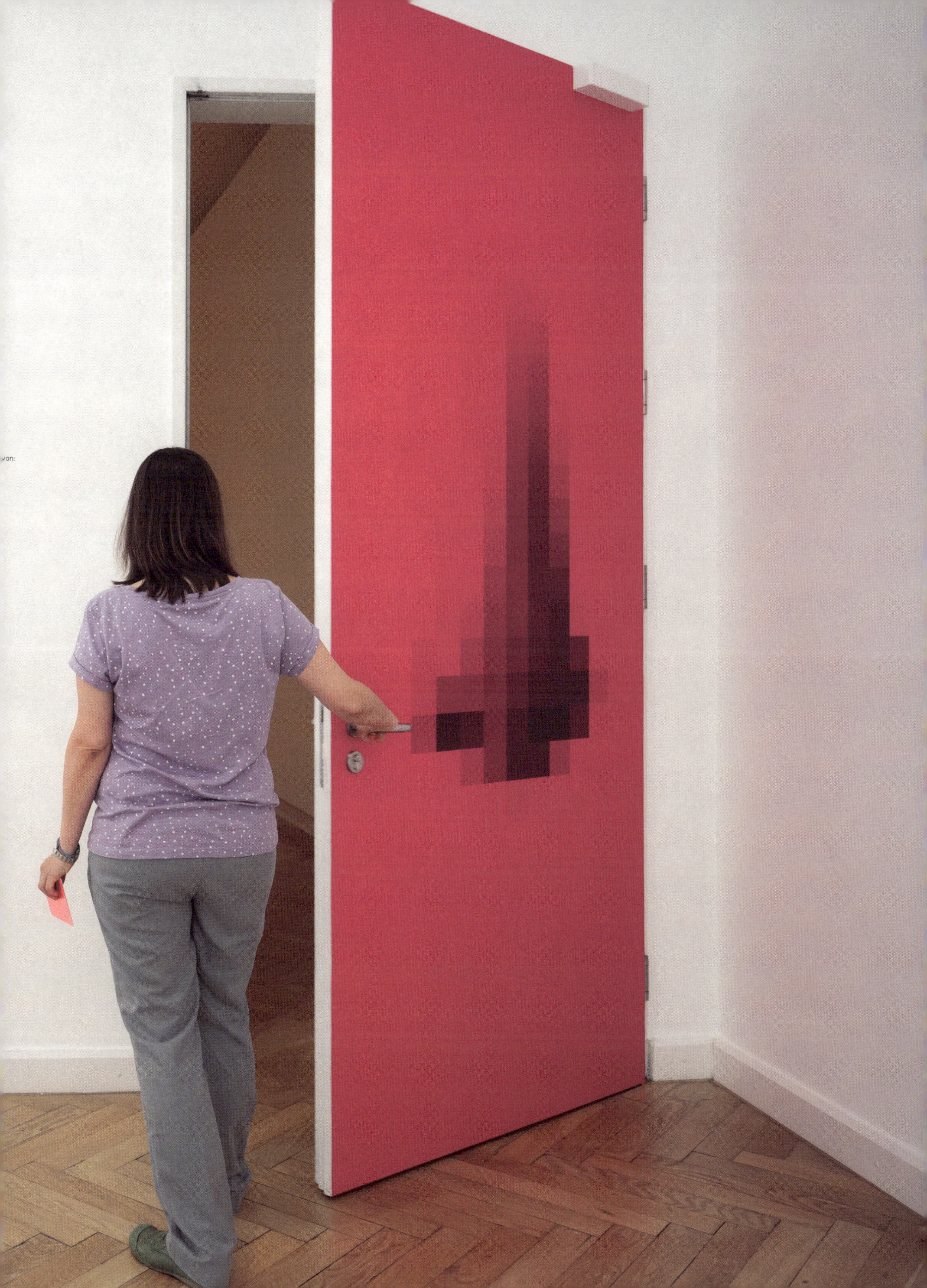
von:

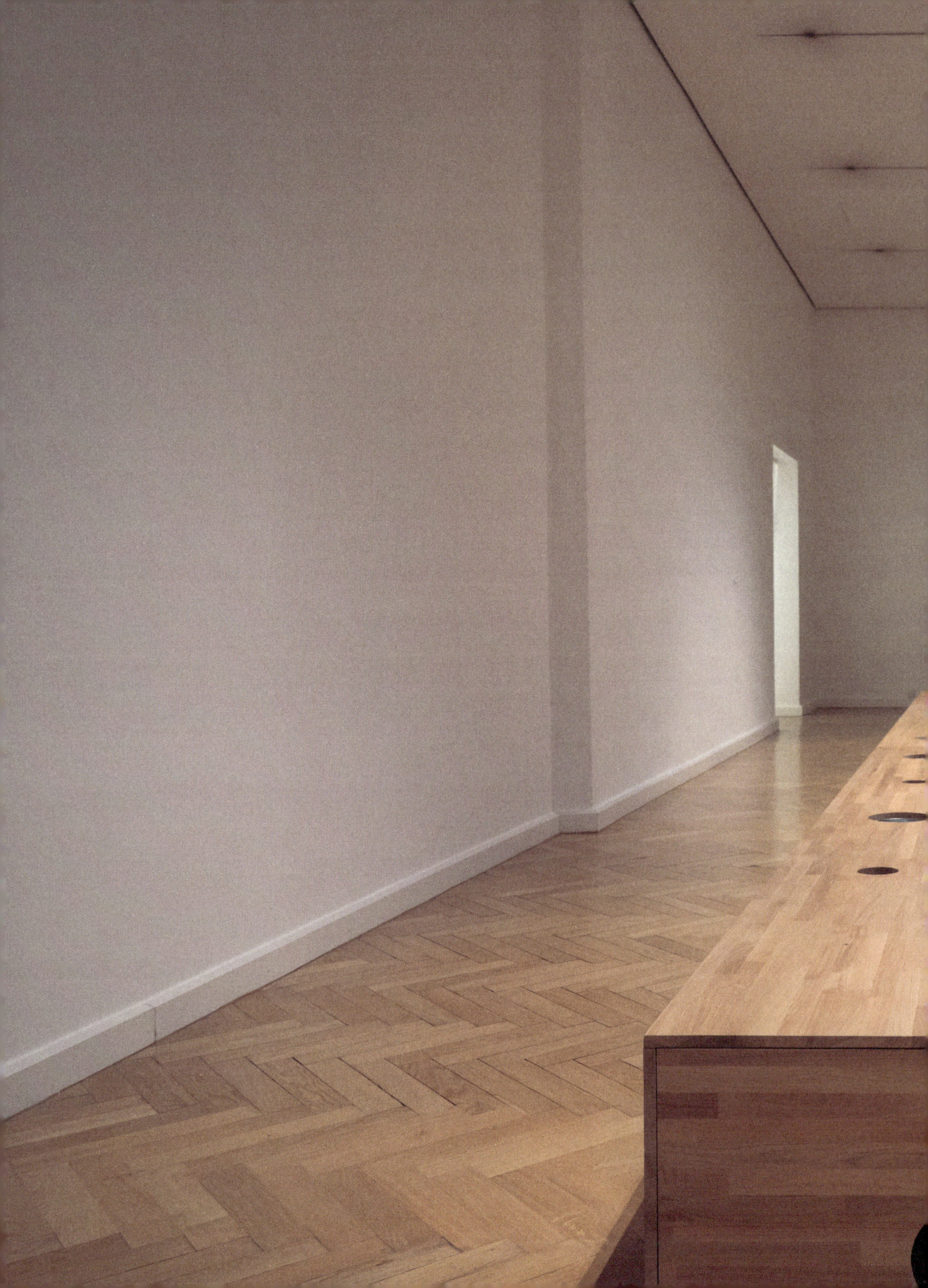

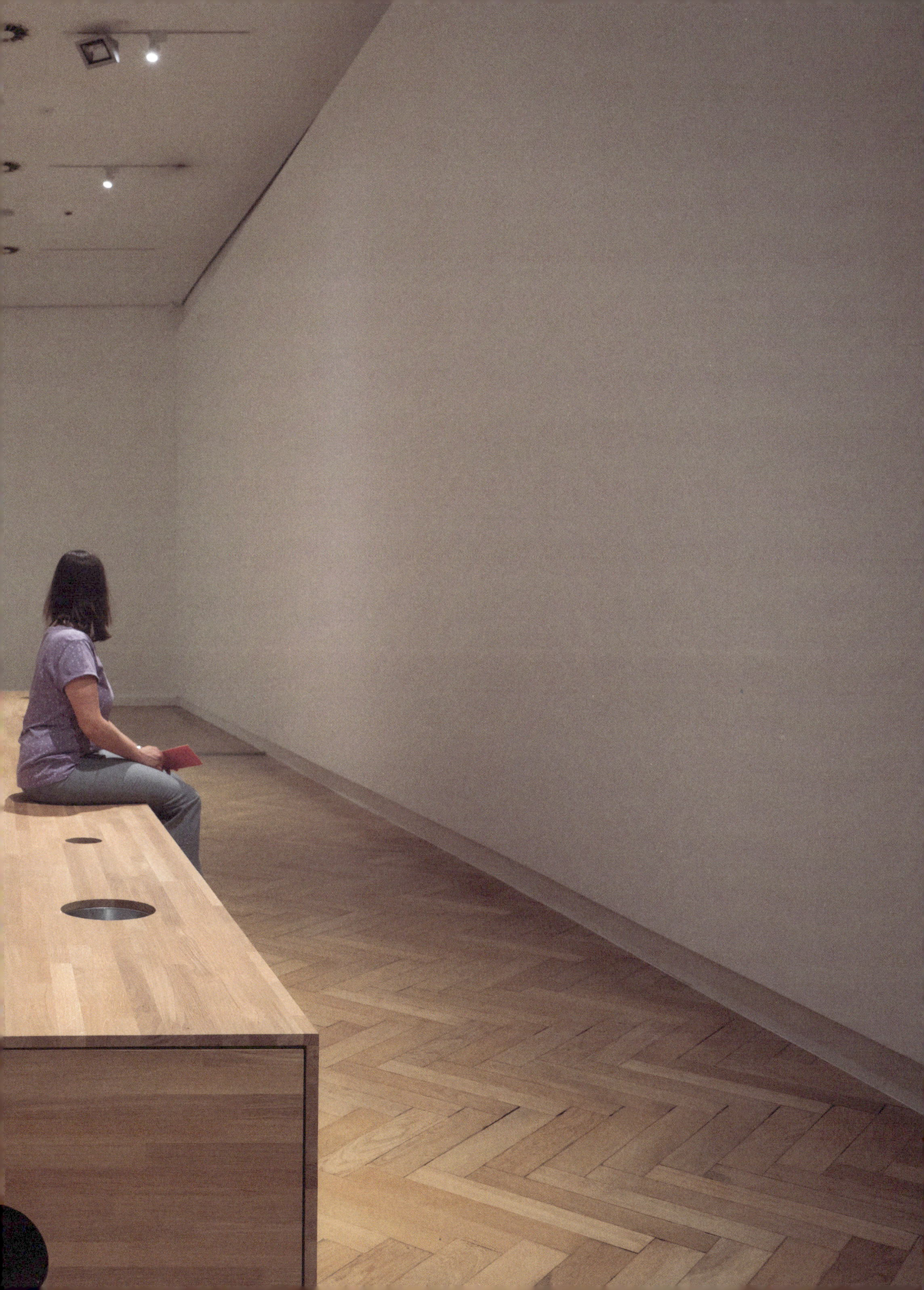

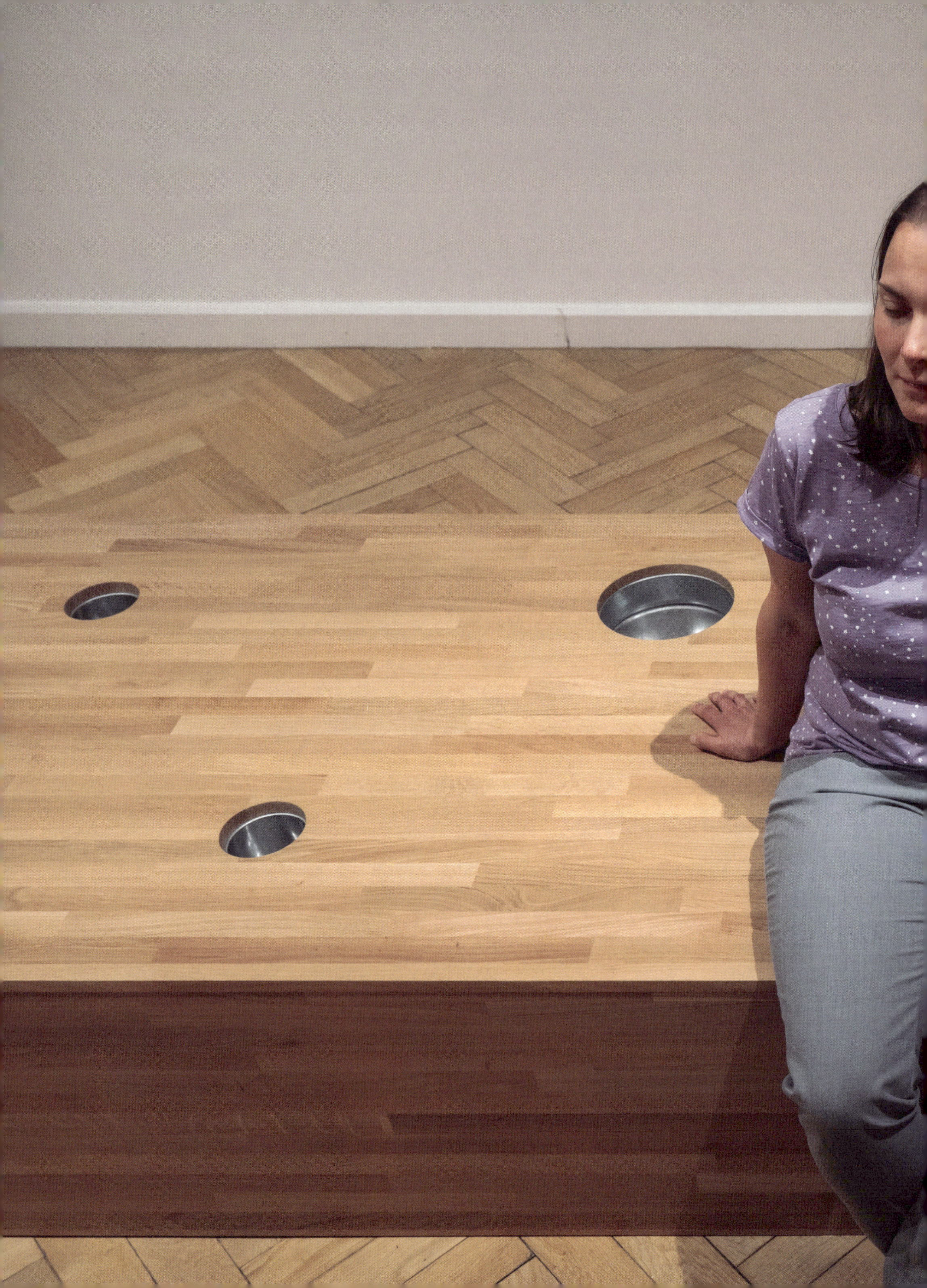

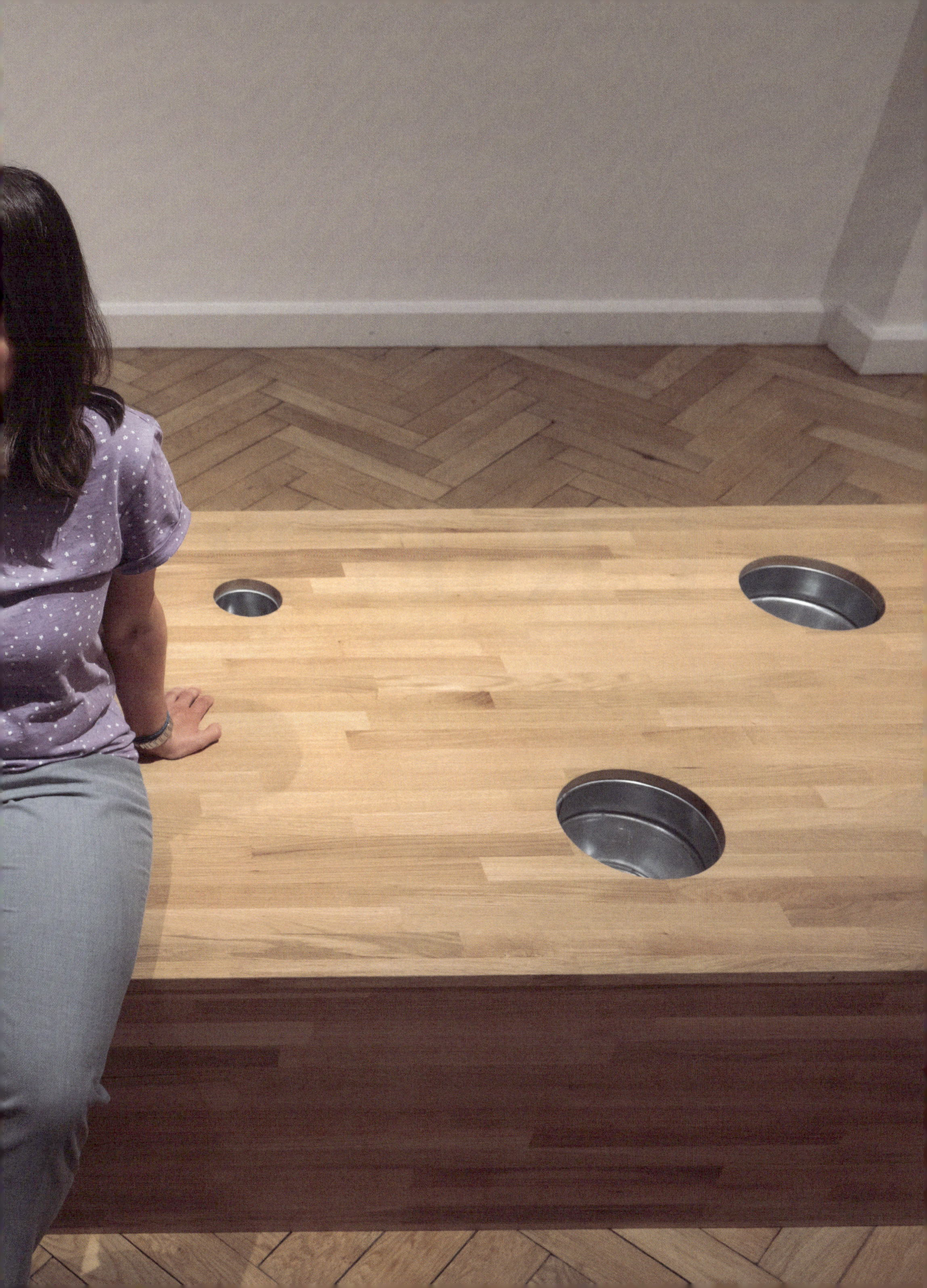

CLARA URSITTI

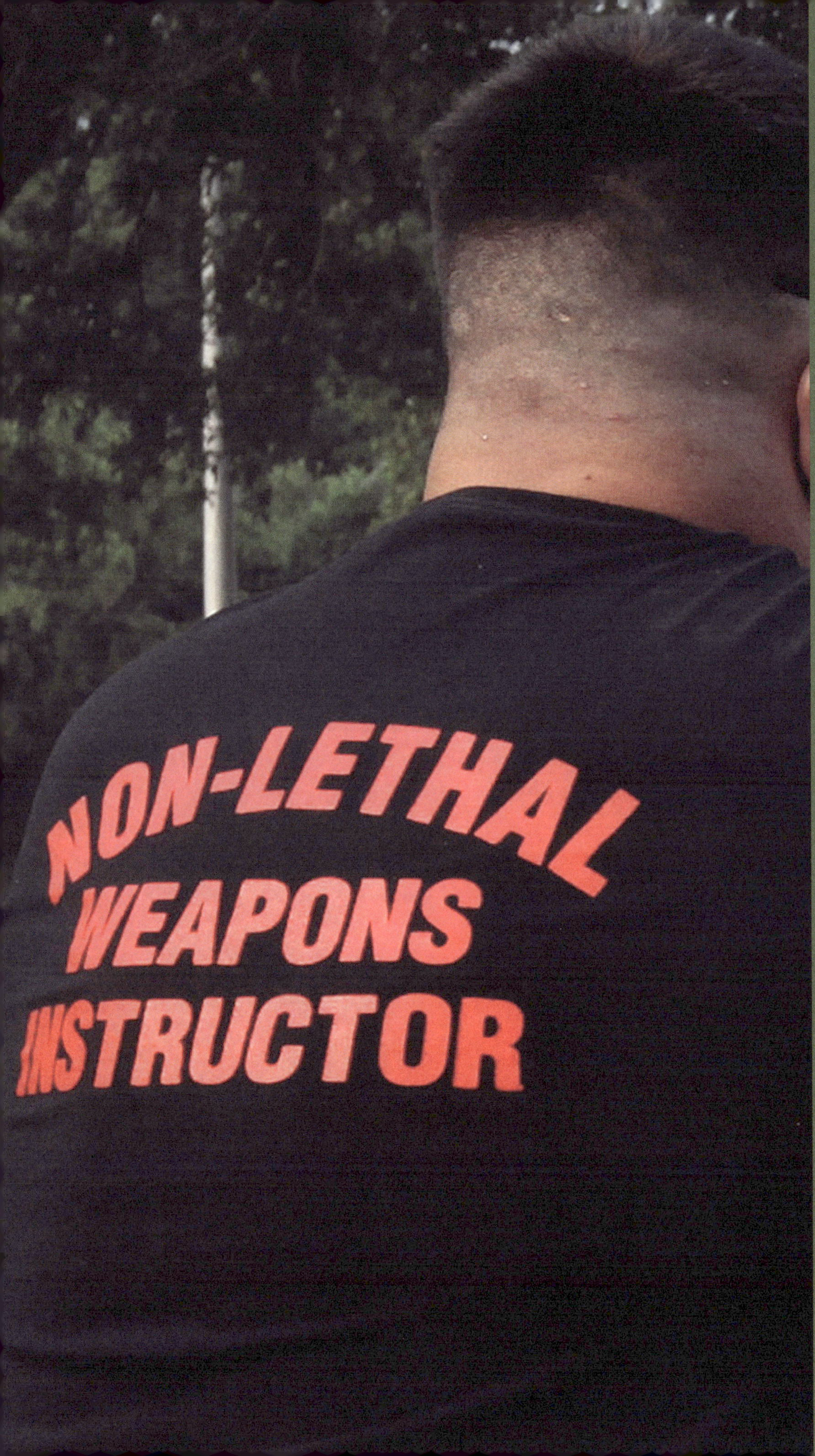

NON-LETHAL
WEAPONS
INSTRUCTOR

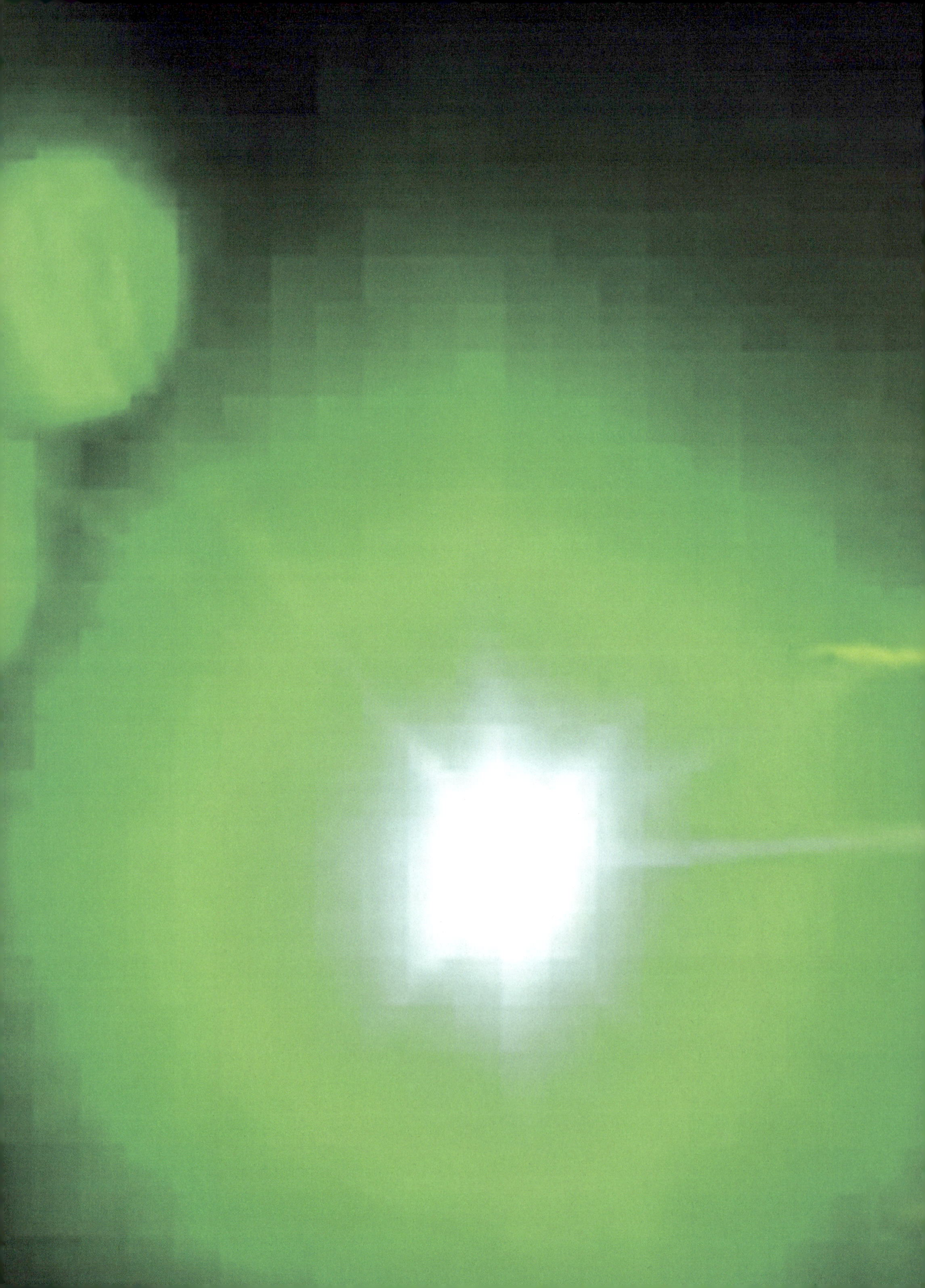

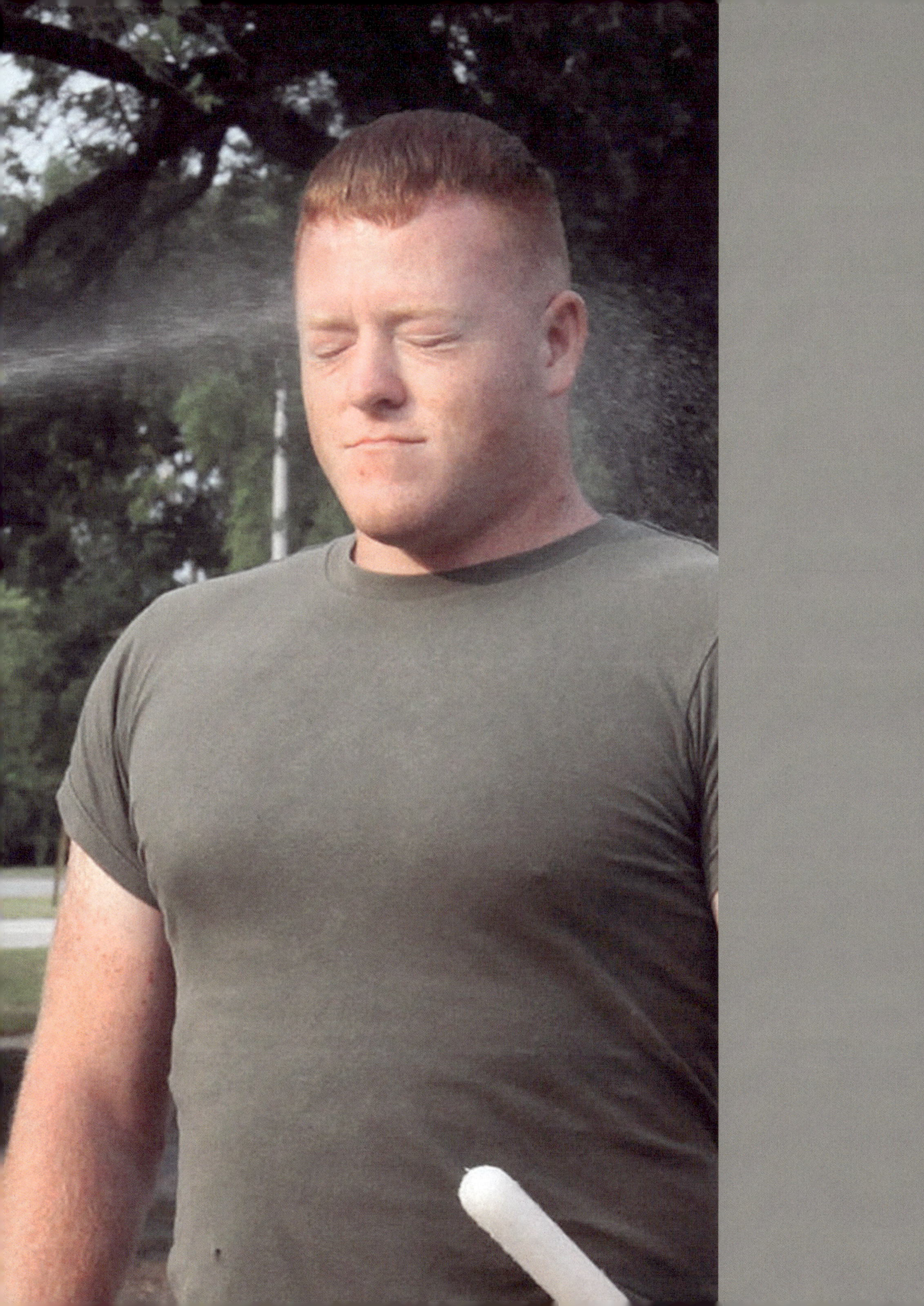

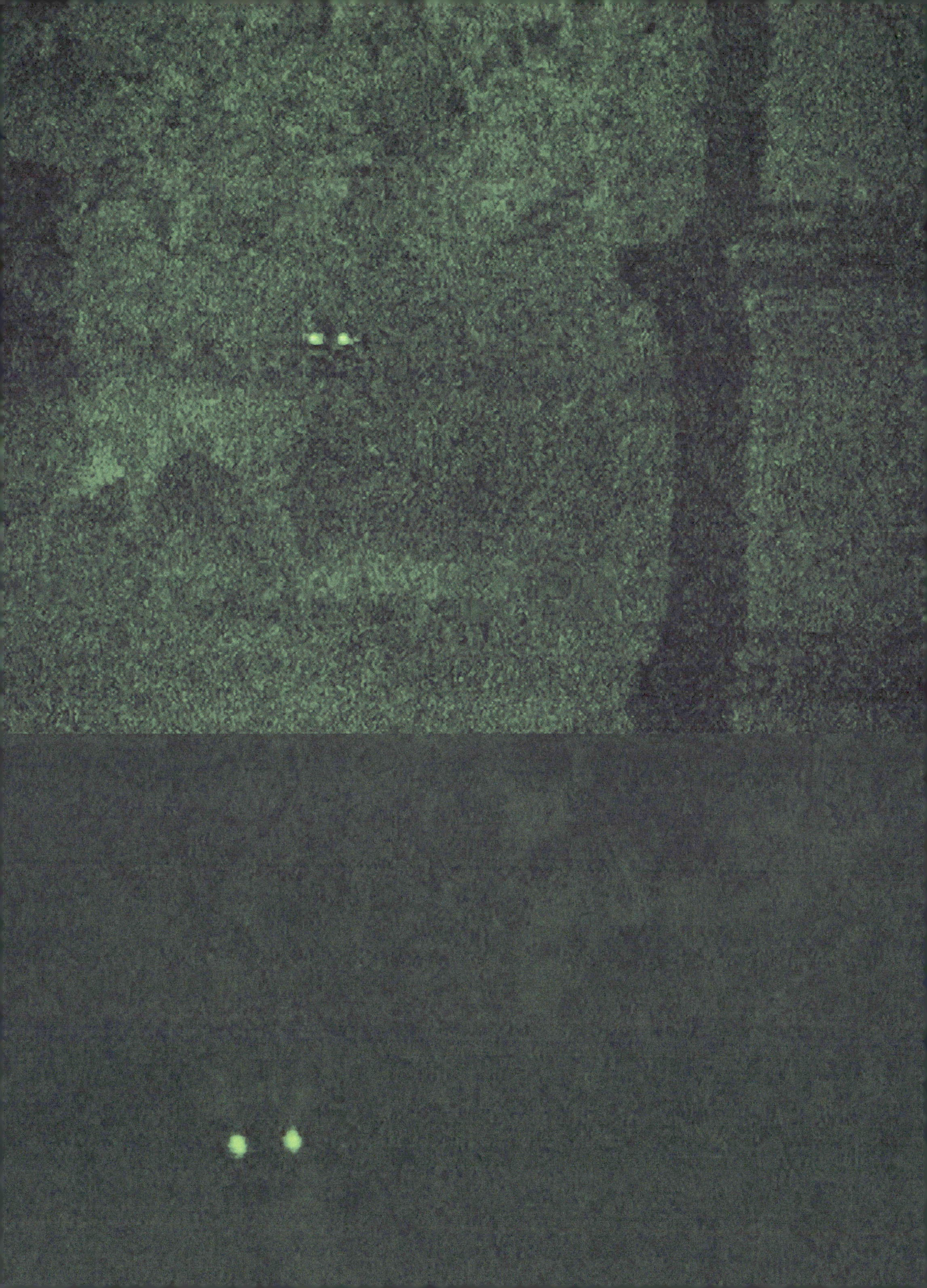

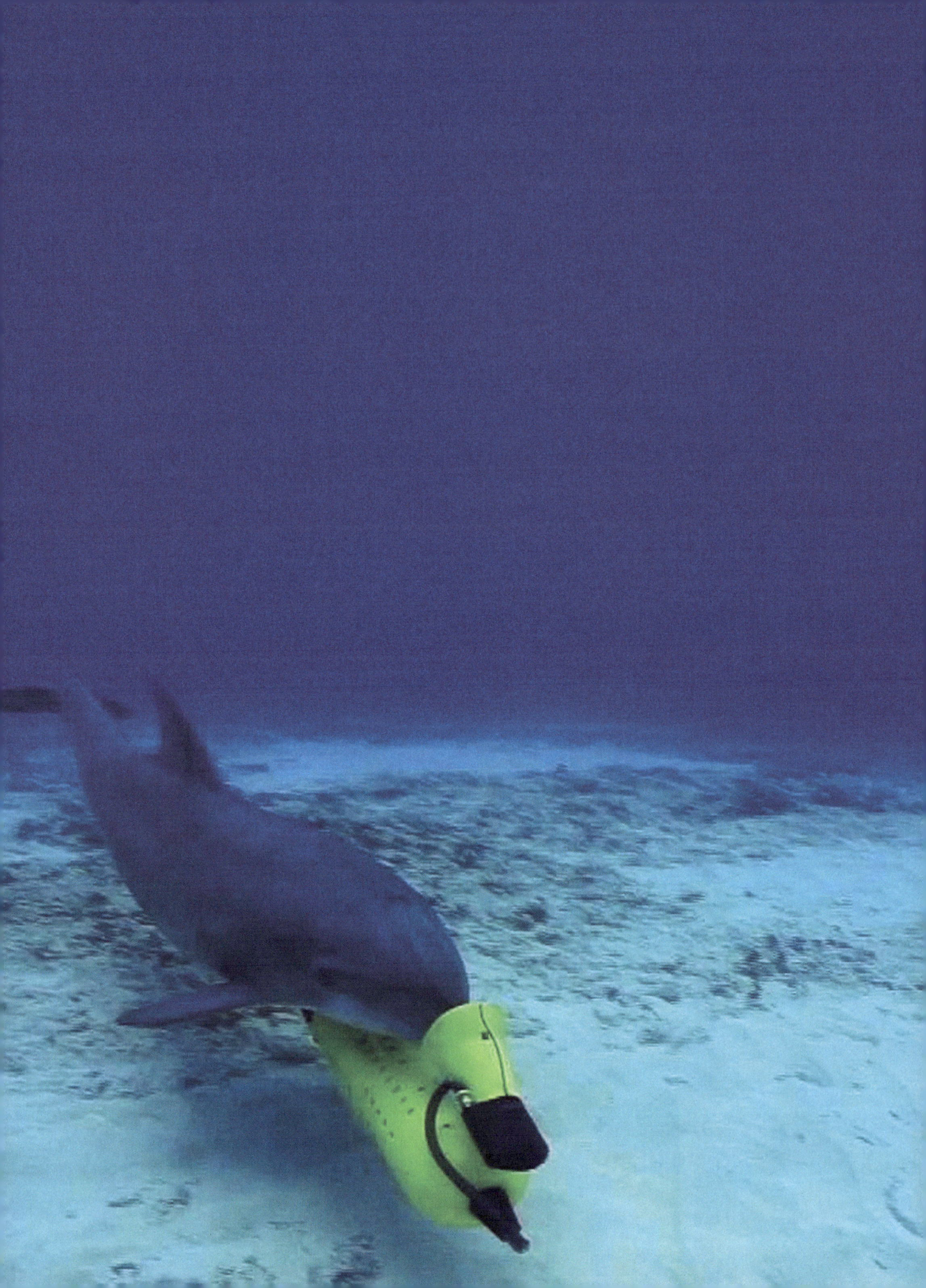

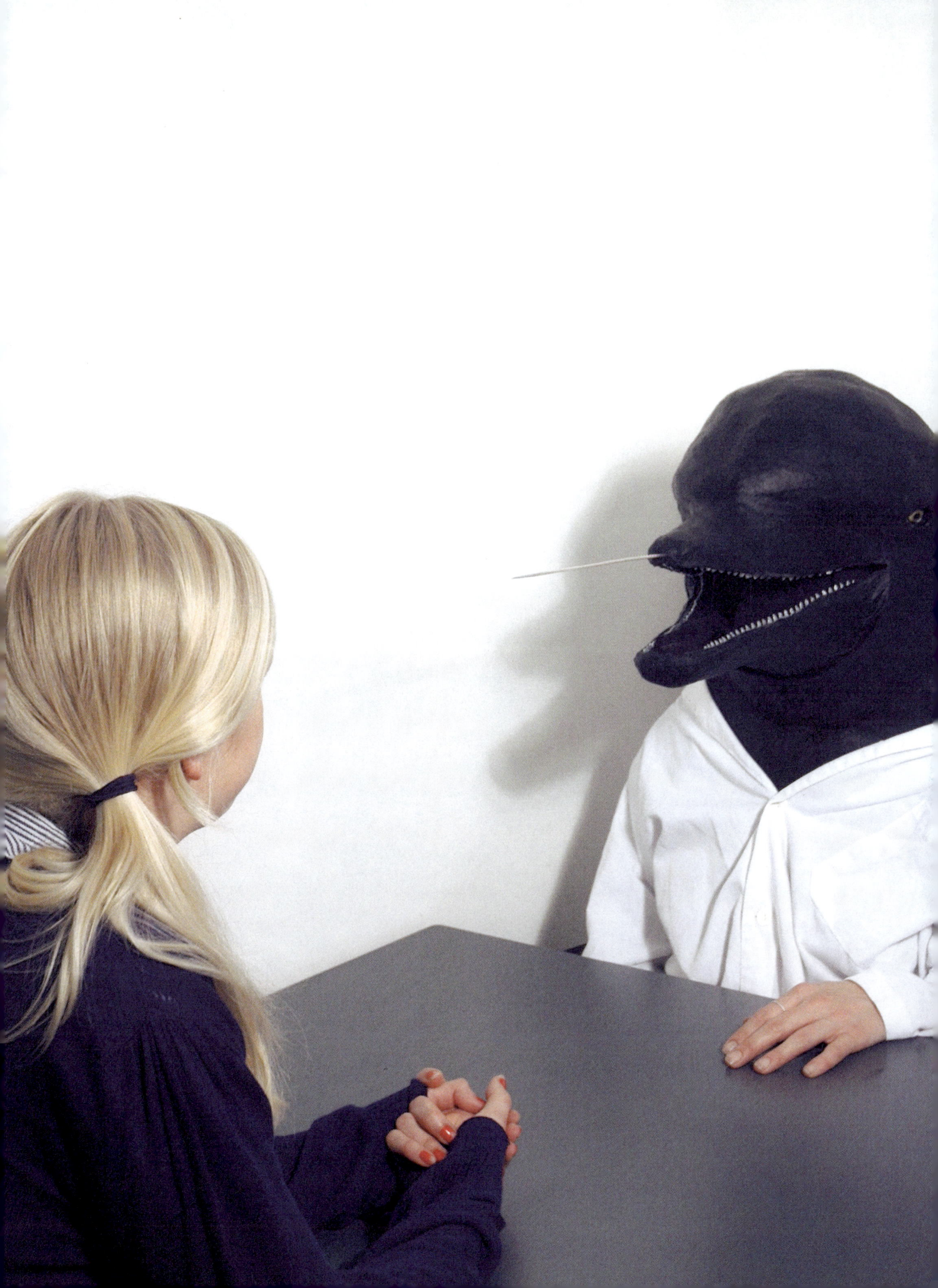

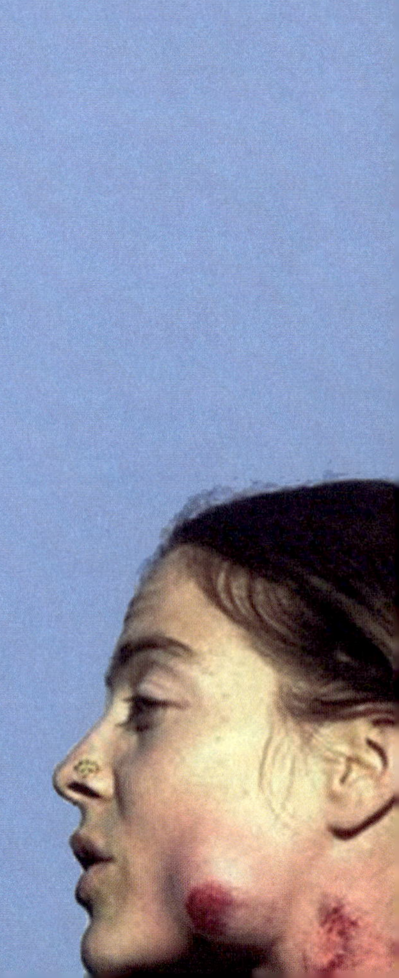

LUCA
VITONE

GERUCH ALS SKULPTUR.
EINE FRAGE DER SPRACHE.

Ich benutze gerne den Begriff „Geruch" und nie den Begriff „Duft". Die Verwendung des Begriffs „Geruch" scheint mir direkter auf einen natürlichen Aspekt der Existenz und der sie umgebenden Landschaft zu verweisen. „Duft" kommt mir künstlicher vor oder ist zumindest ein Begriff, der versucht, die Sache abzuschwächen. Es ist, als würde ich im Gegenteil den Begriff „Gestank" verwenden, der bereits eine negative, unangenehme Eigenschaft beschreibt. Das Wort „Geruch" ist neutraler, es nimmt keine Position ein und bezeichnet ein natürliches Phänomen, das die meisten Elemente in unserer Umwelt erzeugen, und zu denen nicht nur Sehen und Hören, sondern auch das Riechen gehören. An dieser Stelle sollten vielleicht auch der Tast- und der Geschmackssinn erwähnt werden, aber das sind zwei spezifischere Sinne, die besonders dann einbezogen werden, wenn man beschließt, ein Thema zu vertiefen. Wir sind es gewohnt, ohne unsere eigenen Entscheidungen mit anderen zusammenzuleben, und müssen das soziale Gefüge, in dem wir uns befinden, aushalten.

In meinem Werk wird die Verwendung von Gerüchen in drei verschiedenen Phasen entwickelt, die drei unterschiedlichen Jahrzehnten entsprechen. Am Anfang, als ich Orte erforschte, um die Realität um uns herum zu erzählen, fügte ich nach dem Einsatz von Kartografie und populärer Musik den Substanzen, die ich zur Herstellung der Arbeiten benutzte, auch Lebensmittel hinzu, die unweigerlich riechen und unbeabsichtigt den Raum füllen, in dem die Arbeit ausgestellt wird. Das erste Mal habe ich *Pratica del luogo* in einer Ausstellung 1992 im Castello di Rivara im Canavese in der Nähe von Turin präsentiert. Man könnte diesen Geruch aber auch als die natürliche Eigenschaft eines Materials betrachten, das zur Herstellung eines in einem Raum ausgestellten Werks verwendet wird, so wie der unvermeidliche Terpentingeruch bei einem Ölgemälde oder der Geruch von Holz bei einer Holzskulptur. Der einzige Unterschied besteht darin, dass man in diesem Fall nicht darüber nachdenkt, weil man es für eine gegebene Komponente des Malmaterials und der Skulptur hält, während man bei den Lebensmitteln, die aus dem Kontext gerissen sind, die Besonderheit wahrnimmt.

Im Jahr 2000 zeigte ich in einer Einzelausstellung im Palazzo delle Esposizioni in Rom *Stundàiu*, die Idee eines Gesamtkunstwerks, an dem alle fünf Sinne beteiligt sind. Damit hatte ich bereits 1994 bei *Der unbestimmte Ort* in Köln in der Galerie Christian Nagel und 1998 bei *Wide City*, meiner ersten Einzelausstellung im öffentlichen Raum für Open Space in Mailand, experimentiert. Aber in Rom war das Projekt expliziter, und da ich einen Ort in seiner ganzen Komplexität erzählen wollte und mich dafür entschied, über meine Heimatstadt

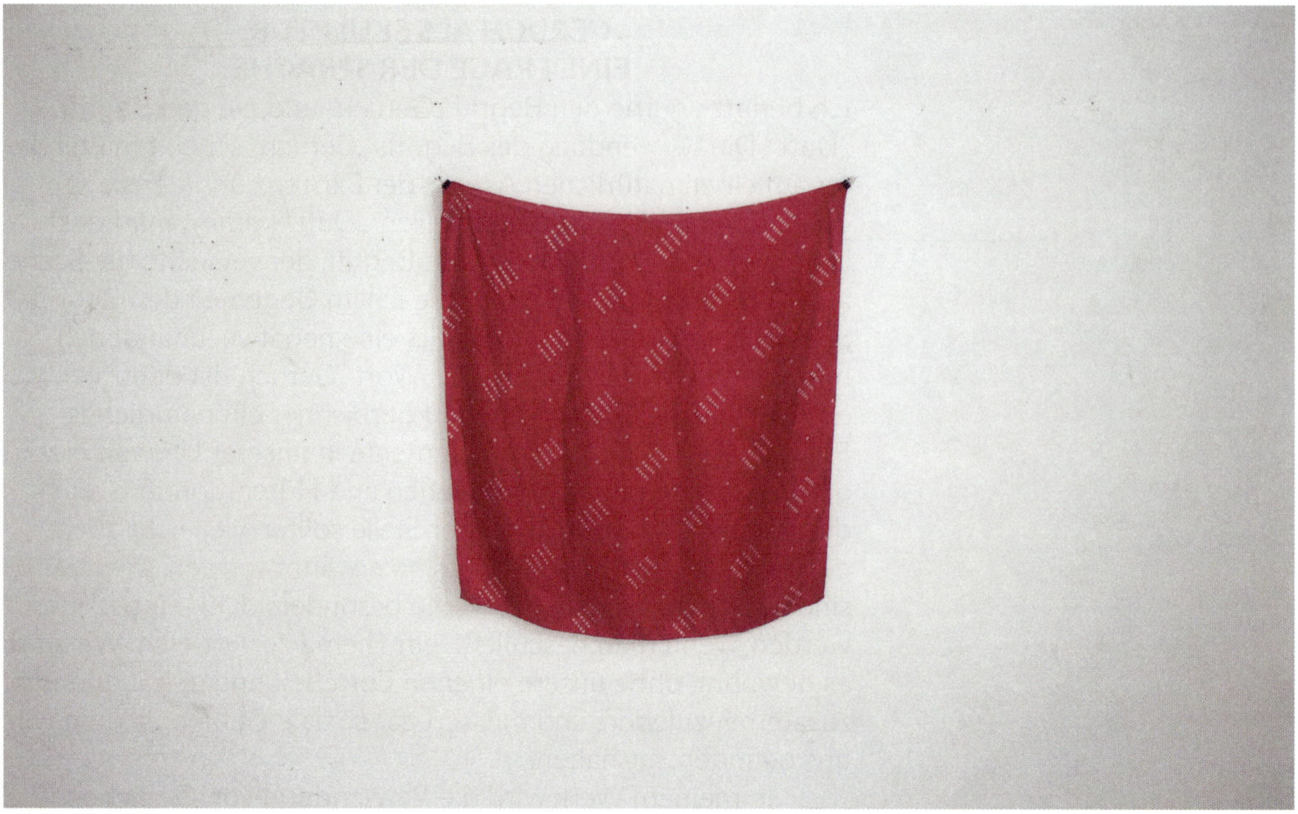

A present I, 2017–2022, 95 × 87 cm, Seidenschal, Tintenstempel | silk scarf, ink stamp, Courtesy der Künstler | the artist, Galerie Nagel Draxler, Berlin-Köln-München.

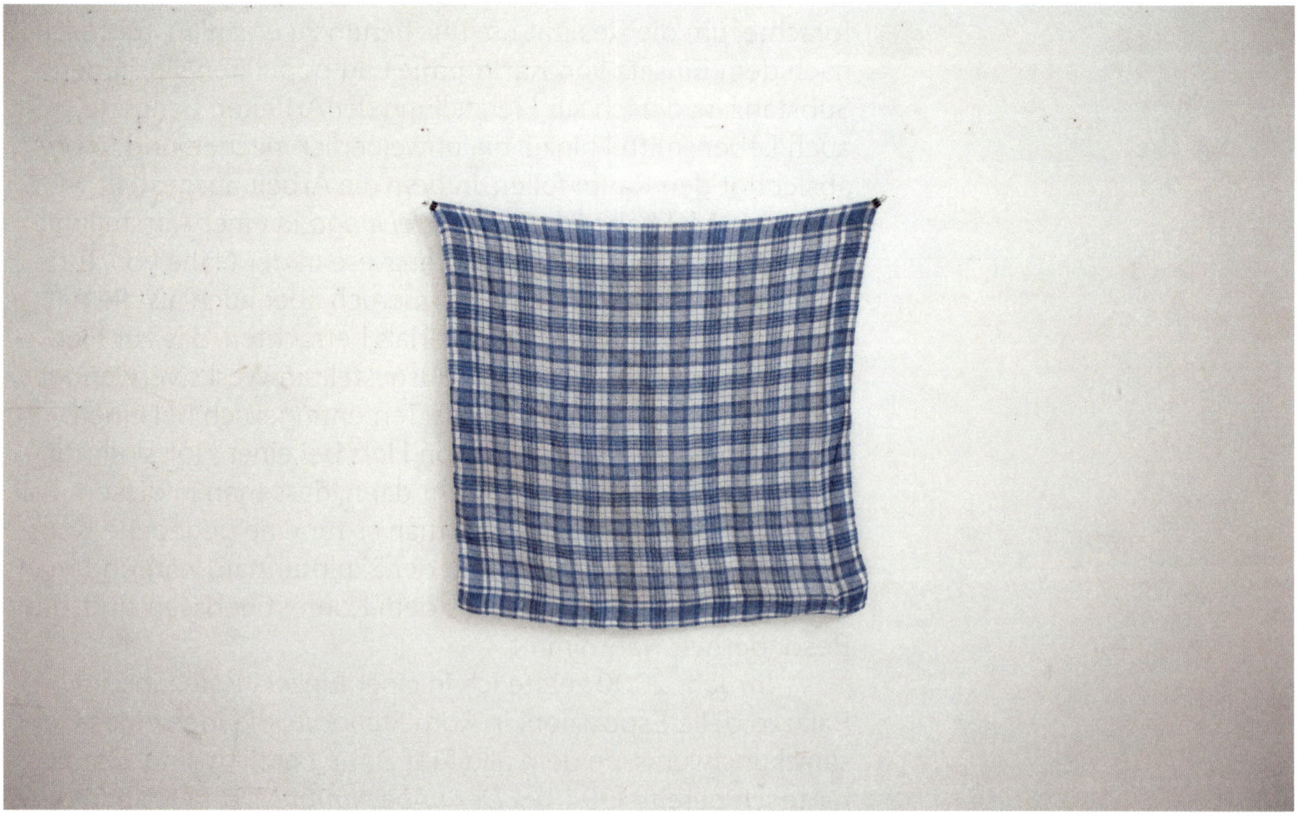

A present III, 2017–2022, 85 x 96 cm, Seidenschal, Tintenstempel | silk scarf, ink stamp, Courtesy der Künstler | the artist, Galerie Nagel Draxler, Berlin-Köln-München.

Genua zu sprechen, wollte ich Arbeiten ausstellen, die wort-
wörtlich alle fünf Sinne einbinden: Die Rekonstruktion einer
Creuza (einer typischen Genueser Vorstadtstraße, die normalerweise bergauf führt) als obligatorischer Zugang zur Ausstellung
für den Tastsinn, eine aus mehreren Fotografien, einem kleinen
Buch und einer Skulptur bestehende Installation für den Seh-
sinn, ein Video mit bekannten Interpret*innen populärer Musik
für den Hörsinn, einen Kochkurs für den Geschmackssinn und
den Geruch des Meeres für den Geruchssinn. In letzterem Fall
wurde ein natürliches, leicht zu erkennendes Element reproduziert, weshalb ich einen öligen Meeresgeruch ausgesucht
habe, wie man ihn in einem Hafen riechen kann. Ich nehme ihn
jedes Mal wahr, wenn ich in Genua ankomme und am Bahnhof
Piazza Principe aus dem Zug steige.

Ein Jahr später kreierte ich den Geruch eines Waldes für
ein gemeinsam mit Monica Carocci konzipiertes Buch/Werk
mit dem Titel *Rime boscose* e *altri racconti*, das anlässlich einer
Gruppenausstellung im Palazzo delle Papesse in Siena veröf-
fentlicht wurde. Auch hier schlug ich den Geruch eines wieder-
erkennbaren natürlichen Elements vor, um ein anderes Objekt
zu bereichern. Ein dritter Geruch, der von Asphalt, wurde 2003
für die Ausstellung *Asfalto* der Triennale di Milano entwickelt,
welche der Geschichte dieses Materials gewidmet war. Bei diesen drei Anlässen hatte ich dank Tania Gianesin, der Direktorin
der damaligen Università dell'Immagine in Mailand, die Unterstützung des multinationalen Duftkonzerns Dragoco, der die
Produktion auch sponserte.

Auf der Biennale von Venedig 2013 präsentierte ich im
italienischen Pavillon eine Arbeit mit dem Titel *per l'eternità*,
für die ich den Geruch von Eternit herstellte, dem geruchlosen
Material aus Zement und Asbest, das zu Beginn des 20. Jahrhunderts erfunden wurde und viele Jahre lang eine kosten-
günstige Lösung für bautechnische Konstruktionen darstellte,
sich aber in den letzten Jahrzehnten des Jahrhunderts aufgrund fast unsichtbarer Asbeststaubteilchen als gesundheits-
schädlich erwies. Diese in Asbest enthaltenen Partikel gelangen
über die Atemwege in die Lunge und verursachen nach einer
Inkubationszeit von etwa dreißig Jahren einen bösartigen Tumor namens Mesotheliom, der innerhalb weniger Jahre unaus-
weichlich zum Tod führt. Um die Jahrhundertwende wurde die
Herstellung von Asbest in Europa verboten, um es vollständig
von unserem Kontinent zu verbannen. In anderen Erdteilen, wo
der Schutz der Gesundheit der Bürger*innen anderen Kriterien
unterliegt, wird das Material aber weiterhin hergestellt und ver-
marktet. Diese Idee regte eine Reflexion über Geruch als Skulptur an, die meine Beziehung zu diesem Medium definiert. Sie
entwickelte sich sukzessive zum Geruch der Macht mit *Imperium* für eine Einzelausstellung im Neuen Berliner Kunstverein
(n.b.k.) 2014 sowie mit *A tale of forked tongues* zum Geruch

von Pocken, 2022 im Museum für Gegenwartskunst Siegen, weiter. Für diese Projekte habe ich eine „Nase" gebraucht und in Maria Candida Gentile die richtige Komplizin gefunden. Wir lernten uns bei der Ausstellung für die Biennale von Venedig kennen und es entstand sofort ein gegenseitiges Verständnis, das es mir ermöglichte, eine Arbeit auf eine Weise zu präsentieren, wie ich sie mir vorgestellt hatte. So begann eine Zusammenarbeit, aus der in den letzten zehn Jahren vier Werke hervorgegangen sind. Zu den drei bereits erwähnten kam 2022 anlässlich einer Ausstellung im Museo Novecento in Florenz noch ein Filippo de Pisis gewidmetes Werk *Il Gladiolo Fulminato (Omaggio a Filippo de Pisis)* hinzu, für das wir uns vorstellten, welche Gerüche der Maler bei der Arbeit am Gemälde wahrnahm. In dieser Werkserie wollte ich Gerüche von Materialien oder Elementen erzeugen, die an sich keinen spezifischen Charakter haben, sodass man diese imaginieren und durch einen aufbauenden und modellierenden Prozess erzeugen muss, den man normalerweise von der Erschaffung einer Skulptur kennt. Außerdem sind wir in unserem Bereich, also dem der bildenden Kunst, beim Betreten einer Ausstellung traditionell daran gewöhnt, etwas zu sehen, das den Raum ausfüllt, und als Beiwerk einen Klang oder Geruch wahrzunehmen, der die Exponate ergänzt. Deshalb habe ich beschlossen, dass ein Geruch, wenn ich ihn präsentiere, allein – ohne andere Elemente im Raum – ausgestellt werden sollte.

Dieses Vorgehen betrachte ich gern als eine Auseinandersetzung mit der Geschichte des Minimalismus, die 1966 mit der Ausstellung *Primary Structures* begann, genauso wie mit der meiner Gemälde, die mit Hausstaub, Verwitterung und anderen Nichtpigmenten oder Antipigmenten aus den Überresten unseres täglichen Konsums entstanden. Dabei verweisen Asche aus Müllverbrennungsanlagen und Plastik auf die monochrome Malerei der Moderne. Während es in der Malerei das Antipigment ist, das ihren Status infrage stellt, so ist es in der Skulptur und ihrer Monumentalität die unsichtbare Darstellung eines allgegenwärtigen und durchdringenden Elements, welches die Grundlage des Objekts in der bildhauerischen Tradition hinterfragt. Ich möchte noch hinzufügen, dass sich der Geruch, zumindest bis heute, der digitalen Dominanz widersetzt. Inzwischen sind vor allem junge Menschen daran gewöhnt, Ausstellungen sowie den Rest der Welt am Bildschirm zu sehen. Gemälde, Skulpturen, Fotografien, Videos, Performances, Klänge und Musik kann man auch am Display und über den Lautsprecher seines Handys erleben; um Gerüche wahrzunehmen, muss man allerdings an ihrem Ort sein.

Und deshalb wurde für die Gruppenausstellung *Odor* im Museum für Gegenwartskunst Siegen der visuell leere Raum nur mit dem Geruch von *A tale of forked tongues* gefüllt, einem Projekt, das ich gerne als dritte Etappe eines Triptychons betrachte. Es beschäftigt sich mit der Idee von Macht und Autorität im Zeitalter unserer Moderne, nämlich mit der Macht des Marktes, repräsentiert durch das Industrieprodukt Eternit, das unsere Welt mit seiner unsichtbaren Gefährlichkeit bedroht; mit der Macht als Ausdruck des Staates, einer Synthese aus wirtschaftlicher, politischer, juristischer und kultureller Autorität, die das tägliche Leben der Bürger*innen bestimmt, und mit der Macht des Militarismus in seiner verräterischen und zerstörerischen Wirkung auf die ökologische und menschliche Realität.

Das Werk *A tale of forked tongues* berichtet von einem Vorfall, der sich 1763 in der Region der Großen Seen in Nordamerika zugetragen hat, als die britische Armee während des sogenannten Pontiac-Krieges den Ottawa-Indianern Decken und Tücher schenkte. Der militärische Aspekt bestand darin, dass sich diese Textilien als Waffen entpuppten, da sie mit dem geruchlosen Pockenvirus kontaminiert worden waren, um die in diesem Gebiet heimischen Feinde zu vernichten, hauptsächlich alte Männer, Frauen und Kinder. Die jungen Männer waren entweder in den vorangegangenen Schlachten gefallen oder aufgebrochen, damit der Widerstand organisiert werden konnte. In dem Projekt geht es nicht nur um die Anfänge der modernen bakteriologischen Kriegsführung – in der Antike wurden verwesende Leichen in belagerte Städte geschleudert oder die Gewässer mit Leichen vergiftet –, sondern auch um Heuchelei, eine der widerwärtigsten Seiten des menschlichen Charakters, wobei man großzügig ein Geschenk macht, das in Wirklichkeit den Tod bringt. Beispiele hierfür haben die Entwicklung der Menschheit seit jeher begleitet, vom Geschenk des Trojanischen Pferdes bis zu den Duschen in den Konzentrationslagern.

In diesem Zusammenhang möchte ich erwähnen, dass Adolf Hitler in seinem höllischen Buch *Mein Kampf* drei Tatsachen anführt, die ihn beeinflusst haben, um zu verdeutlichen, wie man mit den Feinden im eigenen Land verfahren sollte. Die erste ist Benito Mussolinis Umgang mit politischen Gegnern, mit denen man nicht debattieren, sondern die man einfach ausschalten sollte. Die zweite ist das British Empire, das zu Beginn des 20. Jahrhunderts Konzentrationslager für die Buren in Südafrika errichtete. Die dritte sind die Vereinigten Staaten von Amerika, die, um das Problem einer sich bereits auf dem Staatsgebiet befindlichen Bevölkerung zu lösen, welche die Weiterentwicklung der Nation bremste, diese ausrottete.

Das Paradoxe daran ist, dass im ersten dieser drei Länder das Römische Recht erlassen wurde, im zweiten die Magna Charta verfasst wurde und im dritten die liberale Revolution stattfand, die die wichtigste demokratische Republik der Neuzeit begründete.

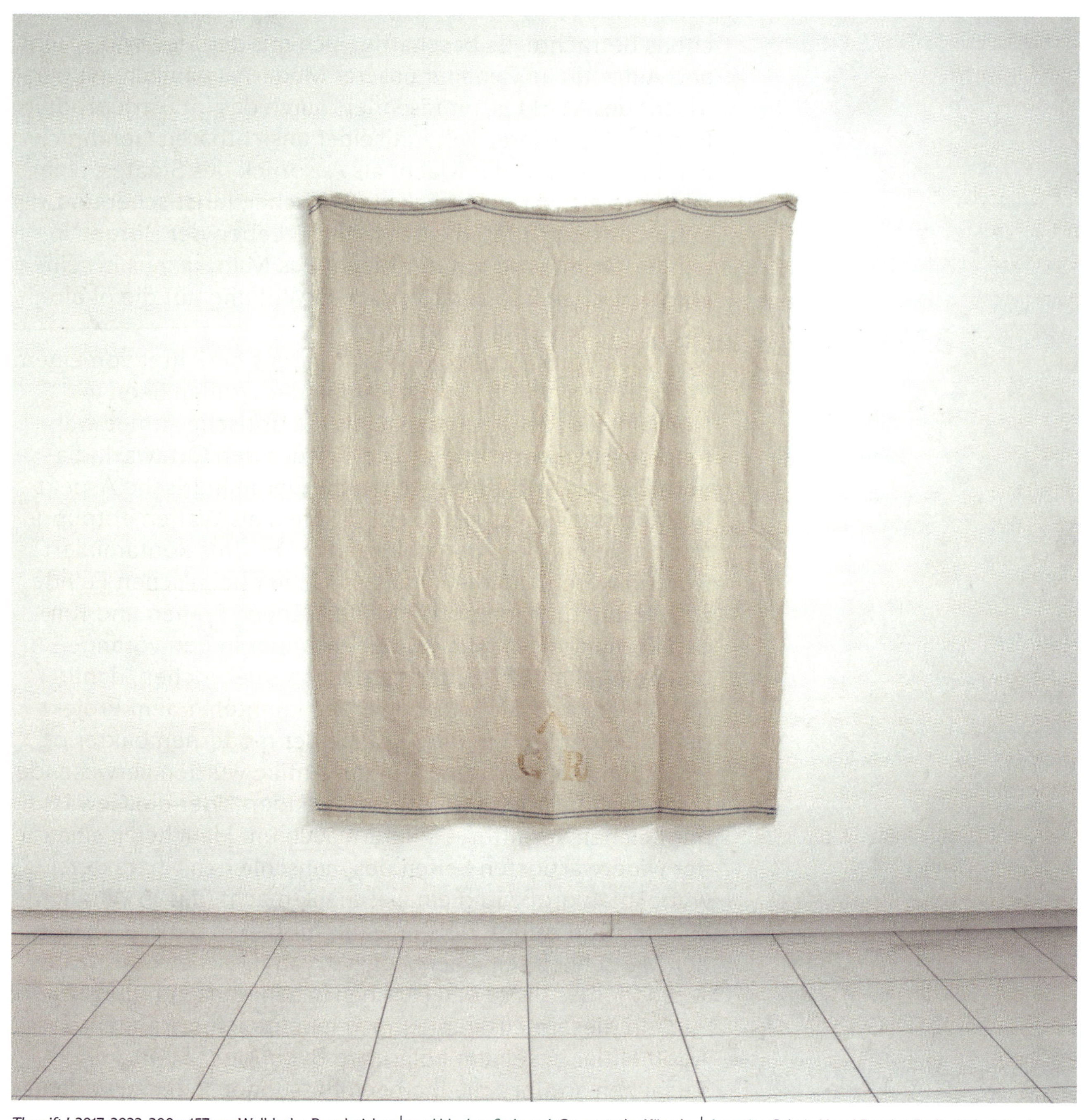

The gift I, 2017–2022, 200 × 157 cm, Wolldecke, Brandzeichen | wool blanket, firebrand, Courtesy der Künstler | the artist, Galerie Nagel Draxler, Berlin-Köln-München.

Abschließend könnte ich sagen, dass angesichts der Zeiten, in denen wir zwischen Pandemien und Kriegen leben, dieser historische Abriss sicherlich weder tröstlich noch angenehm ist, aber ich glaube auch nicht, dass die Kunst dieser Aufgabe nachkommen muss. Im Gegenteil, ich würde sagen, dass Kunstwerke eine Form des ästhetischen Widerstands sein müssen, indem sie problematische Zusammenhänge auf eine Art und Weise erzählen, welche die Idee der Kunst selbst infrage stellt.

Übersetzung aus dem Italienischen von Giuliana Mandara und Sabine Andree

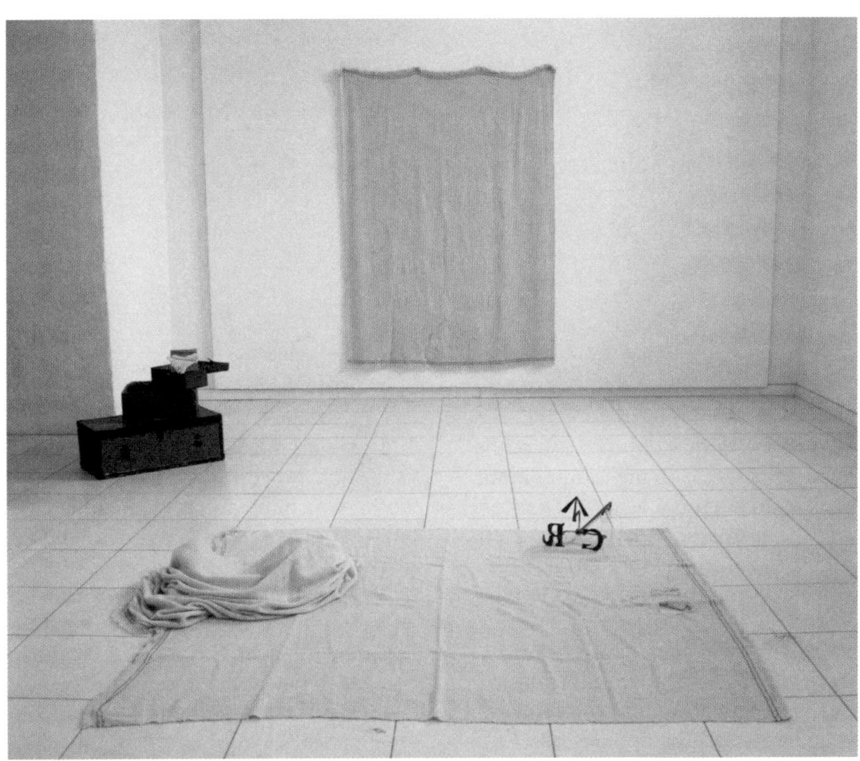

Preparation, 2017–2022, 23 × 231 × 196 cm, 2 Wolldecken, Brandzeichen, Brandeisen | 2 wool blankets, firebrand, firebrand mark; *Magic box*, 2017–2022, 137 × 80 × 74 cm, 4 Holzkisten in unterschiedlichen Größen, Wolldeckenüberreste, Brandzeichen | 4 wooden boxes of different sizes, wool blanket remnant, firebrand; *The gift I*, 2017–2022, 200 × 157 cm, Wolldecke, Brandzeichen | wool blanket, firebrand, Courtesy der Künstler | the artist, Galerie Nagel Draxler, Berlin-Köln-München.

ODOR AS SCULPTURE.
A MATTER OF DICTION

L U C A   V I T O N E

I prefer to use the term odor and to never use the term scent. The use of the term odor seems to me to refer more directly to a natural aspect of existence and the surrounding landscape. Scent seems to me to be more artificial, or at least a term that tries to soften the issue. It is as if, as a contrast, I were to use the term stench, which already describes a negative, unpleasant quality. The word odor is more neutral: It takes no position and describes a natural phenomenon produced by most elements in our environment, which includes not only seeing and hearing, but also smelling. At this point, we should perhaps also mention touch and taste, but these are two more specific senses that are particularly involved when we decide to delve deeper into a topic. We are used to living with others without our own choices, and we have to endure the social structure in which we find ourselves.

In my work, the use of odors is developed in three different phases, corresponding to three different decades. At the beginning, when I was exploring places to narrate the reality around us, after using cartography and popular music, I also added food to the substances I used to make the works, which inevitably smell and unintentionally fill the space where the work is exhibited. I presented *Pratica del luogo* for the first time in 1992 in an exhibition at the Castello di Rivara in Canavese, near Turin. But this odor could also be considered a natural characteristic of the material used to create a work exhibited in a room, like the inevitable smell of turpentine in an oil painting or the smell of wood in a wooden sculpture. The only difference is that, in this case, you do not think about it because you consider it an integral part of the painting material and the sculpture, whereas with food, taken out of context, you perceive the particularity.

In 2000, in a solo exhibition at the Palazzo delle Esposizioni in Rome, I showed *Stundàiu*, the idea of a total work of art involving all five senses. I had already experimented with this in 1994 with *Der unbestimmte Ort* (The Unspecified Place) in Cologne at Galerie Christian Nagel and in 1998 with *Wide City*, my first solo exhibition in the public space for Open Space in Milan. In Rome, however, the project was more explicit; and since I wanted to tell a story about a place in all its complexity, and since I chose to talk about my home city of Genoa, I wanted to exhibit works that literally involved all five senses. The reconstruction of a *creuza* (a typical Genoese suburban street that usually leads uphill) as the obligatory entrance to the exhibition for the sense of touch, an installation composed of several photographs, a small book, and a sculpture for the sense of sight, a video with famous interpreters of popular music for the sense of hearing, a cooking course for the sense of taste, and the odor of the sea for the sense of smell. In the latter case, I wanted to reproduce a natural, easily recognizable element, so I chose an oily odor of the sea, like the one you can smell in a harbor. I smell it every time I arrive in Genoa and get off the train at the Piazza Principe station.

A year later, I created the odor of a forest for a book/work conceived together with Monica Carocci entitled *Rime boscose e altri racconti*, which was published on the occasion of a group exhibition at the Palazzo delle Papesse in Siena. Here too, I proposed the odor of a recognizable natural element to enrich another object. A third odor, that of asphalt, was developed in 2003 for the *Asfalto* exhibition at the Triennale di Milano, which was dedicated to the history of this material. On these three occasions, thanks to Tania Gianesin, the director of the former Università dell'Immagine in Milan, I had the support of the multinational fragrance company Dragoco, which also sponsored the production.

At the 2013 Venice Biennale, I presented a work in the Italian pavilion entitled *per l'eternità,* for which I produced the odor of Eternit, the odorless material made of cement and asbestos that was invented at the beginning of the twentieth century and for many years was an inexpensive solution for building construction, but in the last decades of the century proved to be harmful to health due to almost invisible asbestos dust particles. These asbestos particles enter the lungs through the respiratory tract and, after an incubation period of about thirty years, cause a malignant tumor called mesothelioma, which inevitably leads to death within a few years. At the turn of the millennium, the production of asbestos was banned in Europe in order to completely eliminate it from our continent. However, in other parts of the world, where public health criteria are different, the material continues to be produced and marketed. This idea stimulated a reflection on odor as sculpture, which defines my relationship with this medium. It gradually developed into the odor of power, *Imperium*, for a solo exhibition at the Neuer Berliner Kunstverein (n.b.k.) in 2014 and *A tale of forked tongues* for the odor of smallpox at the Museum für Gegenwartskunst Siegen in 2022. For these projects, I needed a "nose" and found the perfect accomplice in Maria Candida Gentile. We met at the exhibition at the Venice Biennale and immediately developed a mutual understanding that allowed me to present a work in the way I had imagined. Thus began a collaboration that has resulted in four works over the last ten years. In addition to the three already mentioned, in 2022, on the occasion of an exhibition at the Museo Novecento in Florence, we added the work *Il gladiolo fulminato. Homage to Filippo De Pisis*, for which we imagined the odors the painter perceived while working on the painting. With this series of works,

I wanted to create odors of materials or elements that do not have a specific character in themselves, so you have to imagine them and create them through a constructive and modeling process that is normally known from the creation of a sculpture. Moreover, in our field, the visual arts, when we go to an exhibition, we are traditionally used to seeing something that fills the space and to perceiving a sound or a smell as a kind of accessory that complements the exhibits. That is why I decided that, when I present an odor, it should be exhibited on its own, without any other elements in the room.

I like to think of this approach as an engagement with the history of Minimalism, which began in 1966 with the exhibition *Primary Structures*, as well as with that of my own paintings, which were created with house dust, weathering, and other non-pigments or anti-pigments from the remnants of our daily consumption. Ashes from waste incineration plants and plastic refer to the monochrome painting of modernism. While in painting it is the anti-pigment that questions its status, in sculpture and its monumentality it is the invisible representation of an omnipresent and pervasive element that questions the basis of the object in the sculptural tradition. I would like to add that odor, at least to this day, resists the dominance of the digital. Young people in particular are now used to seeing exhibitions and the rest of the world on a display. Paintings, sculptures, photographs, videos, performances, sounds, and music can also be experienced on the display and through the speaker of a cell phone; but to perceive odors, you have to actually be in where they are.

And so, for the group exhibition *Odor* at the Museum für Gegenwartskunst Siegen, the visually empty space was filled only with the odor of *A tale of forked tongues*, a project that I like to think of as the third part of a triptych. It deals with the idea of power and authority in our modern age, namely with the power of the market, represented by the industrial product Eternit, which threatens our world with its invisible danger; with power as an expression of the state, a synthesis of economic, political, legal, and cultural authority that determines the daily lives of citizens; and with the power of militarism in its treacherous and destructive effect on ecological and human reality.

The work *A tale of forked tongues* recounts an incident that took place

in the Great Lakes region of North America in 1763, when the British army gave blankets and cloths to the Ottawa Indians during the so-called Pontiac War. The military aspect was that these textiles turned out to be weapons, as they had been contaminated with the odorless smallpox virus to destroy the native enemies, mainly old men, women, and children. The young men had either died in the previous battles or had left to organize the resistance. The project is not only about the beginnings of modern bacteriological warfare—in ancient times, rotting corpses were thrown into besieged cities, or water was poisoned with corpses—but also about hypocrisy, one of the most repugnant aspects of the human character, generously giving a gift that in reality brings death. Examples of this have accompanied the development of humanity since time immemorial, from the gift of the Trojan horse to the showers in concentration camps.

In this context, I would like to mention that Adolf Hitler, in his infernal book *Mein Kampf*, cites three facts that influenced him in order to illustrate how one should deal with enemies in one's own country. The first is Benito Mussolini's treatment of political opponents, with whom one should not debate, but who should simply be eliminated. The second is the British Empire, which set up concentration camps for the Boers in South Africa in the early twentieth century. The third is the United States of America, which, in order to solve the problem of a population already present on its territory and slowing down the development of the nation, exterminated it.

The paradox is that, in the first of these three countries, Roman law was established, in the second the Magna Carta was written, and in the third the liberal revolution that established the most important democratic republic of modern times took place.
In conclusion, I could say that, given the times we live in between pandemics and wars, this historical outline is certainly neither comforting nor pleasant, but I also do not believe that art has to fulfill this task. On the contrary, I would say that works of art must be a form of aesthetic resistance, narrating problematic contexts in a way that questions the idea of art itself.

GERÜCHE ALS KOMMUNIKATIONSPFADE – WARUM EMOTIONEN DURCH DIE NASE GEHEN

ILONA CROY
ANTONIE BIERLING

RIECHEN IST EINE DER ÄLTESTEN KOMMUNIKATIONSFORMEN

1 Vgl. D. Michel Stoddart, *The ecology of vertebrate olfaction*, Dordrecht 2012.

2 Vgl. Frédéric Laberge, Sabine Mühlenbrock-Lenter, Gerhard Roth (u. a.), „Evolution of the amygdala: new insights from studies in amphibians", in: *Brain, Behavior and Evolution*, Vol. 67, Is. 4, April 2006, S. 177–187.

3 Vgl. R. Glenn Northcutt, „Understanding vertebrate brain evolution", in: *Integrative and Comparative Biology*, Vol. 42, Is. 2, April 2002, S. 743–756.

Kein Lebewesen existiert für sich allein. Um überleben zu können, müssen alle Geschöpfe Informationen aus der Umwelt aufnehmen und verarbeiten. Wir Menschen können beispielsweise Schallwellen und Lichtreize empfangen und aus den so gewonnenen Tönen und Bildern Informationen ableiten: Wo gibt es Essen? Wo lauert der Feind? Wo sieht es gemütlich aus?

Die Fähigkeit der Informationsaufnahme hat sich im Laufe der Evolution deutlich verfeinert. Gerade das Sehen und Hören sind eher neuere evolutionäre Leistungen von Lebewesen. Eine der ältesten Informationsarten hingegen ist die Aufnahme von Molekülen aus der Umwelt, eine Leistung, die wir „Chemosensation" nennen, also eine chemische Bindung eines Moleküls aus der Umgebung an einen körpereigenen Rezeptor. Es wird geschätzt, dass diese Fähigkeit stolze 500 Millionen Jahre alt ist.[1] In Wirbeltieren hat sich diese Fähigkeit der Chemosensation in die zwei chemischen Sinnessysteme Riechen und Schmecken unterteilt, die mit den Geschmacksknospen der Zunge und dem Riechepithel in der Nase auf zwei getrennte sensorische Organe verteilt sind.

Die Fähigkeit, Informationen aus der Umwelt aufzunehmen, ist nur nützlich, wenn diese Informationen zu einem nutzbringenden Verhalten eingesetzt werden. Die Information, wo sich Essen befindet, nutzt uns zum Beispiel nur etwas, wenn wir uns daraufhin zu der Nahrungsquelle begeben und essen. Die zielgerichtete Bewegung hin zu einem Reiz (oder auch weg von einem Reiz) wird „Motivation" genannt, und diese ist dann besonders ausgeprägt, wenn sie mit starken Emotionen unterfüttert ist. Emotionen können als „Treibstoff" unserer Motivation betrachtet werden. Unser Emotionszentrum liegt in den (evolutionär) älteren anatomischen Strukturen des Gehirns, den subkortikalen Bereichen, und den älteren Bereichen der Großhirnrinde, dem Allocortex. Das Gehirn evolutionär betrachtet sehr alter Reptilien und Amphibien ist von Strukturen dominiert, die der Verarbeitung chemosensorischer Reize und der Emotion und Motivation dienen. Im Laufe der Evolution sind natürlich neue Bereiche wie der Neokortex hinzugekommen. Dennoch sind die gleichen Strukturen, die schon bei Amphibien für die emotionale Verarbeitung von Geruchsinformationen zuständig waren,[2] bis heute beim Menschen wiederzufinden. Eine der neueren Theorien besagt, dass sich die Strukturen für die Chemosensation zusammen mit jenen weiterentwickelt haben, die für die Emotionswahrnehmung zuständig sind.[3] Dies erscheint sinnvoll – je ausgeprägter die Informationsaufnahme der Umwelt, desto höher muss auch die Motivation sein, um diese Informationen zu nutzen. Die gleichen Funktionen, die also

4 Vgl. Timothy B. Rowe, Thomas E. Macrini, Zhe-Xi Luo, „Fossil evidence on origin of the mammalian brain", in: *Science*, Vol. 332, Is. 6032, Mai 2011, S. 955–957.

5 Vgl. Gerd Kobal, *Elektrophysiologische Untersuchungen des menschlichen Geruchssinns*, Stuttgart 1981.

6 Vgl. William Cain. „Olfaction and the common chemical sense: some psychophysical contrasts", in: *Sensory processes*, Vol. 1, Is. 1, Juni 1976, S. 57–67.

7 Vgl. Charles Spence, Jon Driver, „On measuring selective attention to an expected sensory modality", in: *Perception & Psychophysics*, H 59, April 1997, S. 389–403.

8 Vgl. Lee Sela, Noam Sobel, „Human olfaction: a constant state of change-blindness", in: *Experimental brain research*, Vol. 205, Is. 1, August 2010; S. 13–29.

9 Vgl. Valentin Alexander Schriever, Cindy Frenzel, Sandra Wernecke (u. a.), „Olfactory speed–Temporal odor processing of paired stimuli", in: *Neuroscience*, Vol. 295, März 2015, S. 72–79.

10 Vgl. Joel D. Mainland, „Olfaction", in: *Stevens' Handbook of Experimental Psychology and Cognitive Neuroscience*, Bd. 2, 2018, S. 1–46.

11 Vgl. Jonas Olofsson, Fredrik Ekesten, Steven Nordin, Smell distortions: *Prevalence, longevity and impact of parosmia in a population-based, longitudinal study spanning 10 years*, Umeå 2021.

die Funktion der Selbst- und Arterhaltung bei Wirbellosen überwacht haben, generieren auch heute noch Emotion und Motivation beim Menschen.

Interessanterweise wird angenommen, dass die Weiterentwicklung der Riechfunktion in den ersten Hirnschaltstellen des Riechens, dem olfaktorischen Bulbus und dem nachgeordneten piriformen Gyrus, einer der Hauptgründe für die Weiterentwicklung des gesamten Gehirns im Zeitalter des Jura, also während der Zeit der Dinosaurier, war.[4]

Im Gegensatz zu den neueren Formen der Informationsaufnahme wie dem Sehen oder Hören wirkt das Riechen in mancher Hinsicht tatsächlich etwas „antiquiert": Es dauert circa 70 bis 100 Millisekunden, bis ein einströmendes Molekül ein Potenzial an der Riechschleimhaut auslöst,[5] und circa 600 Millisekunden, ehe der Mensch auf einen Riechreiz reagieren kann.[6] Das ist mindestens dreimal so lange wie die Zeit, die wir benötigen, um auf einen visuellen Eindruck zu reagieren.[7] Zusätzlich kann die Riechinformation immer nur dann aufgenommen werden, wenn neue Atemluft unser Riechepithel erreicht – also typischerweise alle zwei Sekunden.[8–9] Neben dieser eher schlechten zeitlichen Auflösung ist das Riechen auch räumlich sehr schlecht verschaltet. Ohne den Kopf zu bewegen, können Menschen nicht einmal sagen, ob ein Geruch durch das linke oder das rechte Nasenloch eingeatmet wurde. Dementsprechend ist es nicht verwunderlich, dass Menschen ihren Geruchssinn als weniger verlässlich beurteilen als ihre anderen Sinnessysteme.[10]

Trotz der Tatsache, dass sich so viel präzisere Sinne herausgebildet haben, hat das Riechen einen enormen Einfluss auf unsere Orientierung in der Welt, unser Wohlbefinden und unsere zwischenmenschliche Kommunikation. Warum das so ist, soll in den nächsten Kapiteln betrachtet werden.

OLFAKTORISCHE FUNKTION

Man unterscheidet zwischen der Qualität und der Quantität der olfaktorischen Funktion. Die Qualität besagt, ob das, was ich rieche, auch dem aktuellen Umweltreiz entspricht. Riecht beispielsweise der Apfel nach einem Apfel oder nach etwas ganz anderem? Eine typische Störung der Qualitätswahrnehmung ist die Parosmie. Bei diesem Störungsbild werden Gerüche verändert wahrgenommen. Leider ist diese Veränderung typischerweise zum Negativen, das bedeutet, der Apfel riecht nicht mehr nach Apfel, sondern faulig, stechend oder sogar fäkal. Ein Spezialfall dieses Störungsbildes ist die Phantosmie, bei der Gerüche (ebenfalls typischerweise negativer Qualität) wahrgenommen werden, obwohl es gar keine Geruchsquelle gibt – das Gehirn erzeugt eine olfaktorische Halluzination. Es wird geschätzt, dass Störungen der Qualität bei circa 1–5 % der Bevölkerung auftreten.[11] Relativ typisch ist beispielsweise

12   Vgl. Katharina Ohla, Maria G. Veldhuizen, Tomer Green (u. a.), „Increasing incidence of parosmia and phantosmia in patients recovering from COVID-19 smell loss", in: *medRxiv*, 08.09.2021.

13   Vgl. Viola Bojanowski, Thomas Hummel, Ilona Croy, „Isolierte congenitale Anosmie – Klinische und alltägliche Aspekte eines Lebens ohne Geruchssinn", in: *Laryngo-Rhino-Otologie*, Vol. 92, Is. 1, April 2013, S. 30–33.

14   Vgl. Richard J. Stevenson, „An initial evaluation of the functions of human olfaction", in: *Chemical senses*, Vol. 35, Is. 1, Januar 2010, S. 3–20.

15   Vgl. Ilona Croy, Steven Nordin, Thomas Hummel, „Olfactory disorders and quality of life – an updated review", in: *Chemical senses*, Vol. 39, Is. 3, März 2014, S. 185–194.

die Entstehung einer Parosmie nach einer viralen Infektionskrankheit. Bei Atemwegsinfektionen werden oft auch Zellen des Riechepithels geschädigt. Bei der Neubildung der zerstörten Nervenendigungen muss die richtige Verschaltung zum olfaktorischen Bulbus erst wieder neu gelernt werden. In diesem Prozess kann es zeitweise zu den Symptomen einer Parosmie kommen. Dies tritt zum Beispiel als Folge einer Covid-19-Infektion häufig auf.[12]

Störungen der olfaktorischen Quantität sind deutlich häufiger und betreffen in etwa 19–24 % der Bevölkerung, wobei die Hauptursache für eine abnehmende Geruchsempfindlichkeit altersbedingt ist – ältere Menschen riechen schlechter als jüngere. Unter den quantitativen Riechstörungen lassen sich mehrere Formen unterscheiden. Von einer Hyposmie spricht man, wenn Gerüche nur in relativ hohen Konzentrationen wahrgenommen werden können und feine Geruchsnuancen nicht erkannt werden. Die Anosmie hingegen bezeichnet das totale Unvermögen, einen Riecheindruck wahrzunehmen. Ein Spezialfall stellt hier die angeborene Anosmie dar. Diese Störung, bei der Menschen von Geburt an nicht riechen können, betrifft nach unseren Schätzungen in etwa einen von 5000–10000 Personen,[13] meist aufgrund eines fehlenden oder unterentwickelten olfaktorischen Bulbus.

WOFÜR IST DAS RIECHEN WICHTIG?

In einem sehr empfehlenswerten Übersichtsartikel beschreibt Richard Stevenson die Funktionen des Riechens und unterteilt diese in drei Bereiche: Nahrungsaufnahme, Anzeigen von Gefahrenreizen in der Umwelt und soziale Kommunikation.[14] Während die ersten beiden Bereiche vor allem der Selbsterhaltung dienen, steht die soziale Kommunikation vor allem im Dienst der Arterhaltung, also der Fortpflanzung und der Fürsorge gegenüber unseren Mitmenschen.

Dass das Riechen für die Nahrungsaufnahme eine fundamentale Bedeutung hat, ist jedem klar, der seinen Geruchssinn einmal verloren hat. Faktisch besteht das, was wir landläufig als „Geschmack" einer Speise bezeichnen, zum Großteil aus Geruchsinformationen. Unser Geschmackssinn ist lediglich in der Lage, süß, sauer, bitter, umami und salzig zu unterscheiden. Das spezifische Aroma einer Erdbeere oder Kirsche und der unverwechselbar weihnachtliche Duft von Zimtsternen werden über Moleküle vermittelt, die sich an unsere Riechschleimhaut binden. Dementsprechend beklagen Menschen mit Hyposmie oder Anosmie typischerweise, dass das Essen fade schmeckt.[15]

Weniger bewusst ist den meisten Menschen, dass Gerüche vor Gefahren der Umwelt warnen. Mit dem Wort „Gefahr" verbinden wir typischerweise unmittelbare Bedrohungen, die Angst auslösen, wie eine steile Klippe, wilde Tiere oder dunkle

16 Vgl. Ilona Croy, Kerstin Laqua, Frank Süß (u. a.), „The sensory channel of presentation alters subjective ratings and autonomic responses toward disgusting stimuli – Blood pressure, heart rate and skin conductance in response to visual, auditory, haptic and olfactory presented disgusting stimuli", in: *Frontiers in Human Neuroscience*, Vol. 7, September 2013, S. 510.

17 Vgl. Kai Qin Chan, Roel van Dooren, Rob W. Holland (u. a.), „Disgust lowers olfactory threshold: a test of the underlying mechanism", in: *Cognition and Emotion*, Vol. 34, Is. 3, Mai 2020, S. 621–627.

18 Vgl. Mats J. Olsson, Johan N. Lundström, Mats Lekander (u. a.), „The scent of disease: human body odor contains an early chemosensory cue of sickness", in: *Psychol Science*, Vol 25, Is. 3, März 2014, S. 817–823.

19 Vgl. Ilona Croy, Silvia D'Angelo, Håkan Olausson, „Reduced pleasant touch appraisal in the presence of a disgusting odor", in: *PloS one*, Vol. 9, Is. 3, März 2014, S. e92975.

20 Vgl. Ilona Croy, Edda Drechsler, Paul Hamilton (u. a.), „Olfactory modulation of affective touch processing – A neurophysiological investigation", in: *Neuroimage*, Vol. 135, Juli 2016, S. 135–141.

Häuserecken und Kampfgeräusche. Vor allen genannten Beispielen warnt uns unser Riechsystem nicht, dafür ist es auch zu langsam und zu träge. Das Riechen warnt uns vor den kleinen unsichtbaren – aber mindestens ebenso tödlichen – Bedrohungen: vor Mikroorganismen. Wir riechen, wenn die Milch verdorben ist, wir riechen, wenn ein Zahn faulig ist, wir riechen die Fäkalien in der U-Bahn-Unterführung und wir riechen den süßlich-verdorbenen Geruch eiternder Wunden. Die Emotion, die hier ausgelöst wird, ist keine, die eine schnelle Kampf- und Fluchtreaktion vorbereitet, wie es die Angst tut. Die Emotion, die wir erleben, wenn Gerüche potenzielle Bedrohungen durch Mikroorganismen anzeigen, sorgt dafür, dass wir die Milch ausspucken, die Hände waschen und schon mit unserem Gesichtsausdruck anderen sehr deutlich zu verstehen geben: Das hier solltest du nicht anfassen. Wir ekeln uns. Unser Riechsystem hat eine besonders enge Verbindung zu Ekelempfindungen. Im Gegensatz zu visuellen Eindrücken oder Tönen findet bei ekligen Gerüchen auch keine Gewöhnung statt, sondern wir erleben jedes Mal aufs Neue eine starke Reaktion, die von Blutdruckabfall begleitet ist.[16] Wenn sich jemand ekelt, erhöht dies auch die Aufmerksamkeit auf Gerüche, sodass wir potenzielle Gefahren schneller und in geringeren Konzentrationen entdecken können.[17] Der Ekel, den wir durch den Geruch erleben, wird durch einen typischen Gesichtsausdruck begleitet, welcher sich durch ein Zusammenziehen der Nase, Senken der Augenbrauen und eine angezogene Oberlippe auszeichnet.

Unsere Riechwahrnehmung ist so empfindlich, dass wir sogar Krankheiten bei anderen Personen wahrnehmen können. In einem aufsehenerregenden Experiment haben Olsson und Kollegen acht Versuchspersonen die Substanz Endotoxin injiziert, die für einen begrenzten Zeitraum von circa vier Stunden eine Immunreaktion im Körper auslöst, vergleichbar mit der unspezifischen Immunabwehr bei einer Erkältung.[18] Währenddessen trugen die Versuchspersonen enganliegende T-Shirts, um den Achselschweiß als Körpergeruchsprobe aufzufangen. Im Anschluss ließen sie 40 andere Personen an den Proben riechen. Dabei zeigte sich, dass die Personen Proben mit „Krankheitsgeruch" als überzufällig unangenehmer, intensiver und „ungesünder" bewerteten als Proben, bei denen den Körpergeruchsspendern anstatt Endotoxin Kochsalzlösung gespritzt wurde. Das Experiment ist besonders interessant, wenn man es im Zusammenhang mit einem anderen Befund sieht: Unangenehme Gerüche machen uns aufmerksamer für Berührungen und sorgen dafür, dass wir Berührungen als unangenehmer erleben.[19] Dies geschieht durch eine direkte Rückkopplung im Gehirn zwischen Riecharealen, Inselrinde und der Schaltstelle für Berührungsverarbeitung, dem somatosensorischen Kortex.[20] Unser Hirn ist also so verdrahtet, dass wir Berührung vermeiden, wenn wir unangenehme Gerüche wahrnehmen. Dies verringert die Gefahr einer Ansteckung.

Stevenson führt aus, dass vor allem drei niedermolekulare Verbindungen – stickstoffhaltige Indole, schwefelhaltige Thiole und kurzkettige Fettsäuren – als die prototypischen Merkmale von Ekelgerüchen gelten.[21] Diese drei Verbindungen signalisieren zuverlässig Fäulnis, das heißt den mikrobiellen Abbau von Proteinen, der in der Regel mit der Produktion von Toxinen einhergeht und sich in vielen schlechten Gerüchen finden lässt.[22] Auf solche Gerüche reagieren Menschen mit einer Verengung der Nasendurchlässigkeit, was sich im typischen Ekelgesicht (siehe oben) widerspiegelt.[23] Dies hat laut Darwin eine selbstregulierende Funktion zur Vermeidung des Eintritts schädlicher Substanzen in den Körper,[24] und gleichzeitig signalisiert dies Beobachtenden „Ekel" und Gefahr, warnt also auch andere.

SOZIALE KOMMUNIKATION

Dass das Riechen im Tierreich für die soziale Kommunikation wichtig ist, ist vermutlich den meisten bekannt. Ein typisches Beispiel sind Hunde, welche sich und ihre Hinterlassenschaften von allen Seiten ausgiebig beschnuppern, ehe sie zufrieden mit Frauchen oder Herrchen weiterziehen. Das machen Menschen typischerweise nicht, wir haben mit der Sprache ja auch ein sehr ausgefeiltes Kommunikationsmittel. Trotzdem können Riecheindrücke unserer Mitmenschen interessante Informationen liefern und zu ganz spezifischem Verhalten führen. Nehmen wir beispielsweise Eltern, die gar nicht genug vom süßen und weichen Geruch ihrer Babys bekommen können und immer wieder am Köpfchen riechen wollen. Oder das Phänomen, dass wir uns am liebsten in der Achselhöhle oder im wohligen Geruch des getragenen Pullovers unserer Partnerin oder unseres Partners vergraben würden. Körpergerüche signalisieren folglich nicht nur die Präsenz einer anderen Person, sondern auch eine ganz klar belohnende Botschaft. Menschen sind hierbei relativ gut darin, den Geruch der Partnerin oder des Partners[25] oder der eigenen Kinder[26] wiederzuerkennen. Solche Gerüche werden in den sogenannten Belohnungszentren des Gehirns verarbeitet.[27–28] Das passt gut zu der Erfahrung, dass wir in solchen Situationen gerne länger verweilen und „mehr riechen" wollen. Die belohnende Eigenschaft, insbesondere der Kindergerüche, ist ein genetischer Selektionsvorteil, da der Wunsch, das Kind zu riechen, nur eingelöst werden kann, wenn das Kind auch in der Nähe ist und damit eine liebevolle Zuwendung erfährt. Hiermit wird folglich die Eltern-Kind-Bindung gestärkt. Interessanterweise sind Mütter mit diagnostizierten Bindungsproblemen zum Kind schlechter in der Lage, den Geruch ihrer Kinder zu

21 Vgl. Richrd J. Stevenson, Trevor I. Case, Supreet Saluja (u. a.), „A proximal perspective on disgust", in: *Emotion Review, Vol. 11*, Is. 3, Juni 2019, S. 209–225.

22 Vgl. Matthias Laska, Rosa Mariela Rivas Bautista, Daniel Höfelmann (u. a.), „Olfactory sensitivity for putrefaction-associated thiols and indols in three species of non-human primate", in: *Journal of Experimental Biology*, Vol. 210, Teil 23, Dezember 2007, S. 4169–4178.

23 Vgl. Joshua M. Susskind, Daniel H. Lee, Andrée Cusi (u. a.), „Expressing fear enhances sensory acquisition", in: *Nature Neuroscience*, Vol. 11, Is. 7, August 2008, S. 843–850.

24 Vgl. Charles Darwin, *The expression of the emotions in man and animals*, London 1872, 1965.

25 Vgl. Mehmet K. Mahmut, Richard J. Stevenson, Ian Stephen, „Do women love their partner's smell? Exploring women's preferences for and identification of male partner and non-partner body odor", in: *Physiology & Behavior*, Vol 210, Oktober 2019, S. 112517.

26 Vgl. Laura Schäfer, Agnieszka Sorokowska, Jürgen Sauer (u. a.), „Body odours as a chemosignal in the mother-child relationship: new insights based on an human leucocyte antigengenotyped family cohort", in: *Philosophical Transactions of the Royal Society B*, Vol 375, Is. 1800, April 2020, S. 20190266.

27 Vgl. Johan N. Lundström, Annegret Mathe, Benoist Schaal (u. a.), „Maternal status regulates cortical responses to the body odor of newborns", in: *Frontiers in Psychology*, Vol 4, September 2013, S. 597.

28 Vgl. Laura Schäfer, Thomas Hummel, Ilona Croy, „The design matters: How to detect neural correlates of baby body odors", in: *Frontiers in Neurology*, Vol. 9, Januar 2019, S. 1182.

29 Vgl. Ilona Croy, Theresa Mohr, Kerstin Weidner (u. a.), „Mother-child bonding is associated with the maternal perception of the child's body odor", in: *Physiology & Behavior*, Vol. 198, Januar 2019, S. 151–157.

30 Vgl. Kazuyuki Shinohara, Masayo Morofushi, Toshiya Funabashi (u. a.), „Axillary pheromones modulate pulsatile LH secretion in humans", in: *Neuroreport*, Vol 12, Is. 5, April 2001, S. 893–895.

31 Vgl. Suma Jacob, Martha K. McClintock, „Psychological state and mood effects of steroidal chemosignals in women and men", in: *Hormones and Behavior*, Vol. 37, Is. 1, Februar 2000, S. 57–78.

32 Vgl. Martie G. Haselton, Kelly Gildersleeve, „Human ovulation cues", in: *Current Opinion in Psychology*, Vol 7, Februar 2016, S. 120–125.

33 Vgl. Saul L. Miller, Jon K. Maner, „Scent of a woman: Men's testosterone responses to olfactory ovulation cues", in: *Psychological Science*, Vol 21, Is. 2, Februar 2010, S. 276–283

34 Vgl. Mehmet K. Mahmut, Ilona Croy, „The role of body odors and olfactory ability in the initiation, maintenance and breakdown of romantic relationships – A review", in: *Physiology & Behavior*, Vol 207, August 2019, S. 179–184.

35 Vgl. Laura Schäfer, Linda Mehler, Antja Hähner (u. a.), „Sexual desire after olfactory loss: Quantitative and qualitative reports of patients with smell disorders", in: *Physiology & Behavior*, Vol. 201, März 2019, S. 64–69.

36 Vgl. Charles Janeway Jr. (u. a.), „The major histocompatibility complex and its functions", in: *Immunobiology: The Immune System in Health and Disease*, 5. Ed. New York 2001.

37 Vgl. K. Mathias Wegner, Martin Kalbe, Joachim Kurtz (u. a.), „Parasite selection for immunogenetic optimality", in: *Science*, Vol. 301, September 2003, S. 1343.

38 Vgl. Terese Leinders-Zufall, Peter Brennan, Patricia Widmayer (u. a.), „MHC class I peptides as chemosensory signals in the vomeronasal organ", in: *Science*, Vol. 306, November 2004, S. 1033–1037.

39 Claus Wedekind, Thomas Seebeck, Florence Bettens (u. a.), „MHC-dependent mate preferences in humans", in: *Proceedings of the Royal Society of London Series B: Biological Sciences*, Vol. 260, Nr. 1359, Juni 1995, S. 245–249.

40 Vgl. Claus Wedekind, Sandra Füri, „Body odour preferences in men and women: do they aim for specific MHC combinations or simply heterozygosity?" in: *Proceedings of the Royal Society of London Series B: Biological Sciences*, Vol. 264, Nr. 1387, Oktober 1997, S. 1471–1479.

erkennen und – im Gegensatz zu Müttern mit guter Bindung – bevorzugen sie den Geruch ihrer Kinder auch nicht.[29]

Gerüche signalisieren uns auch sexuelle Anziehung. So beeinflussen Derivate des Testosterons, also des männliches Sexualhormons, die sich im männlichen Schweiß finden lassen, die Länge des weiblichen Zyklus[30] und auch die Stimmung von Frauen.[31] Umgekehrt können Männer am Körpergeruch einer Frau überzufällig korrekt erkennen, ob sich die Frau in der Phase des Eisprungs befindet,[32] und der weibliche Körpergeruch während des Eisprungs erhöht die Testosteronkonzentration im Mann.[33]

In einem Übersichtsartikel wurde kürzlich gezeigt, welche Bedeutung Körpergerüche für die Entstehung, Aufrechterhaltung und Auflösung von intimen Partnerschaften hat.[34] Dabei zeigte sich in der Zusammenstellung der Literatur vor allem, dass über Körpergerüche transportierte Vertrautheit an der Aufrechterhaltung, während Ekelgefühle an der Entzweiung einer Partnerschaft beteiligt sein können. Schließlich können Gerüche durch olfaktorisch mediierte sexuelle Attraktion die Entstehung einer Partnerschaft begünstigen. Dementsprechend beklagen Menschen, die den Geruchssinn verloren haben, auch oft ein vermindertes sexuelles Interesse.[35]

Ein Phänomen, das in den letzten Jahren viel Beachtung gefunden hat, ist die menschliche Fähigkeit, den phänotypischen Immunstatus potenzieller Partner zu erkennen. Die Grundidee hierbei ist, dass Menschen verschiedene Kodierungen des angeborenen Immunsystems haben. Das bedeutet, nicht alle sind gegen dieselben Pathogene immun, sondern es gibt eine recht hohe Varianz in der Bevölkerung. Die Kodierung des angeborenen Immunsystems findet sich im sogenannten Haupthistokompatibilitätskomplex (kurz: MHC vom englischen Major histocompatibility complex) wieder. Für das Individuum ist es günstig, eine möglichst heterogene Ausprägung dieses Komplexes zu haben, um gegen möglichst viele Pathogene resistent zu sein. Da der MHC kodominant vererbt wird,[36] erhält jeder Mensch eine heterogene Ausprägung dadurch, dass beide Elternteile einen anderen MHC besitzen. Um also möglichst gesunde Nachkommen zu haben, ist es günstig, wenn Mutter und Vater sich im MHC unterscheiden. Im Tierreich paaren sich daher bevorzugt jene Fische[37] und Mäuse,[38] die eine unterschiedliche MHC-Kodierung aufweisen. Für Menschen konnte ebenfalls gezeigt werden, dass Frauen den Geruch MHC-unterschiedlicher Männer attraktiver finden als den MHC-ähnlicher Männer,[39] und dies ist auch vom Gebrauch der Pille abhängig.[40] Diese Studien konnten allerdings nicht immer repliziert werden.[41] In westlichen Kulturen scheint es auch keine relevante Auswirkung des sogenannten MHC-Effekts auf die Partnerwahl zu geben. In einer Studie mit über 3000

41   Vgl. Jan Havlíček, Jamie Winternitz, S. Craig Roberts, „Major histocompatibility complex-associated odour preferences and human mate choice: near and far horizons", in: *Philosophical Transactions of the Royal Society B*, Vol 375, Is. 1800, Juni 2020, S. 20190260.

42   Vgl. Ilona Croy, Gerhard Ritschel, Denise Keßner-Kiel (u. a.), „Marriage does not relate to major histocompatibility complex: a genetic analysis based on 3691 couples", in: *Proceedings of the Royal Society B*, Vol 287, Is. 1936, Oktober 2020, S. 20201800.

43   Vgl. Jan Havlicek, Pavlina Lenochova, „The effect of meat consumption on body odor attractiveness", in: *Chemical Senses*, Vol. 31, Is. 8, Oktober 2006, S. 747–752.

44   Vgl. Jasper H. B. de Groot, Gün R. Semin, Monique A. M. Smeets, „On the Communicative Function of Body Odors: A Theoretical Integration and Review", in: *Perspectives on Psychological Science*, Vol 12, Is. 2, März 2017, S. 306–324.

45   Vgl. Shinichiro Haze, Yoko Gozu, Shoji Nakamura (u.a.), „2-Nonenal newly found in human body odor tends to increase with aging", in: *Journal of investigative dermatology*, Vol. 116, Is. 4, April 2001, S. 520–524.

46   Vgl. Agnieszka Sorokowska, Piotr Sorokowski, Andrzej Szmajke, „Does personality smell? Accuracy of personality assessments based on body odour", in: *European Journal of Personality*, Vol. 26, Is. 5, September 2012, S. 496–503.

47   Vgl. Monique A. M. Smeets, Egge A. E. Rosing, Doris M. Jacobs (u. a.), „Chemical fingerprints of emotional body odor", in: *Metabolites*, Vol. 10, Is. 3, Februar 2020, S. 84.

48   Vgl. Jasper H. B. de Groot, Gün R. Semin, Monique A. M. Smeets, „On the Communicative Function of Body Odors: A Theoretical Integration and Review", in: *Perspectives on Psychological Science*, Vol 12, Is. 2, März 2017, S. 306–324.

49   Vgl. Denise Chen, Jeanette Haviland-Jones, „Human olfactory communication of emotion", in: *Perceptual and Motor Skills*, Vol. 91, Is. 3, Teil 1, Dezember 2000, S. 771–781.

50   Vgl. Kerstin Ackerl, Michaela Atzmueller, Karl Grammer, „The scent of fear", in: *Neuroendocrinology Letters*, Vol. 23, Is. 2, Mai 2002, S. 79–84.

51   Vgl. Jasper H. B. de Groot, Monique A. M. Smeets, Annemarie Kaldewaij (u. a.), „Chemosignals communicate human emotions", in: *Psychological Science*, Vol 23, Is. 11, 2012, S. 1417–1424.

verheirateten Paaren konnten wir zeigen, dass Paare sich nicht überzufällig häufig zusammenfinden, die MHC-unähnlich sind. Dies liegt vermutlich daran, dass die MHC-Diversität so hoch ist, dass es sehr unwahrscheinlich ist, außerhalb von Laborstudien auf Personen zu treffen, die eine hohe Übereinstimmung im MHC haben.[42] Körpergerüche können darüber hinaus noch einige weitere Informationen über unsere Mitmenschen transportieren. Interessanterweise lässt sich beispielsweise über den Geruchssinn vegetarische Ernährung detektieren.[43] In einem Übersichtsartikel nehmen de Groot und Kollegen[44] an, dass Menschen in der Lage sind, sowohl eher überdauernde, sogenannte „Trait"-Aspekte, einer Person, wie die bereits thematisierte Genetik, Alter[45] oder gar Persönlichkeitsmerkmale,[46] als auch dynamische emotionale Zustände, sogenannte „State"-Aspekte, zu detektieren. Die zugrundliegende Annahme dabei ist, dass die unterschiedliche Ausprägung von Traits in Kombination mit dynamischen States ein charakteristisches chemisches Profil im Körpergeruch ergibt. Dass sich verschiedene Emotionen tatsächlich in unterscheidbaren chemischen „Fingerprints" äußern, konnten Smeets et al. zeigen, indem sie die chemische Zusammensetzung von Achselschweiß verglichen, der beim Anschauen circa 30-minütiger fröhlicher, angsteinflößender oder neutraler Videos abgenommen wurde.[47] Diese unterschiedlichen „Körpergeruchsprofile" erlernen wir im Kontakt mit unseren Mitmenschen, sodass mit der Zeit bestimmte Körpergerüche (bewusst oder unbewusst) mit diesen Traits und States assoziiert werden.[48] In verschiedenen Experimenten ließ sich etwa zeigen, dass Menschen in der Lage sind, Angst oder Freude im Geruch des Achselschweißes vom Schweißgeruch bei einer Kontrollbedingung (häufig sportliche Aktivität) zu unterscheiden.[49–50] Die durch den Geruch kommunizierte Emotion kann sich infolgedessen sogar auf die andere Person übertragen,[51–53] was sich zum Beispiel in einer Veränderung im Gesichtsausdruck des Empfängers spiegeln kann.[54] Neben Angst und Freude können außerdem zum Beispiel Aggression,[55] sexuelle Erregung oder Ekel[56] über Veränderungen des Körpergeruchs transportiert und kommuniziert werden.

Dabei ist es aber keineswegs so, dass wir als Menschen in der Lage wären, präzise am Körpergeruch zu bestimmen, wie es anderen Personen geht. Der Körpergeruch wird als eine holistische Information aufgenommen, die uns einen Eindruck oder eine Art „Hintergrund" liefert. Zusammen mit dem Anblick der anderen Person, der Stimme und der Art der Berührung bildet sich eine ganzheitliche Personenwahrnehmung. Eine interessante Studie in diesem Zusammenhang wurde bei Zahnmedizinstudierenden durchgeführt. Hier zeigte sich, dass diese durch den Angstgeruch ihrer Patientinnen und Patienten in ihrer Leistung

52 Alexander Prehn-Kristensen, Christian Wiesner, Til Ole Bergmann (u. a.), „Induction of empathy by the smell of anxiety", in: *PLoS One*, Vol. 4, Is. 6, Juni 2009, S. e5987.

53 Bettina M. Pause, Anne Ohrt, Alexander Prehn (u. a.), „Positive emotional priming of facial affect perception in females is diminished by chemosensory anxiety signals", in: *Chemical senses*, Vol. 29, Is. 9, November 2004, S. 797–805.

54 Jasper H. B. de Groot, Monique A. M. Smeets, Annemarie Kaldewaij (u. a.), „Chemosignals communicate human emotions", in: *Psychological Science*, Vol 23, Is. 11, 2012, S. 1417–1424.

55 Vgl. Preet Bano Singh, Alix Young, Synnøve Lind (u. a.), „Smelling anxiety chemosignals impairs clinical performance of dental students", *Chemical Senses*, Vol 43, Is. 6, Juli 2018, S. 411–417.

56 Vgl. Jasper H. B. de Groot, Monique A. M. Smeets, Annemarie Kaldewaij (u.a.), „Chemosignals communicate human emotions", in: *Psychological Science*, Vol 23, Is. 11, 2012, S. 1417–1424.

57 Vgl. Preet Bano Singh, Alix Young, Synnøve Lind (u. a.), „Smelling anxiety chemosignals impairs clinical performance of dental students", *Chemical Senses*, Vol 43, Is. 6, Juli 2018, S. 411–417.

58 Ilona Croy, Maria Springborn, Jörn Lötsch (u. a.), „Agreeable smellers and sensitive neurotics–correlations among personality traits and sensory thresholds", in: *PLoS One*, Vol. 6, Is. 4, April 2011, S. e18701.

59 Johanna Bendas, Thomas Hummel, Ilona Croy, „Olfactory function relates to sexual experience in adults", in: *Archives of Sexual Behavior*, Vol. 47, Is. 5, Juli 2018, S. 1333–1339.

60 Inbal Ravreby, Kobi Snitz, Noam Sobel, „There is chemistry in social chemistry", in: *Science Advances*, Vol 8, Is. 25, Juni 2022, S. eabn0154.

61 Ilona Croy, Steven Nordin, Thomas Hummel, „Olfactory disorders and quality of life – an updated review", in: *Chemical senses*, Vol. 39, Is. 3, März 2014, S. 185–194.

62 Ilona Croy, Maria Springborn, Jörn Lötsch (u. a.), „Agreeable smellers and sensitive neurotics–correlations among personality traits and sensory thresholds", in: *PLoS One*, Vol. 6, Is. 4, April 2011, S. e18701.

63 Ann Oleszkiewicz, Maria Larsson, Thomas Hummel (u. a.), „Consequences of undetected olfactory loss for human chemosensory communication and well-being", in: *Philosophical Transactions of the Royal Society B*, Vol. 375, Is. 1800, Juni 2020, S. 20190265.

beeinflusst werden – obwohl sie sich des Geruchs gar nicht bewusst waren.[57]

Zwar ist die Geruchsinformation deutlich weniger präzise als andere Informationsquellen, kann uns aber zusätzliche und im Alltag meist subtil ablaufende Einschätzungen zu anderen Menschen liefern. Dementsprechend sind Personen, die einen sehr gut ausgeprägten Geruchssinn haben, scheinbar etwas im Vorteil bei der Bewertung anderer Menschen: Sie berichten beispielsweise, dass sie besser mit anderen Personen auskommen.[58–59] Dies zeigte sich an einer erhöhten Ausprägung in der Persönlichkeitseigenschaft „Verträglichkeit", die durch empathisches, kooperatives und hilfsbereites Verhalten gekennzeichnet ist. Menschen, die gut riechen können, können möglicherweise die subtilen Geruchsreize aus ihrer Umwelt besser nutzen, um sich in andere hineinzuversetzen oder deren Gefühle nachzuempfinden. In einer kürzlich erschienenen Studie wird gezeigt, dass Gerüche möglicherweise sogar eine Rolle dabei spielen, wie wir unsere Freunde aussuchen und unser Körpergeruch dem unserer Freunde ähnelt.[60]

RIECHEN UND EMOTIONSVERARBEITUNG

Aus den genannten Funktionen des Riechens ergibt sich, dass unser Geruchsvermögen sich darauf auswirkt, wie wir die Welt wahrnehmen. Riechen beeinflusst, wen wir attraktiv finden, wie gern wir mit unseren Kindern kuscheln und welche Dinge wir lieber vermeiden. Es ist demnach plausibel, dass das Riechen einen Einfluss darauf hat, wie wir uns fühlen. Aus den einleitenden Bemerkungen zur Anatomie und zur Evolution des Riechsystems ergibt sich darüber hinaus, dass unser Geruchssinn eine sehr enge Verdrahtung zu Emotionszentren hat. Dementsprechend kann man sich fragen, ob Menschen ohne Geruchssinn die Welt anders erleben. Tatsächlich zeigt sich eine höhere Vulnerabilität für Depressionen bei Personen, die ihren Geruchssinn verloren haben,[61] und auch bei Personen, die noch nie in ihrem Leben riechen konnten.[62] Interessanterweise scheinen Personen, die sich ihres (typischerweise altersbedingten) Geruchsverlusts nicht bewusst sind, kein höheres Depressionsrisiko aufzuweisen.[63] Dies deutet darauf hin, dass zumindest bei erworbenen Geruchsstörungen das subjektive Leiden unter dem Verlust eine entscheidendere Rolle spielt, das heißt, manche Menschen „stört" ihr (objektiv) verringertes Riechvermögen scheinbar in ihrem Alltag nicht. Die – zumindest bei einer Hyposmie noch vorhandene – olfaktorische Restfunktion scheint eher ausreichend zu sein, um nicht zu einer erhöhten Depressivitätsvulnerabilität zu führen.

Von der anderen Seite betrachtet, geht eine Major Depression häufig mit einer verminderten Geruchsfunktion in den Bereichen Schwellenwert, Identifikation und Diskriminierung sowie mit einer verminderten zentralen Verarbeitung von

64 Vgl. Preeti Kohli, Zachary M. Soler, Shaun A. Nguyen (u. a.), „The association between olfaction and depression: a systematic review", in: Chemical senses, Vol 41, Is. 6, Juli 2016, S. 479–486.

65 Vgl. Luise D. Pabel, Thomas Hummer, Kerstin Weidner (u. a.), „The impact of severity, course and duration of depression on olfactory function", in: *Journal of Affective Disorders*, Vol. 238, Oktober 2018, S. 194–203.

66 Vgl. Paul D. MacLean, „Psychosomatic disease and the 'visceral brain'; recent developments bearing on the Papez theory of emotion", in: *Psychosomatic medicine*, Vol 11, Is. 6, November 1949, S. 338–353.

67 Vgl. Paul D. MacLean, „The limbic system (visceral brain) and emotional behavior", in: *AMA Archives of Neurology & Psychiatry*, Vol 73, Is. 2, Februar 1955, S. 130–134.

68 Vgl. Donald A. Wilson, Wenjin Xu, Benjamin Sadrian (u. a.) DA et al. „Cortical odor processing in health and disease", in: *Progress in Brain Research*, Vol. 208, 2014, S. 275–305.

69 Vgl. Jay A. Gottfried, „Smell: central nervous processing", in: *Taste and smell*, Vol. 63, 2006, S. 44–69.

70 Vgl. Noam Sobel, Vivek Prabhakaran, Zuo Zhao (u. a.), „Time course of odorant-induced activation in the human primary olfactory Cortex", in: *Journal of Neurophysiology*, Vol 83, Is. 1, Januar 2000, S. 537–551.

71 Vgl. Yaël Soudry, Cédric Lemonge, David Malinvaud (u. a.), „Olfactory system and emotion: common substrates", in: *European Annals of Otorhinolaryngology, Head and Nneck Diseases*, Vol 128, Is. 1, Januar 2011, S. 18–23.

72 Vgl. Florian Kurth, Karl Zilles, Peter T. Fox (u. a.), „A link between the systems: functional differentiation and integration within the human insula revealed by meta-analysis", in: *Brain Structure and Function*, Vol. 214, 2010, S. 519–534.

73 Vgl. Cai Song, Brian E. Leonard, „The olfactory bulbectomised rat as a model of depression", in: *Neuroscience & Biobehavioral Reviews*, Vol. 29, Is. 4-5, 2005; S. 627–647.

74 Vgl. Joshua M. Carlson, Jiook Cha, Lilianne R. Mujica-Parodi, „Functional and structural amygdala–anterior cingulate connectivity correlates with attentional bias to masked fearful faces", in: *Cortex*, Vol. 49, Is. 9, Oktober 2013, S. 2595–2600.

75 Vgl. Ilona Croy, Simona Negoias, Lenka Novakova (u. a.), „Learning about the functions of the olfactory system from people without a sense of smell", in: *PloS One*, Vol. 7, Is. 3, März 2012, S. e33365.

Gerüchen einher.[64] Eine lange Dauer der Depression erhöht die Anfälligkeit für eine verminderte Geruchssensibilität.[65]

Es kann vermutet werden, dass der Zusammenhang zwischen Depression und beeinträchtigtem Riechvermögen kein Zufall ist, sondern aus der engen Verbindung zwischen Riechstrukturen und zentralen Strukturen, die an der Emotions- und Salienzverarbeitung beteiligt sind, herrührt. So stellte bereits MacLean die Hypothese einer anatomisch begründeten Beteiligung des Geruchssinns an depressiven Zuständen auf und beschrieb den Geruchssinn ursprünglich als einen wichtigen Teil des „viszeralen Gehirns",[66] das er später als „limbisches System" bezeichnete.[67] Der anatomische Weg der Geruchsverarbeitung führt vom Riechepithel über die Riechnerven zum Riechkolben, der die erste zentrale Relaisstation der Geruchsverarbeitung ist. Von dort werden die Geruchsinformationen an den primären olfaktorischen Kortex (piriformer Kortex, anteriorer olfaktorischer Kern, entorhinaler Kortex, Amygdala) weitergeleitet.[68] Sekundäre olfaktorische Strukturen werden durch den orbitofrontalen Kortex (OFC), den Hippocampus und die vordere Insula gebildet,[69] und tertiäre Strukturen sind der Gyrus cingulare und der Gyrus superior temporalis.[70] In dieser Kaskade können die Amygdala, der anteriore cinguläre Kortex und die Insula als gemeinsame relevante Hirnregionen für die Geruchs- und Salienzverarbeitung hervorgehoben werden.[71] Diese anatomische Überlappung ist besonders im vorderen Teil der Insula ausgeprägt, der sowohl bei emotionalen Aufgaben als auch bei olfaktorischer Stimulation aktiviert wird.[72] Diese gemeinsamen Bahnen sind funktionell relevant. Im Rattenmodell führt die experimentelle Entfernung des Riechkolbens (sogenannte Bulbektomie) zu depressionsähnlichem Verhalten und Veränderungen der Neurotransmitterkonzentrationen[73] sowie zu einer Degeneration von Nervenfasern in der Amygdala.[74] Auch beim Menschen steht ein verminderter oder fehlender olfaktorischer Input aufgrund eines aplastischen oder hypoplastischen Riechkolbens in Zusammenhang mit depressiven Symptomen.[75–77] Eigene Arbeiten deuten zudem darauf hin, dass die olfaktorische Stimulation die Reaktivität zentraler Salienzstrukturen auf emotionale Reize verändern kann. So konnten wir zeigen, dass Patientinnen und Patienten mit erworbener Hyposmie eine reduzierte Verarbeitung emotionaler Bilder aufweisen. Der Hyposmie- und gesunden Kontrollgruppe wurden Bilder mit emotionalem und nichtemotionalem Inhalt präsentiert, während ihre Hirnaktivierung im fMRI-Scanner verfolgt wurde. Obwohl sich beide Gruppen in der Bewertung und Verarbeitung nichtemotionaler Bilder nicht unterschieden, bewertete die Hyposmiegruppe die emotionalen Bilder als signifikant weniger erregend, und die Patientinnen und Patienten zeigten eine verminderte Verar-

76 Vgl. Simona Negoias, Ilona Croy, Johannes Gerber (u. a.), „Reduced olfactory bulb volume and olfactory sensitivity in patients with acute major depression", in: *Neuroscience*, Vol. 169, Is. 10, August 2010, S. 415–421.

77 Vgl. Simona Negoias, Thomas Hummel, Anja Symmank (u. a.), „Olfactory bulb volume predicts therapeutic outcome in major depression disorder", in: *Brain Imaging and Behavior*, Vol. 10, Is. 2, Juni 2016, S. 367–372.

78 Vgl. Pengfei Han, Thomas Hummel, Claudia Raue (u. a.), „Olfactory loss is associated with reduced hippocampal activation in response to emotional pictures", in: *Neuroimage*, Vol. 188, März 2019, S. 84–91.

beitung emotionaler Bilder in salienzrelevanten Gehirnstrukturen.[78] Darauf aufbauend gibt es derzeit in unserem Labor Bemühungen, die anatomische Schnittstelle für die Depressionsbehandlung nutzbar zu machen, indem wir versuchen, über die Riechschleimhaut elektrische Signale zur Anregung der Emotionsverarbeitung ins Gehirn zu senden. Diese Forschung steht jedoch noch am Anfang.

SCHLUSSFOLGERUNGEN

Mit den obigen Ausführungen haben wir versucht, die Funktionen des Riechens für den Menschen zu verdeutlichen, die sich vor allem auf Nahrungsaufnahme, Gefahrenabwehr und zwischenmenschliche Kommunikation konzentrieren. Personen mit einer Beeinträchtigung des Riechsystems berichten entsprechend von Problemen bei der Zubereitung und beim Genuss von Nahrung, machen sich mehr Sorgen um potenzielle Gefahren und berichten von spezifischen Einschränkungen im sozialen Bereich, vor allem in partnerschaftlicher Sexualität. Zusätzlich lässt die Verbindung zwischen Riechverarbeitung und emotionsverarbeitenden Strukturen eine Schnittstelle zwischen Riechen und Depression erkennen, die zum einen von HNO-Ärztinnen und -Ärzten beachtet und explizit bei der Behandlung von Patientinnen und Patienten mit Riechstörungen angesprochen werden sollte, und die andererseits ein interessantes Fenster zur Behandlung depressiver Erkrankungen öffnen kann.

Dieser Text erschien ursprünglich in: *Laryngo-Rhino-Otologie*, Vol. 102, H. S01, Mai 2023, S. 93–100.

ODORS AS COMMUNICATION CHANNELS. WHY EMOTIONS GO THROUGH THE NOSE

ILONA CROY
ANTONIE BIERLING

SMELLING IS ONE OF THE OLDEST FORMS OF COMMUNICATION

No living being exists in isolation. In order to survive, all creatures must take in and process information from their environment. We humans, for example, are capable of receiving sound waves and light stimuli and extracting information from the resulting sounds and images: Where is the food? Where is the enemy lurking? Where does it look comfortable?

Over the course of evolution, the ability to take in information has become much more sophisticated. Seeing and hearing, in particular, are recent evolutionary achievements of living beings. One of the oldest forms of information intake, however, is the absorption of molecules from the environment, an achievement we call "chemosensation," i.e., the chemical binding of a molecule from the environment to a receptor in the body. It is estimated that this ability is 500 million years old.[1] In vertebrates, this ability of chemosensation has been divided into the two chemical sensory systems of smell and taste, which are organized into two separate sensory or-gans: the taste buds on the tongue and the olfactory epithelium in the nose.

The ability to take in information from the environment is only useful if that information is used for beneficial behavior. For example, information about the location of food is only useful to us if we then go to the food source and eat. The purposeful move-ment toward (or away from) a stimulus is called motivation, and it is parti-cularly pronounced when it is under-pinned by strong emotions. Emotions can be thought of as the "fuel" of our motivation. Our emotional center is located in the (evolutionarily) older anatomical structures of the brain, the subcortical areas, and the older areas of the cerebral cortex, the allocortex. The brains of evolutionarily very old reptiles and amphibians are domina-ted by structures that serve the pro-cessing of chemosensory stimuli, as well as the processing of emotion and motivation. Of course, new areas, such as the neocortex, have been added in the course of evolution. Nevertheless, the same structures that were respon-sible for the emotional processing of olfactory information in amphibians[2] are still found in humans today. One of the more recent theories is that the structures responsible for chemosensa-

1   See: D. Michel Stoddart, *The ecology of vertebrate olfaction*, (Dordrecht: Springer Science & Business Media 2012).

2   See: Frédéric Laberge et al., "Evolution of the amygdala: new insights from studies in amphibians," *Brain, Behavior and Evolution 67* (April 2006), pp. 177–187.

3   See: R. Glenn Northcutt, "Understanding vertebrate brain evolution," *Integrative and comparative biology 42* (April 2002), pp. 743–756.

4   See: Timothy B. Rowe et.al., "Fossil evi-dence on origin of the mammalian brain", *Science 332* (May 2011), pp. 955–957.

5   See: Gerd Kobal, *Elektrophysiologische Untersuchungen des menschlichen Geruchssinns* (Stuttgart: Thieme 1981).

6   See: William Cain, "Olfaction and the common chemical sense: some psycho-physical contrasts", *Sensory Processes 1* (June 1976), pp. 57–67.

7   See: Charles Spence, Jon Driver, "On mea-suring selective attention to an expected sensory modality," *Perception & Psycho-physics 59* (April 1997), pp. 389–403.

8   See: Lee Sela, Noam Sobel, "Human olfaction: a constant state of change-blindness," *Experimental Brain Research 205* (August 2010), pp. 13–29.

9   See: Valentin Alexander Schriever et al., "Olfactory speed–Temporal odor proces-sing of paired stimuli," *Neuroscience 295* (March 2015), pp. 72–79.

tion evolved along with those responsible for emotion perception.[3] This seems to make sense—the more information we receive about our environment, the more motivated we must be to use that information. The same functions that oversaw self-preservation and species survival in invertebrates still generate emotion and motivation in humans today (LeDeux 2012).

Interestingly, the evolution of olfactory function in the first olfactory brain circuits, the olfactory bulb and the subordinate piriform gyrus, is thought to have been one of the main reasons for the evolution of the entire brain during the Jurassic period, the time of the dinosaurs.[4]

In contrast to more recent forms of information intake, such as the senses of sight or hearing, the sense of smell may seem somewhat "antiquated" in some respects: It takes about 70 to 100 ms for an incoming molecule to trigger a potential across the olfactory mucosa[5] and about 600 ms for humans to respond to an olfactory stimulus.[6] This is at least three times as long as it takes us to respond to a visual stimulus.[7] Moreover, olfactory information can only be absorbed when fresh air reaches our olfactory epithelium—typically every two seconds.[8,9] In addition to this rather poor temporal resolution, smelling is also very poorly networked spatially. Without moving the head, people cannot even tell whether an odor was inhaled through the left or right nostril. It is not surprising, then, that people rate their sense of smell as less reliable than their other senses.[10]

Despite the fact that so many more precise senses have evolved, smell has an enormous impact on our orientation in the world, our well-being, and our interpersonal communication. The following sections discuss why this is so.

OLFACTORY FUNCTION

A distinction is made between the quality and quantity of the olfactory function. Quality indicates whether what one smells matches the current environmental stimulus. For example, does an apple smell like an apple or like something else? A typical quality perception disorder is parosmia. People with this disorder perceive odors differently. Unfortunately, this change is usually negative, meaning that the apple no longer smells like an apple, but rather rotten, pungent, or even fecal. A special variant of this disorder is phantosmia, in which odors (also typically of negative quality) are perceived even though there is no source of the odor—the brain creates an olfactory hallucination. It is estimated that quality disorders occur in about 1 to 5% of the population.[11] A relatively typical example is the development of parosmia following a viral infection. Respiratory infections often damage the cells of the olfactory epithelium. When the destroyed nerve endings are rebuilt, the correct connection to the olfactory bulb must first be relearned. During this process, the symptoms of parosmia may occur temporarily. This is often the result of a Covid-19 infection, for example.[12]

Disorders of olfactory quantity are much more common, affecting approximately 19 to 24% of the population, with age being the main cause of decreased olfactory sensitivity: Older people have a poorer sense of smell than younger people. Several forms of quantitative olfactory dysfunction can be distinguished. Hyposmia occurs when odors are perceived only at relatively high concentrations and fine nuances of smell are not detected. Anosmia, on the other hand, is the complete inability to perceive an olfactory impression. A special case is congenital anosmia. We estimate that this disorder, in which people are born unable to smell, affects about one in 5,000 to 10,000 people,[13] usually due to a missing or underdeveloped olfactory bulb.

WHY IS SMELLING IMPORTANT?

In a highly recommended review article, Richard Stevenson describes the functions of smell and divides them into three areas: food intake, detection of danger stimuli in the environment, and social communication.[14] While the first two areas are primarily for self-preservation, social communication is primarily for species preservation, i.e., reproduction and caring for our fellow humans.

As anyone who has lost their sense of smell can attest, it is fundamental to food intake. In fact, what we commonly refer to as the "taste" of food is largely made up of olfactory information. Our sense of taste can only distinguish between sweet, sour, bitter, umami, and salty. The specific aroma of a strawberry or cherry, or the unmista-

10 See: Joel D. Mainland, "Olfaction," *Stevens' Handbook of Experimental Psychology and Cognitive Neuroscience,* vol. 2 (2018), pp. 1–46.

11 See: Jonas Olofsson et al., *Smell distortions: Prevalence, longevity and impact of parosmia in a population-based, longitudinal study spanning 10 years 2021* (Umeå 2021).

12 See: Katharina Ohla et al., "Increasing incidence of parosmia and phantosmia in patients recovering from COVID-19 smell loss," *medRxiv,* 08.09.2021.

13 See: Viola Bojanowski et al., „Isolierte congenitale Anosmie – Klinische und alltägliche Aspekte eines Lebens ohne Geruchssinn," *Laryngo-Rhino-Otologie 92* (April 2013), pp. 30–33.92: p 30–33

14 See: Richard J. Stevenson, "An initial evaluation of the functions of human olfaction," *Chemical Senses 35* (January 2010), pp. 3–20.15

15 See: Ilona Croy et al., "Olfactory disorders and quality of life – an updated review," *Chemical Senses 39* (March 2014), pp. 185–194.

16 See: Ilona Croy et al., "The sensory channel of presentation alters subjective ratings and autonomic responses toward disgusting stimuli – Blood pressure, heart rate and skin conductance in response to visual, auditory, haptic and olfactory presented disgusting stimuli," *Frontiers in Human Neuroscience 7* (September 2013), p. 510.

17 See: Kai Qin Chan et al., "Disgust lowers olfactory threshold: a test of the underlying mechanism," *Cognition and Emotion 34* (May 2020), pp. 621–627.

18 See: Mats J. Olsson et al., "The scent of disease: human body odor contains an early chemosensory cue of sickness," *Psychol Science 25* (March 2014), pp. 817–82.

19 See: Ilona Croy et al., "Reduced pleasant touch appraisal in the presence of a disgusting odor," *PloS One 9* (march 2014), pp. e92975.

20 See: Ilona Croy et al., "Olfactory modulation of affective touch processing – A neurophysiological investigation," *Neuroimage 135* (July 2016), pp. 135–141.

21 See: Richard J. Stevenson et al., "A proximal perspective on disgust," *Emotion Review 11* (June 2019), pp. 209–225.

22 See: Matthias Laska et al., "Olfactory sensitivity for putrefaction-associated thiols and indols in three species of non-human primate," *Journal of Experimental Biology 210* (December 2007), pp. 4169–4178.

23 See: Joshua M. Susskind et al., "Expressing fear enhances sensory acquisition," *Nature Neuroscience 11* (August 2008), pp. 843–850.

24 See: Charles Darwin, *The expression of the emotions in man and animals* (London: John Murray 1872, 1965).

kable Christmas scent of cinnamon cookies, is conveyed by molecules that bind to our olfactory mucosa. Accordingly, people with hyposmia or anosmia typically complain that food tastes bland.[15]

Most people are less aware that odors warn of environmental dangers. We typically associate the word "danger" with immediate threats that induce fear, such as a steep cliff, wild animals, dark street corners, and the sounds of battle. Our olfactory system does not warn us of any of these examples; it is too slow and inert. Smell warns us of small, invisible—but just as deadly—threats: microorganisms. We smell when milk is spoiled, we smell when a tooth is decaying, we smell the feces in the subway underpass, and we smell the sweet-rotten odor of festering wounds. The emotion triggered here is not one that prepares a quick fight-or-flight response, as fear does. The emotion we experience when smells indicate potential threats from microorganisms makes us spit out the milk, wash our hands, and make it very clear to others with our facial expressions: You should not touch this. We are disgusted. Our olfactory system is particularly connected to feelings of disgust. Unlike visual or acoustic impressions, we do not get used to disgusting odors; instead, we experience a strong reaction every time, which is accompanied by a drop in blood pressure.[16] When we are disgusted, our attention to odors also increases, allowing us to detect potential dangers more quickly and at lower concentrations.[17] The disgust we experience from the odor is accompanied by a typical facial expression characterized by a contraction of the nose, a lowering of the eyebrows, and a drawn upper lip.

Our sense of smell is so sensitive that we can even detect diseases in other people. In a sensational experiment, Mats J. Olsson and his colleagues injected eight subjects with the substance endotoxin, which triggers an immune response in the body for a limited period of about four hours, comparable to the non-specific immune response to a cold.[18] During this time, the subjects wore tight-fitting T-shirts to collect underarm sweat as a body odor sample. They then had forty other people smell the samples. It turned out that people rated the "disease smell" samples as disproportionately more unpleasant, intense, and "unhealthy" than samples in which the body odor donors were injected with a saline solution instead of endotoxin. The experiment is particularly interesting in the context of another finding: Unpleasant odors make us more alert to touch and make us experience touch as more unpleasant.[19] This happens through direct feedback in the brain between the olfactory areas, the insular cortex, and the control center for touch processing, the somatosensory cortex.[20] Our brains are therefore wired to avoid touch when we perceive unpleasant odors. This reduces the risk of infection.

Richard J. Stevenson explains that three low-molecular compounds in particular—nitrogenous indoles, sulfur-containing thiols, and short-chain fatty acids—are considered the prototypical characteristics of odors that disgust.[21] These three compounds reliably signal putrefaction, i.e., the microbial breakdown of proteins, which is usually accompanied by the production of toxins and can be found in many foul odors.[22] Humans respond to such odors by constricting their nasal passages, which is reflected in the typical disgusted face described above.[23] According to Darwin, this is a self-regulatory function to prevent harmful substances from entering the body[24] and at the same time signals "disgust" and danger to observers, thus also warning others.

SOCIAL COMMUNICATION

Most people are probably aware that in the animal kingdom, scent is important for social communication. A typical example is dogs, which will sniff each other and their droppings from all sides before moving on contentedly with their owners. Humans do not typically do this, as we have a very sophisticated means of communication in the form of language. Nevertheless, the olfactory impressions of our fellow humans can provide interesting information and lead to very specific behaviors. Take parents, for example, who cannot get enough of the sweet, soft smell of their babies and always want to smell their little heads. Or the phenomenon of wanting to bury ourselves in our partner's armpit or the comforting scent of our partner's worn sweater. Body odors therefore not only signal the presence of anot-

25 See: Mehmet K. Mahmut et al., "Do women love their partner's smell? Exploring women's preferences for and identification of male partner and non-partner body odor," *Physiology & Behavior* 210 (October 2019), pp. 112517.

26 See: Laura Schäfer et al., "Body odours as a chemosignal in the mother–child relationship: new insights based on an human leucocyte antigengenotyped family cohort," *Philosophical Transactions of the Royal Society* B 375 (April 2020), pp. 20190266.27

27 See: Johan N. Lundström et al., "Maternal status regulates cortical responses to the body odor of newborns," *Frontiers in Psychology* 4 (September 2013), pp. 597.

28 See: Laura Schäfer et al., "The design matters: How to detect neural correlates of baby body odors," *Frontiers in Neurology* 9 (January 2019) pp. 1182.

29 See: Ilona Croy et al., "Mother-child bonding is associated with the maternal perception of the child's body odor," *Physiology & Behavior* 198 (January 2019), pp. 151–157.

30 See: Kazuyuki Shinohara et al., "Axillary pheromones modulate pulsatile LH secretion in humans," *Neuroreport* 12 (April 2001), pp. 893–895.

31 See: Suma Jacob, Martha K. McClintock, "Psychological state and mood effects of steroidal chemosignals in women and men," *Hormones and Behavior* 37 (February 2000), p. 57–78.

32 See: Martie G. Haselton, Kelly Gildersleeve, "Human ovulation cues," *Current Opinion in Psychology* 7 (February 2016), pp. 120–125.

33 See: Saul L. Miller, Jon K. Maner, "Scent of a woman: Men's testosterone responses to olfactory ovulation cues," *Psychological Science* 21 (February 2010), pp. 276–283.

34 See: Mehmet K. Mahmut, Ilona Croy, "The role of body odors and olfactory ability in the initiation, maintenance and breakdown of romantic relationships – A review," *Physiology & behavior* 207 (August 2019), pp. 179–184.

35 See: Laura Schäfer et al., "Sexual desire after olfactory loss: Quantitative and qualitative reports of patients with smell disorders," *Physiology & Behavior* 201 (march 2019), pp. 64–69.

36 See: Charles Janeway Jr. et al., *The major histocompatibility complex and its functions, in Immunobiology: The Immune System in Health and Disease.* 5th edition (New York: Garland Science 2001).

37 See: K. Mathias Wegner et al., "Parasite selection for immunogenetic optimality," *Science* 301 (September 2003), pp. 1343–1343.

her person, they also send a very clear reward message. People are relatively good at recognizing the smell of their partner[25] or their own children.[26] Such smells are processed in the so-called reward centers of the brain.[27,28] This fits well with the experience that we like to linger longer in such situations and want to "smell more." The rewarding property of children's odors, in particular, is a genetic selective advantage because the desire to smell the child can only be satisfied when the child is nearby and receiving loving attention. This strengthens the parent-child bond. Interestingly, mothers with diagnosed attachment problems are less able to recognize their children's scent and—in contrast to mothers with good attachment—do not prefer the scent of their own children.[29]

Odors also signal sexual attraction. For example, derivatives of testosterone, the male sex hormone found in male sweat, influence the length of a woman's menstrual cycle[30] and her mood.[31] Conversely, men are often able to correctly identify whether a woman is ovulating by her body odor,[32] and female body odor during ovulation increases testosterone levels in men.[33]

A recent review article demonstrated the importance of body odor in the development, maintenance, and dissolution of intimate partnerships.[34] The review of the literature showed above all that familiarity transported via body odors can be involved in the maintenance of a relationship, and feelings of disgust can be involved in the dissolution of a relationship. Finally, odors may promote the development of a partnership through olfactorily mediated sexual attraction. Accordingly, people who have lost their sense of smell often complain of decreased sexual interest.[35]

One phenomenon that has received a great deal of attention in recent years is the human ability to recognize the phenotypic immune status of potential partners. The basic idea here is that people have different encodings of the innate immune system. This means that not everyone is immune to the same pathogens, but there is quite a high variance in the population. The coding of the innate immune system is reflected in what is called the major histocompatibility complex (MHC). It is advantageous for an individual to have as heterogeneous an expression of this complex as possible in order to be resistant to as many pathogens as possible. Since the MHC is inherited in a co-dominant manner,[36] each person receives a heterogeneous expression due to the fact that both parents have a different MHC. In order to have the healthiest offspring, it is advantageous for the mother and father to have different MHC. In the animal kingdom, fish[37] and mice[38] therefore prefer to mate with other fish and mice that have a different MHC coding. In humans, it has also been shown that women find the odor of MHC-different men more attractive than that of MHC-similar men,[39] and that this is also dependent on the use of the contraceptive pill.[40] However, these studies could not always be replicated.[41] In Western cultures, there also appears to be no relevant impact of the so-called MHC effect on mate choice. In a study of more than 3,000 married couples, we found that couples who are MHC dissimilar do not come together disproportionately often. This is probably due to the fact that MHC diversity is so high that it is very unlikely to meet people with a high MHC match outside of laboratory studies.[42] Body odors can also convey other information about our fellow human beings. Interestingly, for example, the sense of smell can be used to detect a vegetarian diet.[43] In a review article, Jasper H. B. de Groot and his colleagues[44] suggest that people are able to detect both more permanent aspects (so-called "trait" aspects) of a person, such as the genetics, age,[45] or even personality traits already discussed,[46] as well as dynamic emotional states (so-called "state" aspects). The underlying assumption is that the differential expression of traits in combination with dynamic states results in a characteristic chemical profile in body odor. Monique A. M. Smeets and her colleagues were able to show that different emotions are indeed expressed in distinguishable chemical "fingerprints" by comparing the chemical composition of underarm sweat that was removed while watching approximately thirty minutes of happy, fearful, or neutral videos.[47] We learn these different "body odor profiles" through contact with our fellow human beings, so that over time certain body odors become associated (consciously or unconsciously) with these traits and

38 See: Terese Leinders-Zufall et al., "MHC class I peptides as chemosensory signals in the vomeronasal organ," *Science* 306 (November 2004), pp. 1033–1037.

39 See: Claus Wedekind et al., "MHC-dependent mate preferences in humans," Proceedings of the Royal Society of London. Series B: *Biological Sciences* 260 (June 1995), pp. 245–249.

39 Wedekind C et al. MHC-dependent mate preferences in humans. Proceedings of the Royal Society of London. Series B: Biological Sciences 1995; 260: p 245–249

40 See: Claus Wedekind, Sandra Füri, "Body odour preferences in men and women: do they aim for specific MHC combinations or simply heterozygosity?" *Proceedings of the Royal Society of London. Series B: Biological Sciences 264* (October 1997), pp. 1471–1479.

41 See: Jan Havlíček al., "Major histocompatibility complex-associated odour preferences and human mate choice: near and far horizons," *Philosophical Transactions of the Royal Society B 375* (June 2020), pp. 20190260.

42 See: Ilona Croy et al., "Marriage does not relate to major histocompatibility complex: a genetic analysis based on 3691 couples," *Proceedings of the Royal Society B 287* (October 2020), p. 20201800.

43 See: Jan Havlicek, Pavlina Lenochova, "The effect of meat consumption on body odor attractiveness," *Chemical Senses* 31 (October 2006), pp. 747–752.

44 See: Jasper H. B. de Groot et al., "On the Communicative Function of Body Odors: A Theoretical Integration and Review," *Perspectives on Psychological Science* 12 (March 2017), pp. 306–324

45 See: Shinichiro Haze et al., "2-Nonenal newly found in human body odor tends to increase with aging," *Journal of Investigative Dermatology* 116 (April 2001), pp. 520–524.

46 See: Agnieszka Sorokowska et al., "Does personality smell? Accuracy of personality assessments based on body odour," *European Journal of Personality 26* (September 2012), pp. 496–503.

47 See: Monique A. M. Smeets et al., "Chemical fingerprints of emotional body odor," *Metabolites* 10 (February 2020), p. 84.

48 See: Jasper H. B. de Groot et al., "On the Communicative Function of Body Odors: A Theoretical Integration and Review," *Perspectives on Psychological Science* 12 (March 2017), pp. 306–324.

49 See: Denise Chen, Jeanette Haviland-Jones, "Human olfactory communication of emotion," *Perceptual and Motor Skills* 91 (December 2000), pp. 771–781.

50 See: Kerstin Ackerl et al., "The scent of fear," *Neuroendocrinology Letters* 23 (May 2002), pp. 79–84.

states.[48] For example, various experiments have shown that people are able to discriminate fear or pleasure from the smell of underarm sweat from the smell of sweat in a control condition (often sport activity).[49-50] As a result, the emotion communicated by the odor can even be transferred to the other person,[51-53] which may be reflected in a change in the recipient's facial expression, for example.[54] In addition to fear and pleasure, aggression,[55] sexual arousal, or disgust,[56] for example, can also be transported and communicated via changes in body odor.

However, it is by no means the case that we, as humans, are able to accurately determine how other people feel based on their body odor. Body odor is perceived as a holistic piece of information that gives us an impression or a kind of "background." Together with the person's appearance, voice, and the way they touch us, it forms a holistic perception of the person. An interesting study in this context was done on dental students. It showed that their performance was influenced by the anxiety-induced odor of their patients—even though they were not aware of the odor.[57]

Although olfactory information is much less precise than other sources of information, it can provide us with additional and usually subtle assessments of other people in everyday life. Thus, people with a highly developed sense of smell seem to have a slight advantage in judging other people: For example, they report that they get along better with other people.[58,59] This has been shown by increased levels of the personality trait "compatibility," which is characterized by empathic, cooperative, and helpful behavior. People who smell well may be better able to use the subtle olfactory cues in their environment to empathize with others and their feelings. A recent study shows that odors may even play a role in how we choose our friends and how our body odor resembles that of our friends.[60]

SMELL AND THE
PROCESSING OF EMOTIONS
The functions of smell noted above show that our ability to smell affects how we perceive the world. Smell influences who we find attractive, how much we like to cuddle with our children, and which things we prefer to avoid. It is therefore plausible that smell influences how we feel. The introductory remarks on the anatomy and evolution of the olfactory system also show that our sense of smell is very closely linked to emotional centers. Accordingly, we can ask whether people without a sense of smell experience the world differently. In fact, people who have lost their sense of smell are more prone to depression,[61] as are people who have not been able to smell since birth.[62] Interestingly, people who are unaware of their (typically age-related) loss of smell do not appear to be at higher risk for depression.[63] This suggests that, at least in the case of acquired olfactory disorders, subjective suffering from the loss plays a more decisive role, i.e., some people do not seem to be "bothered" by their (objectively) reduced ability to smell in their everyday lives. The remaining olfactory function, at least in the case of hyposmia, seems to be sufficient to prevent an increased susceptibility to depression.

On the other hand, major depression is often associated with reduced olfactory function in the areas of stimulus threshold, identification, and discrimination, as well as reduced central processing of odors.[64] Long duration of depression increases susceptibility to reduced odor sensitivity.[65]

It can be assumed that the link between depression and olfactory dysfunction is not coincidental, but rather results from the close connection between olfactory structures and central structures involved in the processing of emotions and salience. Paul D. MacLean, for example, already hypothesized an anatomically based involvement of the sense of smell in depressive states and originally described the sense of smell as an important part of the "visceral brain,"[66] which he later called the "limbic system."[67] The anatomical pathway of odor processing leads from the olfactory epithelium via the olfactory nerves to the olfactory bulb, which is the first central relay station of odor processing. From there, odor information is transmitted to the primary olfactory cortex (piriform cortex, anterior olfactory nucleus, entorhinal cortex, amygdala).[68] Secondary olfactory structures are formed by the orbitofrontal cortex (OFC), the hippocampus, and the anterior insula,[69] and tertiary structures are the cingulate gyrus and the superior

51   See: Jasper H. B. de Groot et al., "Chemosignals communicate human emotions," *Psychological Science* 23 (2012), pp. 1417–1424.

52   See: Alexander Prehn-Kristensen et al, "Induction of empathy by the smell of anxiety," *PLoS One* 4 (June 2009), p. e5987.

53   See: Bettina M. Pause et al., "Positive emotional priming of facial affect perception in females is diminished by chemosensory anxiety signals," *Chemical Senses* 29 (November 2004), pp. 797–805.

54   See: Jasper H. B. de Groot et al., "Chemosignals communicate human emotions," *Psychological science* 23 (2012), pp. 1417–1424.

55   See: Smiljana Mutic et al., "You smell dangerous: communicating fight responses through human chemosignals of aggression," *Chemical Senses* 41 (January 2016), pp. 35–43.

56   See: Jasper H. B. de Groot et al., "Chemosignals communicate human emotions," *Psychological Science* 23 (2012), pp. 1417–1424.

57   See: Preet Bano Singh et al., "Smelling anxiety chemosignals impairs clinical performance of dental students," *Chemical Senses* 48 (July 2018), pp. 411–417.

58   See: Ilona Croy et al., "Agreeable smellers and sensitive neurotics–correlations among personality traits and sensory thresholds," *PLoS One* 6 (April 2011), p. e18701.

59   See: Johanna Bendas et al., "Olfactory function relates to sexual experience in adults," *Archives of Sexual Behavior* 47 (July 2018), pp. 1333–1339.

60   See: Inbal Ravreby et al., "There is chemistry in social chemistry," *Science Advances* 8 (June 2022), p. eabn0154.

61   See: Croy et al., "Olfactory disorders and quality of life – an updated review," *Chemical Senses* 39 (March 2014), pp. 185–194.

62   See: Ilona Croy et al., "Learning about the functions of the olfactory system from people without a sense of smell," *PloS One* 7 (March 2012), p. e33365.

63   See: Oleszkiewicz A et al., "Consequences of undetected olfactory loss for human chemosensory communication and well-being," *Philosophical Transactions of the Royal Society* B 375 (July 2020), p. 20190265.

64   See: Preeti Kohli et al., "The association between olfaction and depression: a systematic review," *Chemical Senses* 41 (July 2016), pp. 479–486.

65   See: Luise D. Pabel et al., "The impact of severity, course and duration of depression on olfactory function," *Journal of Affective Disorders* 238 (October 2018), pp. 194–203.

temporal gyrus.[70] In this cascade, the amygdala, the anterior cingulate cortex, and the insula can be highlighted as common relevant brain regions for the processing of odors and salience.[71] This anatomical overlap is particularly pronounced in the anterior part of the insula, which is activated during both emotional tasks and olfactory stimulation.[72] These common pathways are functionally relevant. In experiments with rats, the removal of the olfactory bulb (a so-called bulbectomy) leads to depression-like behavior and changes in neurotransmitter concentrations,[73] as well as to a degeneration of nerve fibers in the amygdala.[74] In humans, reduced or absent olfactory input due to an aplastic or hypoplastic olfactory bulb is also associated with symptoms of depression.[75-77] Our own work also suggests that olfactory stimulation can alter the reactivity of central salience structures to emotional stimuli. For example, we have shown that patients with acquired hyposmia show reduced processing of emotional images. Hyposmia and healthy control groups were presented with images of emotional and non-emotional content while their brain activation was tracked in the fMRI scanner. Although the two groups did not differ in their ratings and processing of the non-emotional images, the hyposmia group rated the emotional images as significantly less arousing, and the patients showed reduced processing of emotional images in salience-related brain structures.[78] Building on this, efforts are currently underway in our laboratory to use the anatomical interface for the treatment of depression by attempting to send electrical signals to the brain via the olfactory mucosa to stimulate emotion processing. However, this research is still in its infancy.

CONCLUSIONS

With the above explanations, we have attempted to clarify the functions of smell for humans, which are primarily focused on food intake, danger defense, and interpersonal communication. Accordingly, people with an impaired olfactory system report problems with the preparation and consumption of food, are more concerned about potential dangers, and report specific limitations in the social sphere, especially in sexual relationships.

Furthermore, the connection between olfactory processing and emotion processing structures reveals an interface between olfaction and depression, which on the one hand should be taken into account by otorhinolaryngologists and explicitly addressed in the treatment of patients with olfactory disorders, and on the other hand can open an interesting window for the treatment of depressive disorders.

66　See: Paul D. MacLean, "Psychosomatic disease and the "visceral brain"; recent developments bearing on the Papez theory of emotion," *Psychosomatic Medicine* 11 (November 1949), pp. 338–353.

67　See: Paul D. MacLean, "The limbic system (visceral brain) and emotional behavior," *AMA Archives of Neurology & Psychiatry* 73 (February 1955), pp. 130–134.

68　See: Donald A. Wilson et al., "Cortical odor processing in health and disease," *Progress in brain research* 208 (2014), pp. 275–305.

69　See: Jay A. Gottfried, "Smell: central nervous processing," *Taste and Smell* 63 (2006), pp. 44–69.

70　See: Noam Sobel et al., "Time course of odorant-induced activation in the human primary olfactory cortex", *Journal of Neurophysiology 83* (January 2000), pp. 537–551.

71　See: Yaël Soudry et al., "Olfactory system and emotion: common substrates," *European annals of otorhinolaryngology, head and neck diseases* 128 (January 2011), pp. 18–23.

72　See: Florian Kurth et al., "A link between the systems: functional differentiation and integration within the human insula revealed by meta-analysis," *Brain Structure and Function* 214 (2010), pp. 519–534.

73　See: Cai Song, Brian E. Leonard, "The olfactory bulbectomised rat as a model of depression," *Neuroscience & Biobehavioral Reviews* 29 (2005), pp. 627–647.

74　See: Joshua M. Carlson et al., "Functional and structural amygdala–anterior cingulate connectivity correlates with attentional bias to masked fearful faces," *Cortex 49* (October 2013), pp. 2595–2600.

75　See: Ilona Croy et al., "Learning about the functions of the olfactory system from people without a sense of smell," *PloS One* 7 (March 2012), pp. e33365.

76　See: Simona Negoias et al., "Reduced olfactory bulb volume and olfactory sensitivity in patients with acute major depression," *Neuroscience* 169 (August 2010), pp. 415–421.

77　See: Simona Negoias et al., "Olfactory bulb volume predicts therapeutic outcome in major depression disorder", *Brain Imaging and Behavior* 10 (June 2016), pp. 367–372.

78　See: Pengfei Han et al., "Olfactory loss is associated with reduced hippocampal activation in response to emotional pictures," *Neuroimage* 188 (March 2019), pp. 84–91

INSPIRIERTE EXPERIMENTE: OLFAKTORISCHE KUNST UND PRAXISBASIERTE FORSCHUNG

JIM DROBNICK

Der erste Gedanke, wenn es um olfaktorische Kunst geht, ist häufig der an Parfüm. Diese Annahme erscheint folgerichtig, da die Hauptbestandteile riechender Installationen und Kunstwerke duftende Öle, Destillate oder irgendwelche Mischungen sind, von denen viele aus industrieller Produktion und kommerziellem Verkauf von Parfüm stammen. Künstler*innen, die mit Gerüchen arbeiten, bilden sich auch in der Parfümherstellung weiter (manchmal professionell, häufiger in eigener Regie) oder kooperieren mit ausgebildeten Parfümeuren. In den letzten zehn Jahren haben sich kunstgewerblich und frei tätige Parfümeure in Galerien und Museen vorgewagt, um sich frei von Unternehmensstrukturen und Marketingdynamik, die normalerweise die professionelle Arbeit mit Düften einschränken, als individuelle Produzent*innen zu etablieren. Die Verknüpfung von Kunst und Parfüm ist naheliegend, aber die Bandbreite und Vielfalt von olfaktorischer Kunst geht weit darüber hinaus. Um das Tun von Geruchskünstler*innen zu erfassen, schlage ich daher einen anderen Ausgangspunkt vor: die Wissenschaften. Die Methoden der Geruchskunst ähneln oft eher einer Form des Experimentierens und Forschens als den Usancen der Parfümerzeugung.

Die Verbindung von bildender Kunst und Wissenschaft ist seit der Renaissance ein wiederkehrendes Thema in der Kunstgeschichte. Künstler wie Leonardo da Vinci (Anatomie), John Constable (Meteorologie) und die Impressionisten (Optik) zeigten, dass Kunstwerke für das Verständnis und die Wahrnehmung der Welt durch genaue Beobachtung und visuelle Aufzeichnung gute Dienste leisten können. Im 20. Jahrhundert brachen Installationen und dazu in Beziehung stehende technologische Arbeiten die Dominanz zweidimensionaler Formate und eröffneten der Kunst die Möglichkeit, sich in reale Situationen, materielle Prozesse und soziale Interaktionen einzubringen. Diese Entwicklung gab Künstler*innen die Gelegenheit, sich mit weiteren wissenschaftlichen Bereichen zu befassen wie der Anthropologie (Susan Hiller), der Soziologie (Hans Haacke), der Psychologie (Mary Kelly) und der Kybernetik (Roy Ascott). Geruchskünstler*innen setzen diese Tradition der Übernahme und Erweiterung neuer wissenschaftlicher Erkenntnisse und Techniken durch ein spezielles Genre fort, das als „praxisbasierte Forschung" bezeichnet wird.

Die praxisbasierte Forschung bringt künstlerische Untersuchungen mit Verfahrensweisen aus den Sozial- und Geisteswissenschaften sowie den physikalischen und biologischen Wissenschaften zusammen. Kreativität und Forschung sind so auf vielfältige Weise miteinander verbunden. Solche Arbeiten wenden nicht nur wissenschaftliche Vorgänge an, sondern analysieren diese gleichzeitig, indem sie fantasievolles und assoziatives Denken mit Logik und Rationalität kombinieren. Praxisbasierte Kunstwerke zeichnen sich zusätzlich zu ihrer

Ansammlung von Untersuchungen zu spezifischen Themen oder Fragen dadurch aus, in allgemeinere, normative Auffassungen von Wahrheit, Wissen und Erfahrung einzugreifen. Sie ziehen spielerische und partizipative Situationen didaktischen Präsentationen von Daten oder Analysen vor. Das Publikum von praxisbasierten Kunstwerken ist in der Regel in einen Akt des Hinterfragens und der Selbstreflexion über eigene Annahmen eingebunden, anstatt nur bloßes Subjekt oder Empfänger von Forschung zu sein.[1]

Praxisbasierte Forschung fällt mit der Entwicklung postmoderner und postmedialer Strömungen wie Konzeptkunst und Institutionskritik zusammen, die nach dem Niedergang der formalistischen Moderne in den 1960er Jahren aufkamen. Als eigenständiges Genre ist die praxisbasierte Forschung jedoch erst in den späten 1990er und frühen 2000er Jahren entstanden, als Doktorarbeiten über Studio Art geschrieben wurden, kritische Künstler*innen die Universitäten besuchten und die Förderung von „Research-Creation" begann.[2] Nichtsdestotrotz ergibt ein Vergleich der praxisbasierten Forschung im Kontext der Geruchskunst mit der Kunstpraxis der Moderne deutliche Unterschiede. Im Allgemeinen legte die Moderne Wert auf die Originalität des Ausdrucks und den persönlichen Stil der Künstlerin oder des Künstlers (ob abstrakt oder gegenständlich) sowie auf formale Innovation in Verbindung mit den Merkmalen des Mediums (insbesondere Malerei oder Skulptur), um damit autonome Kunstwerke mit charakteristischen Elementen wie Schönheit, Einzigartigkeit, Authentizität oder Schock hervorzubringen. Im Gegensatz dazu widersetzt sich ein Großteil der praxisbasierten Forschung solchen Vorgaben, indem sie Kunst als problemorientierte Untersuchung versteht, die auf konzeptionellen Absichten beruht, sich auf soziale und kulturelle Fragen konzentriert und hybride Medien und interdisziplinäre Methoden einsetzt, um Kunstwerke zu schaffen, deren Ziel es ist, neue Erfahrungen zu ermöglichen und Verständnis, Wissen und Kritik zu fördern. Auch die Position des Publikums ist deutlich anders: Anstelle des*der distanzierten modernistischen Beobachtenden, der*die ein eigenständiges Kunstwerk mit einem desinteressierten Blick anschaut, spielt der*die Betrachter*in einer praxisbasierten Forschungsarbeit durch seine*ihre körperliche Beteiligung eine implizite, interaktive Rolle.

Geruchskunst ist in einzigartiger Weise für praxisbasierte Experimente prädestiniert, da sie einer eigenen Forschung bedarf. Der Geruchssinn ist in der heutigen westlichen Gesellschaft unterentwickelt, sodass eigentlich jedes Kunstwerk, das Gerüche einbezieht, das Repertoire an Geruchserfahrungen und die Art, wie Menschen Gerüche analysieren und darüber reflektieren, erweitert. Geruch ist außerdem ein nichttraditionelles künstlerisches Medium, das relativ unvorbelastet

---

von der Kunstgeschichte und kanonischen Darstellungen ist. Geruchskünstler*innen arbeiten in einem Genre, in dem jedes Werk neue Möglichkeiten austestet. An Kunsthochschulen und Universitäten gibt es im Allgemeinen keine Angebote für eine spezielle Ausbildung im Bereich der Geruchskunst, mit Ausnahme von Parfümkursen an Designhochschulen wie dem Fashion Institute of Technology in New York oder an Parfüminstituten wie dem Institut supérieur international du parfum, de la cosmétique et de l'aromatique alimentaire (ISIPCA) in Paris. Die Zahl der Teilnehmer*innen an solchen Programmen ist begrenzt, weshalb die meisten Duftkünstler*innen Autodidakt*innen sind: Einige besuchen Parfümerien, andere gehen bei Duftprofis verschiedener Couleur in die Lehre, und viele eignen sich Kenntnisse im Do-it-yourself-Verfahren an, indem sie Räucherwerk und Aromatherapie erkunden, Bücher über Düfte lesen und so weiter. Für diese Künstler*innen bedeutet die Arbeit mit Düften, dass sie von Anfang an ihr eigenes alternatives Ausbildungs- und Forschungsprogramm aufstellen. Die Produktion von Geruchskunst kann auch bedeuten, sich mit Geruchswissenschaftler*innen und Fachleuten aus der Duftindustrie zusammenzutun, ähnlich wie interdisziplinäre Teams in Forschungszentren zusammenarbeiten. Eine solche strategische Kollaboration trägt dazu bei, ein breites Spektrum an Fachwissen zu sammeln, um einen vielfältigen Zugang zu olfaktorischen Arbeiten zu entwickeln. Letztendlich ist die meiste olfaktorische Kunst sowohl eine ästhetische Erfahrung als auch ein Experiment der olfaktorischen Wahrnehmung.

Wie könnte also Geruchskunst als Forschung funktionieren? Eine Möglichkeit, wie Künstler*innen den Konventionen der Forschung entsprechen können, sind Verfahrensweisen aus der Wissenschaft. *Scentbar* (2003) von Shawna Dempsey und Lorri Millan verwendete Fragebögen, mit denen die Stimmungen, Ängste und Ambitionen von Galeriebesucher*innen tabellarisch erfasst wurden. Die Belohnung war ein individuelles therapeutisches Aroma, das die Teilnehmer*innen bei ihrer Selbstverbesserung unterstützen sollte. In *On the Scent* (2003) führten Leslie Hill und Helen Paris (mit Lois Weaver) mit vielen Menschen ausführliche Interviews, um die Bedeutung von Düften für die Erinnerung, die eigene Biografie und die Gemeinschaft zu erforschen. Die Interviews waren nicht nur die Grundlage für die Performances der Gruppe, sondern wurden auch in einem öffentlichen Archiv mit Erzählungen und Reminiszenzen von Gerüchen in der Geschichte und in lokalen Landschaften zusammengestellt. Die Sammlung von Geruchsdaten (oder „Nasenzeugnissen") lieferte die Inspiration für Oswaldo Maciás *1 Woodchurch Road, London NW6 3PL* (1994–1995). Seine olfaktorische Detektivarbeit in seinem Londoner Wohnhaus ergab ein Porträt der kulturellen Diversität. Die Betrachter*innen der Arbeit ahmen die Nachforschungen des Künstlers nach, indem sie die Deckel von Mülltonnen anheben, um fünf Aromen einzuatmen und deren Identität zu erraten. Diese Düfte gelten als typisch für die Herkunft und den Lebensstil der Bewohner*innen. Geruchswege und -kartierungen sind Techniken, die auf das 18. Jahrhundert zurückgehen, als mit massiven Hygienekampagnen versucht wurde, das urbane Umfeld zu desodorieren. Jenny Marketous *Smell It: A Do-It-Yourself Smell Map* (2008) verwendet eine olfaktorische Kartierung, lädt aber die Besucher*innen dazu ein, diejenigen Gerüche, die trotz aller Bemühungen um Neutralisierung fortbestehen, in der Stadt aufzunehmen und zu genießen. Die Aufmerksamkeit, die ihnen gewidmet wird, verändert die konventionelle visuelle Erfahrung einer Stadt dramatisch.

Auffallend ist, dass viele der olfaktorischen Forschungsmethoden das Publikum entweder in das Sammeln von Informationen oder in das Erfahren des daraus resultierenden Werks einbeziehen. Clara Ursittis *Pheromone Link*™ (1996) verwendet ein ähnliches Format, um einen Prototyp für einen duftbasierten Dating-Service zu entwickeln. Die Benutzer*innen erhielten spezielle T-Shirts mit in den Achseln befestigten saugfähigen Pads. Dann schnüffelten sie sich durch verschiedene Duftstreifen von anderen Teilnehmer*innen, die nach Vorlieben und aromatischen Eigenschaften geordnet waren. Schweiß ist alles andere als ein Ärgernis, denn er dient als Träger von Semiochemikalien, die Aufschluss über den emotionalen Zustand einer Person, ihr körperliches Wohlbefinden und letztlich ihre Attraktivität geben. Außerdem haben einige Künstler*innen einen vielschichtigen Ansatz entwickelt, der mehrere qualitative und quantitative Forschungsmethoden vereint. In *NOSOEAWE* (2004) kombiniert Sissel Tolaas Konsultationen, Feldforschung, sensorische Spaziergänge, Datenerfassung, Kartierung, Interviews und die Einbeziehung einer Community sowie den Einsatz modernster Headspace-Technologie und molekularer Synthese. Diese Techniken, die die Künstlerin während ihrer Ausbildung in Kunst, Parfümkunde, Linguistik und Wissenschaft erlernte, werden zu einer umfassenden Untersuchung der genauen chemischen Bestandteile städtischer Geruchslandschaften sowie des Habitus ihrer Bewohner*innen. Bezeichnenderweise setzen all diese Arbeiten Forschungsmethoden ein, um Informationen zu generieren, aber sie verfolgen auch einen über das Medium des Geruchs hinausgehenden Zweck: die Psyche zu heilen, die Toleranz für Anderssein zu erhöhen, das Bewusstsein für Umweltzerstörung zu schärfen oder Vorurteile zu bekämpfen. Gerüche sind sowohl ein Indikator für persönliches und soziales Leid als auch ein Mittel für deren Beseitigung. Durch die praktische Forschung setzen sich die Künstler*innen mit aktuellen Themen auseinander, erlangen gesellschaftliche Relevanz und leisten innovative Beiträge zum olfaktorischen Verständnis.

3   Eine Beobachtung, die mehrere Künstler*innen gemacht haben, ist der Unterschied zwischen dem amerikanischen und dem europäischen Publikum, wobei letzteres viel eher bereit ist, sich auf die Erforschung von Gerüchen einzulassen.

4   Ein Vorteil der praxisbasierten Forschung von Künstler*innen ist die größere Diversität des Ausstellungspublikums. Die meisten olfaktorischen Forschungen finden in einem universitären Kontext statt, was zur Folge hat, dass die Teilnehmer*innen hauptsächlich 18- bis 22-Jährige sind. Kunstwerke in einem Museum erreichen daher eine repräsentativere Schicht der Bevölkerung.

Bei der Diskussion über Geruchskunst als Form der Forschung darf nicht vergessen werden, dass die Kunst den Vorteil einer größeren Freiheit gegenüber den strengen Vorgaben der Wissenschaft genießt. Die von einigen Künstler*innen, wie Tolaas, angewandten Techniken können dabei aber eng an wissenschaftliche Standards angelehnt sein. Bei den meisten anderen gibt es entscheidende Unterschiede zwischen Kunst und Wissenschaft. So schreiben Künstler*innen beispielsweise ihre Schlussfolgerungen nicht auf und streben keine Veröffentlichung in von Kolleg*innen gelesenen Zeitschriften an; die Ergebnisse fließen eher in ihre nächste Installation oder Ausstellung ein. Die Ziele der Künstler*innen liegen nicht in der Aufstellung von Hypothesen oder Versuchsanordnungen, die genau überprüft und wiederholt werden können – ihre künstlerischen Absichten sind lockerer und intuitiver. Die Betrachter*innen von Geruchskunst können als unwissende Teilnehmer*innen und zufällige Versuchspersonen fungieren, was in der Forschung gegen ein ethisches Protokoll bezüglich ihrer Zustimmung verstoßen könnte, und es gibt keine „Misserfolge"; selbst wenn ein Projekt nicht wie geplant verläuft, kann das Ergebnis doch wertvolle Erkenntnisse liefern.[3] Künstler*innen sind öfter daran interessiert, rätselhafte Bedingungen zu schaffen und dann zu schauen, was passiert. In der Geruchskunstforschung werden eher induktive als deduktive Prozesse aktiviert, und Querdenken wird gegenüber pädagogischen Demonstrationen bevorzugt. Insgesamt zielen Künstler*innen mit ihren Projekten darauf ab, neue Erkenntnisse und größeres Wissen zu gewinnen, auch wenn die Ergebnisse im wissenschaftlichen Bereich als unkonventionell gelten.[4]

Die praxisbasierte Forschung unterscheidet sich auch in ästhetischer Hinsicht von dem anderen, bereits erwähnten Bezugspunkt – Parfüm. Das Paradigma von Parfüm tendiert dazu, das Genießen von Düften als autonome Erfahrung darzustellen, die Komposition und die Vorzüge von Düften zu betonen und die Neu- und Einzigartigkeit der Kreativität der Kompositeur*innen anzupreisen. Mit anderen Worten: Das Parfümparadigma funktioniert nach dem Modell einer formalistischen Ästhetik, die Kunst um der Kunst willen betreibt. Ein solches Paradigma wurde in der Ausstellung *Art of Scent* (2012–2013) im Museum of Arts and Design in New York veranschaulicht, wo kommerzielle Parfüme durch Aussparungen in der Wand versprüht wurden, ausgelöst durch Bewegungssensoren, die die sich nähernden Nasen von neugierigen Besucher*innen erkannten. Abgesehen von der klinischen (manche würden sagen: waschraumartigen) Inszenierung, wurden die Düfte ohne jegliche Kennzeichnung oder Erklärung ausgegeben (die Labels bestanden nur aus Projektionen, die sporadisch an der Wand erschienen). Ohne Kontextualisierung sollte die kuratierte Kulisse eine vermeintlich reinere Form der Geruchserfahrung ermöglichen.

5   Siehe Murphy (2012). So minimalistisch die Ausstellung auch wirkte, in einem angrenzenden interaktiven Raum konnten die Besucher*innen den Prozess der Parfümherstellung aus der Nähe miterleben. Nichtsdestotrotz wurde die Ausstellung von Duftstoffunternehmen und Parfümmarken finanziert und war auf deren Interessen ausgerichtet.

6   Ich möchte klarstellen, dass es mir nicht darum geht, ein Werturteil über das Parfümparadigma und das Paradigma der praxisbasierten Forschung zu fällen. Es handelt sich einfach um zwei ästhetische Positionen, die beide ihre Berechtigung haben. Allerdings wurde die praxisbasierte Duftforschung bisher nicht so stark beachtet oder als Genre anerkannt. Man könnte natürlich die komplexe Komposition einiger forschungsbasierter Gerüche wie ein Parfüm bewundern, aber das würde den eigentlichen Sinn der Arbeiten verfehlen.

7   Wichtig ist, dass die Kurator*innen des MGK Siegen bei der gesamten Ausstellung einen praxisbasierten Forschungsansatz verfolgten, indem sie ein Geruchslabor mit Büchern über die Geschichte und Wissenschaft des Geruchs, Videos von Interviews mit den Künstler*innen, Duftstationen und Fragen für die Besucher*innen eingerichtet hatten. An dem Symposium, das die Ausstellung begleitete, nahm auch eine interdisziplinäre Gruppe von Geruchskünstler*innen und -forscher*innen aus den Neurowissenschaften, der Psychologie und der Physiologie teil.

8   Maciá dekonstruiert geschickt ein typisches Parfüm: Die drei Abschnitte der Installation ahmen die Zusammensetzung der Kopf-, Herz- und Basisnoten nach. Außerdem kehrt er die Beziehung zwischen Geruch und Rezeptor um: Statt der Moleküle, die sich bewegen, um einen Geruchsrezeptor zu finden, bewegen sich die Betrachter*innen und stecken ihre Köpfe, wie Moleküle in einen Rezeptor, in einen Reifen.

In meiner Wahrnehmung der Ausstellung waren die Düfte zwar interessant, aber derart aus dem Zusammenhang gerissen weitgehend unverständlich. Sie unterschieden sich zwar voneinander, aber ihre Bedeutung war schwer fassbar. Die Eigenständigkeit der Präsentation mag diesen Düften den Anschein von künstlerischer Legitimation verliehen haben, die sich die Parfümindustrie so sehr wünscht, aber das Gesamterlebnis fühlte sich eindimensional an.[5]

Im Gegensatz dazu fordert die forschungsbasierte Geruchskunst die Museumsbesucher*innen dazu auf, ihre Erfahrungen und ihr Wissen über Gerüche aller Art – nicht nur über Markenparfüme, sondern auch über duftende Rohstoffe, individuelle Destillate, Duftsimulationen und Alltagsgerüche – zu hinterfragen.[6] Solche Werke sind in *Odor. Immaterielle Skulpturen* vertreten. Die Arbeiten in dieser Ausstellung zeichnen sich durch Ansätze olfaktorischer Forschung aus, die sich in drei Gruppen einteilen lassen: problemorientierter Fokus, Akzeptanz des Negativen und Selbstreflexivität.[7] Die erste Kategorie, der problemorientierte Bezug, unterscheidet sich deutlich vom eigenen System des Parfümparadigmas. Praxisorientierte Künstler*innen versuchen, eine Verbindung zur Welt herzustellen, statt sich in einem idealisierten ästhetischen Raum abzuschotten. Die themenbezogenen Arbeiten von Oswaldo Maciá, Clara Ursitti und Luca Vitone nehmen das Konzept von Geruch im realen Leben als Ausgangspunkt für ihre Forschung. So unterschiedlich diese Arbeiten auch sind, sie basieren alle auf einer Art von Trauma. Maciá verfolgt die Lieferkette und den Ursprung eines wertvollen Duftstoffs zurück und stößt dabei auf ausgebeutete Arbeiter*innen aus der Dritten Welt, Bandenkriminalität und Raubtierkapitalismus, die in der Parfümindustrie gang und gäbe sind.[8] Ursitti rekonstruiert die Experimente von Geruchswissenschaftler*innen, die Polizei und Militär bei ihren Versuchen unterstützten, die perfekte Stinkbombe zu entwickeln, die Demonstrant*innen und feindliche Soldat*innen außer Gefecht setzen sollte. Vitone greift eines der berüchtigtsten Beispiele kolonialer biologischer Kriegsführung auf, bei dem die Pocken absichtlich in Form von Geschenken an gefährdete indigene Gemeinschaften weitergegeben wurden. Die Künstlerin und die Künstler haben umfangreiche Recherchen angestellt, um den Kontext, den Hintergrund und die Verwendung der Gerüche zu erforschen und dann Annäherungswerte für die Museumsbesucher*innen zu schaffen, damit sie für diese greifbar werden. Dabei ist es unwichtig, dass Pocken keinen Geruch haben oder dass die Suche nach einer universell wirksamen Stinkbombe gescheitert ist. Wichtig ist, dass die schweren und stechenden Geruchserlebnisse der Künstler*innen auf einer soliden Grundlage und Forschung beruhen und dass die Besucher*innen eingeladen werden, es ihnen gleichzutun und ihnen mit Nasen in diese Momente der Geruchspraxis und -geschichte zu folgen.

9 Ursittis Arbeit würde auch in diese Kategorie passen. Eine Reihe von Werken in der Ausstellung könnte ebenfalls in mehreren Kategorien besprochen werden; um der Kürze willen gehe ich jedoch nur einmal auf jede Künstlerin und jeden Künstler ein.

Die zweite Kategorie in *Odor. Immaterielle Skulpturen* – die Einbeziehung negativer Gerüche – steht im direkten Gegensatz zu den Interessen der Parfümindustrie. Es ist zwar bekannt, dass kommerzielle Parfüme, die im olfaktorischen Bereich für Schönheit stehen, winzige Mengen an übelriechenden Komponenten enthalten, doch die Gesamtwirkung der Düfte überdeckt diese unangenehmen Bestandteile. In der forschungsbasierten Kunst hingegen werden negative Gerüche in den Vordergrund gestellt, sie sind sofort erkennbar und bewusst konfrontativ, wenn nicht sogar etwas abstoßend.[9] Die Arbeiten von Teresa Margolles und Pamela Rosenkranz präsentieren unangenehme Gerüche, die mit Krisensituationen und Angst verbunden sind. Der Gestank von Margolles' blut- und schlammgetränkten Tüchern erinnert an die verstörenden Drogenmorde in Mexiko und an die Trauer über die tragisch zu Tode Gekommenen. Die rauchige Atmosphäre in Rosenkranz' kathedralenartiger Installation (die in Bereiche außerhalb der Ausstellung hineinragt) beschwört die Angst vor einem Brand im Gebäude herauf – ein potenzieller Notfall nicht nur für das Museum, sondern ein realer für religiöse Wahrzeichen wie Notre-Dame in Paris. Beide Werke lösen einen fast ursprünglichen Reflex von Alarm und Gefahr aus. Die Besucher*innen werden so angehalten, ihren Geruchsimpuls, seine lebenswichtige Funktionsfähigkeit in der modernen Welt und die eigene Toleranz für beunruhigende Eindrücke zu überprüfen.

Die Kategorie der Selbstreflexivität schließlich umfasst Werke, die widersprüchliche Botschaften und verwirrende Emotionen vermitteln. Gerüche werden in der Regel bedeutungsvoll gemacht, indem man sie mit ihrer Quelle, einer Assoziation oder einer eigenen vergangenen Erfahrung in Verbindung bringt. Was aber sollen die Besucher*innen von Kunstwerken halten, die sich mit persönlichen Geruchserinnerungen an die Eltern des Künstlers (Carsten Höller) oder an einen Kleiderschrank in ihrer Wohnung (Koo Jeong A) beschäftigen? Es mag ein allgemeines Gefühl dafür geben, wie Menschen oder Schränke riechen, aber der volle emotionale Wert, den die Kunstwerke andeuten, versetzt die Betrachter*innen in die Lage, auf tief verwurzelte affektive Bindungen zu reagieren und ihre eigenen Verbindungen zu Düften im Alltag zu reflektieren. Die Arbeiten von Sissel Tolaas und Jason Dodge gehen in ihrer Selbstreflexivität noch weiter: Die Besucher*innen werden gezwungen, die Kapazität ihres Riechens zu hinterfragen. Mit anderen Worten: Gibt es überhaupt einen Geruch? Die visuellen Markierungen von Heizungs- und Lüftungsrohren (Tolaas) und verschiedenen Strohhaufen (Dodge) suggerieren auf hinterlistige Weise Gerüche von Gebäuden oder Tieren. Beides sieht wohlriechend aus, aber lässt sich überhaupt ein relevanter Geruch feststellen? Solche Werke thematisieren das Problem zwischen eigenen Annahmen und Erfahrungen

Literaturhinweise

Owen Chapman und Kim Sawchuk, „Research-Creation: Intervention, Analysis and 'Family Resemblances'", in: *Canadian Journal of Communication*, 37, 2012, S. 5–26.

Jim Drobnick, „The Olfactory Turn in Visual Art, roots/routes", 27, 2018, https://www.roots-routes.org/the-olfactory-turn-in-visual-art-by-jim-drobnick/ [aufgerufen am 27. Oktober 2023].

Jessica Murphy, „The Art of Scent 1889–2012 at the Museum of Arts and Design, NYC, Now Smell This", 24. November 2012, https://nstperfume.com/2012/11/24/the-art-of-scent-1889-2012-at-the-museum-of-arts-and-design-nyc-exhibition-review/ [aufgerufen am 27. Oktober 2023].

aus erster Hand, zwischen Vorstellung und Realität. In diesen selbstreflexiven Arbeiten arrangieren die Künstler*innen Geruchssituationen mit einem Hauch von Geheimnis oder Unsicherheit; die Besucher*innen stellen ihre Fähigkeit zu riechen infrage und werden aufgefordert, die Grenzen ihrer Sensibilität und Analytik zu testen. Wenn sich die Besucher*innen voll und ganz auf das Werk einlassen, werden sie in die Forschungserfahrung einbezogen und de facto zu Co-Forschern.

Auch wenn Parfüm immer ein wichtiger Bezugspunkt sein wird, ermöglicht der praxisbasierte Ansatz ein besseres Verständnis für die Reichweite und Bedeutung von Geruchskunst. Die Kunst bleibt ein relativ unabhängiger Bereich, in dem sich die Disziplinen vermischen können. Die Paradigmen der Parfümherstellung und der Geruchsforschung stehen sozusagen auf entgegengesetzten Seiten des Spektrums und ergänzen sich sogar, aber praxisbasierte Kunstwerke tendieren eher dazu, den Geruchssinn zu entmystifizieren, indem sie die alltäglichen Fähigkeiten der Nasen der Besucher*innen ansprechen, anstatt eine Kennerschaft in Sachen Parfüm vorauszusetzen. Eine solche praxisbasierte Forschung integriert Gerüche in die Fülle der Lebenserfahrung, der Geschichte und der Gesellschaft, anstatt sich in eine idyllische Welt der reinen Wahrnehmung zurückzuziehen. Solange einzelne Personen noch nicht über eine olfaktorische Ausbildung und die Raffinesse verfügen, um die Inhaltsstoffe eines kommerziellen oder handwerklich hergestellten Parfüms zuverlässig zu identifizieren und zu benennen, wird das Publikum durch Kunstwerke, die in einem praxisbasierten Forschungsmodus geschaffen wurden, dazu angeregt, die Komplexität des Geruchs wahrzunehmen und darüber nachzudenken. Der Forschungsansatz von *Odor. Immaterielle Skulpturen* fördert eine olfaktorische Vorgehensweise und eine auf den Sinnen fußende Strategie, wobei die Kategorien dieser Kunst größere soziale Implikationen offenbaren: wie der Geruchssinn trainiert wird, wessen Interessen bedient und wie Wissen und Identität konstruiert werden.

INSPIRED EXPERIMENTS: OLFACTORY ART AND PRACTICE-BASED RESEARCH

J I M   D R O B N I C K

The first point of reference for olfactory art is often considered to be perfume. Given that the key aspects of odorous installations and artworks are fragrant oils, distillates, or blends of some kind—many derived from the industrial production and commercial retailing of perfume—this assumption seems well-founded. Olfactory artists also undergo training in perfume (sometimes professionally, but more often on their own) or collaborate with trained perfumers. And in the past decade, artisanal and rogue perfumers have ventured into art galleries and museums to establish themselves as individual creators, free from the corporate structures and marketing dynamics that usually constrain professionals working with scents. But as valid as the art-perfume nexus seems, it does not fully account for the range and diversity of olfactory art. I would like to suggest that another point of reference must be considered in order to capture the essence of artists working with scents—the sciences. Specifically, the methodologies of olfactory art are often more akin to a form of experimentation and research than they are to the conventions of perfumery.

The intertwining of the visual arts and science has been a recurring theme in art history since the Renaissance. Artists such as Leonardo da Vinci (anatomy), John Constable (meteorology), and the Impressionists (optics) demonstrated how works of art could advance the understanding and perception of the world through close observation and visual recording. In the twentieth century, installations, relational works, and technology-based art circumvented the dominance of two-dimensional formats, opening the possibility for art to engage with real-world situations, material processes, and social interactions. This development increased the opportunity for artists to engage with a wider range of scientific crossovers, such as anthropology (Susan Hiller), sociology (Hans Haacke), psychology (Mary Kelly), and cybernetics (Roy Ascott). Olfactory artists continue this lineage of adopting and extending emerging scientific knowledge and techniques through a specific genre called "practice-based research."

Practice-based research integrates artistic exploration with methods gleaned from the fields of the social sciences, the humanities, and the physical and biological sciences. Creativity and research are intertwined in a rich hybrid. Such works not only apply scientific or scholarly methods, but also interrogate them, combining imaginative and associative thinking with the standard application of logic and rationality. Practice-based artworks tend to intervene in more general, normative understandings of truth, knowledge, and experience, in addition to staging investigation into specific topics or issues. They prefer situations that involve play and participation rather than offering didactic presentations of data or analysis. Audiences encountering practice-based artworks are typically embedded in acts of questioning and self-reflection about their own assumptions rather than being mere subjects or recipients of research.[1]

Practice-based research coincides with the development of postmodern and postmedia practices, such as conceptual art and institutional critique, that emerged after the decline of formalist modernism in the 1960s. As a distinct genre, however, practice-based research dates from the late 1990s and early 2000s with the emergence of studio art PhDs, a critical mass of university-based artists, and the beginning of "research-creation" funding.[2] Nonetheless, a comparison of practice-based research with modernist art practice can productively identify distinct differences in the context of olfactory art. In general terms, modernism focused on the artist's originality of expression and personal style (whether it was abstract or representational) and formal innovation with the characteristics of the medium (especially painting or sculpture) to produce autonomous works of art with signature elements of beauty, uniqueness, authenticity, or shock. In contrast, much practice-based research defies such precepts by construing art as a problem-oriented inquiry, based on conceptual intentions, focusing on social and cultural issues, using hybrid media and interdisciplinary methods to produce artworks whose goals are to uncover new experiences and enhance understanding, knowledge, and critique. The position of the audience is also markedly different: Instead of the distanced modernist viewer reflecting on a discrete artwork with a disinterested gaze, the viewer of a practice-based research work plays an essential, interactive role through physical engagement.

Olfactory art is uniquely predisposed towards practice-based experimentation because of the inherent research required to make it. Smell is an underdeveloped sense in contemporary Western society, so almost any work of art that incorporates scent expands the repertoire of olfactory experience and the ways in which people can analyze and reflect upon odors. Smell is also a non-traditional artistic medium, one relatively unencumbered by art history and canonical figures. Olfactory artists thus create in a genre where each work tests new possibilities. Art schools and university programs generally lack specific training in olfactory art, with the exception of perfume courses in design schools, such as the Fashion Institute of Technology in New York, or fragrance institutions, such as the Institut supérieur international du parfum, de la cosmétique et de l'aromatique alimentaire (ISIPCA) in Paris. Such programs have limited enrollment, which means that most olfactory artists are self-taught: Some visit perfume stores, others apprentice with various types of scent professionals, and many emerge from a do-it-yourself ethos of studying incense and aromatherapy, reading books on scent, and so on. For these artists, working with scents means creating their own alternative program of training and research right from the start. Creating olfactory art can also involve joining forces with olfactory scientists and fragrance industry professionals, similar to the way that interdisciplinary teams collaborate in research centers. Such strategic collaboration helps to gather a fruitful range of expertise for building a multifaceted approach to olfactory works. Ultimately, most olfactory art functions as both an aesthetic experience and as an experiment in olfactory perception.

How, then, might olfactory art function as research? Methodologies drawn from the sciences are one way in which artists parallel the conventions of research. Shawna Dempsey and Lorri Millan's *Scentbar* (2003) used questionnaires to tabulate the emotional states, fears, and ambitions of gallery visitors. The reward was a customized, therapeutic aroma to guide their self-improvement. In *On the Scent* (2003), Leslie Hill and Helen Paris (with Lois Weaver) conducted extensive interviews with a wide range of people to explore the significance of scent for memory, autobiography, and community. In addition to informing the group's performances, the interviews were compiled into a public archive of stories and memories of smell in history and local landscapes. The collection of olfactory data (or "nosewitnessing") provided the inspiration for Oswaldo Maciá's *1 Woodchurch Road*, London

1   For more on practice-based research, see: Chapman/Sawchuk (2012). Olfactory art is not the only genre predisposed to practice-based research: technology-based artists also prominently employ research in their works. In a broad sense, however, all art involves some kind of research (sketching, for example, records an observation at a particular moment in time), but only a subset of art could be said to embody practice-based research.

2   Elsewhere, I argue that the distinct genre of olfactory art begins in the late 1980s/early 1990s (Drobnick 2018). This predates the rise of practice-based research by about a decade. However, the pioneers of olfactory art working at this time were already conducting their practice within a research-based paradigm.

NW6 3PL (1994–1995). His olfactory sleuthing created a portrait of the cultural diversity of his London apartment building. Viewers of the artwork replicate the artist's research process by lifting the tops of garbage cans to inhale and guess the identity of five aromas deemed most typical of the residents' backgrounds and lifestyles. Smell walks and olfactory mapping are techniques that date back to the eighteenth century when massive sanitation campaigns attempted to deodorize the urban environment. Jenny Marketou's *Smell It: A Do-It-Yourself Smell Map* (2008), on the other hand, invites visitors to record and savor the smells of the city that persist despite the best efforts at eradication. Paying attention to olfactory experiences dramatically alters the conventional visual experience of the city.

Strikingly, many of the olfactory research methods involve audience participation either in the gathering of information or in the experience of the resulting work. Clara Ursitti's *Pheromone Link*™ (1996) uses a relational format to construct a prototype for a scent-based dating service. Users were given specially fitted T-shirts with absorbent pads velcroed into the armpits. They then sniffed through a collection of scent-strips from other members, organized by preferences and aromatic qualities. Far from being a nuisance, sweat acts as a delivery system for semiochemicals that provide clues about a person's emotional state, physical well-being, and, ultimately, attractiveness. Finally, some artists have developed a multilevel approach combining several research methods, both qualitative and quantitative. In *NOSOEAWE* (2004), Sissel Tolaas combines consultations, field research, sensory walks, data collection, mapping, interviews, and community involvement, as well as the use of state-of-the-art headspace technology and molecular synthesis. These techniques, derived from the artist's training in art, perfumery, linguistics, and science, coalesce to comprehensively examine both the precise chemical constituents of urban smellscapes and the habitus of their inhabitants. Significantly, all of these works employ research methods to generate information, but they also carry a progressive purpose through the medium of olfaction: to heal the psyche, to increase tolerance for difference, to sensitize to environmental degradation, or combat prejudice. Smells serve both as an indicator of personal or social distress and as a means to address it. Through a practical engagement with research, artists address current issues, gain social relevance, and make innovative contributions to olfactory understanding.

In focussing on olfactory art as a form of research, it is important to keep in mind that art offers an advantageous freedom from the strictures of science. The techniques used by some artists, such as Tolaas, can be closely aligned with scientific standards. For most others, there are crucial differences between art and science. For example, artists do not write up their conclusions or seek publication in peer-reviewed journals; the results are often incorporated into their next installation or exhibition. Artists' goals differ from making hypotheses or devising situations that can be precisely verified and repeated—their artistic intentions are looser, more intuitive. The audiences for olfactory art may serve as unwitting participants and accidental subjects, which in some cases might violate research ethics protocols regarding consent. However, there are no "failures"; even if a project does not work out as planned, the outcome can still provide valuable insights.[3] Artists tend to be more interested in setting up puzzling conditions and then seeing what happens. Olfactory art research mobilizes inductive rather than deductive processes and privileges lateral thinking over pedagogical demonstration. Overall, artists do aim to uncover new knowledge through their projects, even if the results are considered to be unconventional in the scientific realm.[4]

Practice-based research is very different from the other point of reference mentioned earlier—perfume. The perfume paradigm tends to promote the aesthetic enjoyment of the scents as autonomous experiences, to appreciate the composition and pleasantness of scents, and to delight in the freshness and uniqueness of the composers' creativity. In other words, the perfume paradigm operates on an art-for-art's-sake model of formalist aesthetics. Such a paradigm was exemplified in the New York Museum of Arts and Design's exhibition *Art of Scent* (2012–2013), which diffused commercial perfumes through recesses in the wall, activated when a motion sensor detected the in-

3   One observation that several artists have made is the difference between US-American and European audiences, with the latter being much more willing to engage in olfactory research.

4   One advantage of artists' practice-based research concerns the greater diversity of exhibition audiences. Much olfactory science research takes place in a university context, with the result that the primary research demographic is 18–22-year-olds. Artworks in a museum thus reach a more representative sample of the population.

truding nose of a curious visitor. Aside from the clinical (some would say lavatory-like) presentation, the scents were experienced with barely any identification or explanation (the labels consisted of projections that appeared only intermittently on the wall). Without contextualization, the curatorial setting encouraged a presumably purer form of olfactory experience. In my experience of the show, however, the scents were interesting but, without contextualization, largely incomprehensible. They certainly differed from each other, but their meaning remained elusive. The autonomy of the presentation may have given these perfumes a sense of artistic legitimacy that the fragrance industry craves, but the overall experience felt one-dimensional.[5]

In contrast, research-based olfactory art challenges museum visitors to question their experience and knowledge with smells of all kinds—not just branded perfumes, but also odorous raw materials, customized distillations, simulations of scents, and everyday smells.[6] These are the kinds of works represented in *Odor. Immaterial Sculpture*. The characteristics of the works of art in this exhibition embody elements of olfactory research that fall into three groups: an issue-based focus, the embrace of the negative, and self-reflexivity.[7] The first category, an issue-based focus, differs significantly from the autonomous framework of the perfume paradigm. Practice-based artists seek to connect with the world, rather than to isolate themselves in an idealized realm of aesthetics. The issue-based works by Oswaldo Macía, Clara Ursitti, and Luca Vitone take the concept of scent in the real world as a starting point for their research. As different as these works are, they all have trauma at their core. Maciá traces back the supply chain and origin of a precious fragrance ingredient to find exploited Third World workers, gang violence, and predatory capitalism entrenched in the fragrance industry.[8] Ursitti recreates the experiments of olfactory scientists assisting police and military attempts to create the perfect stink bomb that would incapacitate protesters and enemy soldiers. Vitone revisits one of the most notorious examples of colonialist biowarfare, in which smallpox was deliberately distributed under the guise of gifts to vulnerable Indigenous communities. Each artist has done considerable research to both excavate the context, background, and use of the scents, and then fabricate approximations for museum visitors to tangibly experience. It does not matter that smallpox has no odor, or that the search for a universally effective stink bomb has failed. What is important is how the artists' rich and pungent olfactory experiences depended on substantial grounding and research, and how visitors were invited to likewise follow their noses into these moments of olfactory practice and history.

The second category evident in *Odor. Immaterial Sculpture*, which encompasses negative odors, runs directly counter to the interests of the perfume industry. While it is well known that commercial fragrances, which typify beauty in the olfactory realm, contain minute amounts of offensive-smelling compounds, the overall blended effect of the scents obscures these unsavory origins. In research-based art, on the other hand, negative smells are foregrounded, immediately recognizable and deliberately confrontational, if not thoroughly repulsive (as in the work by Ursitti).[9] The works of Teresa Margolles and Pamela Rosenkranz feature unpleasant odors associated with situations of crisis and fear. The funk of Margolles' blood and mud-soaked cloth evokes the disturbing social catastrophe of drug-related murders in Mexico and the grief associated with the numerous tragic deaths. The smoky atmosphere in Rosenkranz's cathedral-like installation (which seeps out into non-exhibition areas) evokes fear of a fire in the building—a potential emergency not only for the museum but a real one for religious landmarks such as Notre-Dame in Paris. Both works trigger an almost primal reflex of alarm and danger. Visitors are thus invited to examine this olfactory trigger response, its continued viability in the modern world, and their tolerance for unsettling sensations.

Finally, the category of self-reflexivity includes works that convey contradictory messages and perplexing affects. Smells are usually made meaningful by identifying them with their source, an association, or one's own past experience. What, then, are visitors to make of artworks that address personal olfactory memories of the artists' parents (Carsten Höller) or a wardrobe in their home (Koo Jeong A)? There may be a general

5   See: Murphy (2012). As minimal as the exhibition looked, there was an adjacent interactive space where visitors could experience the perfume creation process in a more tangible way. Nevertheless, the exhibition as a whole was funded by and aligned with the interests of fragrance companies and perfume brands.

6   I want to be clear that my purpose is not to make a value judgment between the perfume paradigm and the practice-based research paradigm. They are simply two aesthetic positions, and each has its place. However, olfactory practice-based research has not been as strongly articulated or recognized as a genre. One could, of course, admire the complex composition of some research-based scents like a perfume, but that would miss the overall point of the works.

7   Importantly, the curators at MGKSiegen have taken a practice-based research approach to the entire exhibition by including an Odor Lab equipped with books on the history and science of smell, videos of interviews with the artists, scent activity stations, questions for visitors to ponder, and boards for visitors to post their thoughts. The symposium that accompanied the exhibition also featured an interdisciplinary group of olfactory artists and researchers, including those from neuroscience, psychology, and physiology.

8   Macía also cleverly deconstructs a typical perfume: The three sections of the installation mimic the composition of top, middle, and bottom notes. He also inverts the relationship between odor and receptor: Instead of molecules moving to find an olfactory receptor, the viewers are the ones moving, putting their heads in the hoops like molecules fitting into a receptor.

9   Ursitti's work would also fit into this category. A number of works in the exhibition could be discussed in several categories; however, for the sake of brevity, I focus on each artist only once.

sense of what people or closets smell like, but the full emotional value signaled by the works of art leaves the viewer in a position to respond to deeply entrenched affective bonds and to consider one's own attachments to scents in everyday life. The works of Sissel Tolaas and Jason Dodge take self-reflexivity even further: Visitors are forced to question the capacity of their sniffing experience. In other words, is there any smell at all? The visual markers of HVAC tubes and vents (Tolaas) and various piles of straw (Dodge) suggest, perhaps deviously, building and animal odors. They look fragrant, but can any relevant scent be detected? Such works set up a problematic between one's assumptions and first-hand experience, between the imagination and reality. In these self-reflexive works, artists stage olfactory situations with an air of mystery or uncertainty; visitors question their ability to smell and are challenged to test the limits of their sensitivity and analysis. When visitors fully engage with the work, they become implicated in the research experience, becoming de facto co-investigators.

While perfume will always be an important reference point, the practice-based approach allows for a greater understanding of the scope and significance of olfactory art. Art remains a relatively free zone where disciplines can intermingle. The paradigms of perfumery and olfactory research may exist on opposite sides of the spectrum, so to speak, and may even complement each other, but practice-based artworks tend to be more inclined to demystify olfaction by emphasizing the everyday proficiency of visitors' noses rather than presuming expert perfume connoisseurship. Such practice-based research integrates smells into the fullness of life experience, history, and society, rather than withdrawing into an ideal world of pure perception. Until individuals have the olfactory training and sophistication to be able to reliably identify and name the ingredients in a commercial or artisanal perfume, it is through artworks created in a practice-based research mode that audiences are encouraged to notice and reflect on the complexities of smell. The research approach evident in *Odor. Immaterial Sculpture* fosters an olfactory praxis and a sense-based counter politics in which the predicaments of art reveal larger social implications about how the sense of smell is used, whose interests are being served, and how knowledge and identity are constructed.

References

Chapman, Owen and Kim Sawchuk, "Research-Creation: Intervention, Analysis and 'Family Resemblances'," Canadian Journal of Communication, 37, 2012, 5–26.

Drobnick, Jim, "The Olfactory Turn in Visual Art," roots/routes, 27, 2018, https://www.roots-routes.org/the-olfactory-turn-in-visual-art-by-jim-drobnick/ [accessed October 27, 2023].

Murphy, Jessica, "The Art of Scent 1889-2012 at the Museum of Arts and Design, NYC," Now Smell This, November 24, 2012, https://nstperfume.com/2012/11/24/the-art-of-scent-1889-2012-at-the-museum-of-arts-and-design-nyc-exhibition-review/ [accessed October 27, 2023].

HATTS DUFTE WELT

HANNS HATT
REGINE DEE

DIE NASE IST EIN WUNDERWERK

Die Nase ist ein Wunderwerk. Lange wurde sie vernachlässigt, belächelt oder gar verachtet. Hochnäsig blickte der Mensch auf die am Boden schnüffelnden Tiere herab. Hatte die Nase nicht auch etwas Animalisches? Triebhafte Geruchsbotschaften von Schweiß und anderen Körpersäften beflügelten die Fantasie. Die Kirche sah den religiösen Eifer durch verführerische Düfte gefährdet und fürchtete sexuelle Ausschweifungen, Philosophen verachteten das Riechen als niederen, sogar unseren unnötigsten Sinn, als Sinn des Genusses, nicht des Denkens.

Richtig ist: Die Nase ist unser empfindlichstes Sinnesorgan und greift tief in unser Leben ein – wenn auch oft unbewusst. Nur wenige Moleküle genügen, und wir schwelgen in den Düften des Frühlings, eines Parfüms oder eines plötzlich sehr interessant erscheinenden Menschen. Die Nase erkundet für uns alle Aromen dieser Welt, vom edelsten Rotwein bis zum erlesensten Trüffel, gleichzeitig weckt sie Erinnerungen an die längst vergangene Kinderzeit oder schöne Urlaubstage. Omas Pflaumenkuchen – himmlisch! Frische Meeresbrise – wie die sorglosen Sommerferien der Schulzeit!

20 Millionen Riechzellen auf der Fläche einer Euromünze sind aber nicht nur auf Vergnügen aus, sondern nehmen auch feinste Spuren auf, wenn Gefahr droht. Der Wald brennt? Die Nase warnt uns frühzeitig. Der Fisch riecht verdorben? Hier lauert Vergiftung. Jemand verbreitet üble Gerüche? Achtung, Krankheit! Während Augen und Ohren in die Weite gerichtet sind, stellen Nase und Mund die letzte Instanz dar, um den Menschen zu schützen. Ausspucken, Kontakt meiden, Luft anhalten und dann nichts wie weg, lautet der dringende Rat. Duftinformationen sind im Gegensatz zu Lichtreizen und Tönen langlebig und breiten sich über große Entfernungen aus. In solchen Situationen kann die Nase uns helfen zu überleben – oder morgens im Aufzug zu riechen, wer schon im Büro ist.

RIECHEN WILL GELERNT SEIN

Doch ehe es so weit ist, müssen unsere Riechzellen erst einmal lernen. Die Duftschule beginnt schon im Mutterleib. Ab der 26. Schwangerschaftswoche sind die Riechzellen und ihre Verbindungen ins Gehirn bereits fertig angelegt. Embryos erfahren so über das Fruchtwasser, was ihre Mütter gern essen oder gar nicht mögen. Auch andere Dufterlebnisse der Mutter, vor allem, wenn sie mit starken Emotionen verknüpft sind, werden gerochen und gelernt. So übernimmt der Embryo die positiven und negativen Gefühle der Mutter und speichert sie ab. Ein Baby kommt daher schon mit Duftvorlieben und -abneigungen auf die Welt und kann sich noch Jahre nach der Geburt an einen Duft erinnern, den er nur aus der Zeit im Mutterleib kennt.

Jede Riechzelle ist dabei eine Spezialistin für einen bestimmten Duft, denn sie stellt nur eine Sorte von Duftsensoren, sogenannte Rezeptoren her. Jeder erkennt nur bestimmte Duftstoffe wie Moschus, Vanillin oder Buttersäure. Insgesamt gibt es zirka 400 verschiedene solcher Duftrezeptoren. Damit decken wir unsere gesamte Geruchswelt ab.

Ist in der Atemluft ein Vanillinmolekül unterwegs, so kann es seinen entsprechenden Rezeptor anschalten wie ein Schlüssel, der ins richtige Schloss gesteckt wird. Die Riechzelle verstärkt das chemische Signal und wandelt es in einen elektrischen Stromimpuls um, der über einen dünnen Nervenfaden in den Riechkolben im Gehirn gelangt. Dort werden die Informationen gesammelt und verarbeitet, anschließend über zwei dicke Nervenstränge direkt ins Gedächtniszentrum (Hippocampus) und ins Emotionszentrum (limbisches System) geleitet und miteinander verknüpft.

Die komplexen Duftmuster werden auf diese Weise abgespeichert. Denn die meisten Gerüche bestehen nicht nur aus einer Sorte von Duftmolekülen, sondern aus einer ganzen Mischung. Kaffeeduft setzt sich zum Beispiel aus mehr als 200 unterschiedlichen Duftstoffen zusammen. Sie alle aktivieren „ihre" Rezeptortypen, sodass ein typisches Kaffeeaktivierungsmuster entsteht. Das Duftalphabet hat 400 Buchstaben, „Duftwörter" können 100 und mehr Buchstaben lang sein.

TOR ZUM BEWUSSTSEIN

Kein Wunder, dass Düfte viel schwieriger zu lernen sind als Wörter. Mit der Zeit, vor allem mit viel Übung, lernt die Nase viele solcher „Duftwörter" und erkennt die Gerüche wieder. Für manche Gerüche hat der Mensch sogar eine feinere Nase als der Hund mit seiner legendären Supernase. So können wir zum Beispiel sehr gut Banane riechen, die für unsere Ernährung wichtig ist. Für den Hund haben Bananen dagegen keine Bedeutung, daher sind sie ihm ziemlich schnuppe. Überhaupt riechen Menschen viel besser, als man lange Zeit glaubte. Mit Ratten oder Elefanten, die den besten Geruchssinn haben, können wir allerdings nicht mithalten, das haben Untersuchungen gezeigt. Sie haben ein Vielfaches an Rezeptoren und erleben die ganze Welt durch die Nase.

Der heiße Draht der Duftinformationen in die ältesten Areale des Gehirns bewirkt, dass Gerüche unmittelbar Erinnerungen und Gefühle auslösen, ohne dass der Mensch so recht weiß, wie ihm geschieht oder gar zuvor eine rationale Entscheidung treffen könnte, denn durch das Tor zum Bewusstsein, den Thalamus, gehen nur wenige Duftinformationen. Unbewusst und unwillkürlich empfinden wir Ekel, Lust oder Wohlgefallen. Wie wir bestimmte Düfte bewerten, ist dabei nicht genetisch programmiert, sondern erlernt und hängt von unserer Erfahrung und Erziehung ab. Ein romantischer Urlaub in der Provence, und wir schwärmen fortan für Lavendel. Die ungeliebte Tante aus der Kindheit, die mit Lavendel ihren Altersgeruch zu

vertreiben suchte, lässt uns den Duft zeitlebens als eher abstoßend empfinden.

Nebenbei kann der Mensch viel tun, um sein Riechvermögen zu trainieren. Je mehr er übt, Düfte zu erlernen und
wiederzuerkennen, je mehr Düfte und Aromen er der Nase
anbietet, desto besser wird sie funktionieren. Am besten sind
tägliche Riechübungen. Unabhängig vom Alter kann man
damit jederzeit beginnen. Versuchen Sie es ruhig einmal: beim
nächsten Essen im Restaurant die Gewürze und Kräuter zu bestimmen, beim nächsten Einkauf auf dem Wochenmarkt drei
unbekannte Gerüche zu entdecken.

WENN DÜFTE DIREKT INS BLUT GEHEN

Düfte, die wir mit der Nase wahrnehmen, werden sehr subjektiv
bewertet. Wir verbinden damit angenehme Erinnerungen oder
auch unangenehme Erlebnisse. Denn die Duftinformationen
und die dabei erlebten Emotionen werden im Hippocampus –
also im Gehirn – fest als Erinnerungen abgespeichert. So kann
ein Duft je nachdem, in welcher Situation wir ihn kennenge-
lernt haben, unterschiedliche Wirkungen bei jedem Menschen
auslösen.

Doch nun haben Wissenschaftler gezeigt, dass Düfte
auch bei Menschen, die ihren Geruchssinn aufgrund einer Erkrankung oder eines Unfalls vollständig verloren haben, weiterhin Wirkungen zeigen können, und sogar jedes Mal reproduzierbar die gleichen. Wie ist das möglich? Noch dazu ohne
funktionsfähige Riechzellen in der Nase? Forscher konnten
beweisen, dass Duftmoleküle, die wir einatmen, essen, trinken
oder auf die Haut reiben, direkt in unser Blut gelangen und so
in den ganzen Körper transportiert werden können. Auf diese
Weise kommen sie mit allen Zellen unserer Körpergewebe in
Kontakt – von der Peripherie bis zum Gehirn.

In der Außenmembran aller Zellen, vor allem aber der
Nervenzellen, gibt es verschiedene Rezeptorproteine, zum Beispiel Sensoren für Temperatur, pH-Wert, Druck, elektrisches
Potenzial oder Hormone und Neurotransmitter. Gerade von
den Neurotransmittern weiß man, dass sie durch verschiedene
chemische Stoffe (Pharmaka) sehr stark in ihrer Funktion verändert werden können – entweder empfindlicher oder unemp-
findlicher werden.

Unsere Arbeiten zeigen, dass auch Duftstoffe, die über
das Blut in unserem Körper verteilt werden, eine wichtige Rolle
als Modulatoren von Neurotransmitterrezeptoren spielen. Damit
beeinflussen sie die physiologischen Funktionen wie unser
Verhalten. Im Gegensatz zu den subjektiven Wirkungen von
Düften über die Nase und ihrer Aktivierung von Gehirnarealen
sind die Effekte der Duftstoffe im Blut, rein pharmakologisch
bedingt, reproduzierbar und bei jedem Menschen gleich.

DIE SENSOREN SIND ÜBERALL

Wir haben uns in den letzten Jahren vor allem mit dem sogenannten GABA-Rezeptor im menschlichen Gehirn beschäftigt. Sein Name stammt vom Neurotransmitter Gamma-Aminobuttersäure, der ihn aktiviert. Er wird von Gehirnzellen hergestellt und immer dann freigesetzt, wenn die benachbarten Gehirnzellen in ihrer Aktivität gehemmt werden sollen, also zum Beispiel in Ruhe, im entspannten Zustand oder im Schlaf.

Der GABA-Rezeptor kann von verschiedenen chemischen Stoffen moduliert werden. Sie bewirken, dass der natürliche Neurotransmitter stärker wirkt, der Mensch also müder oder entspannter wird. Hierzu zählen alle klassischen Schlaf-, Beruhigungs- und Narkosemittel, etwa Valium, Barbiturate, Propofol, aber auch Alkohol, die alle über das Blut ins Gehirn gelangen und dort eine schlaffördernde, beruhigende, angstlösende oder narkotisierende Wirkung haben. Wir konnten inzwischen mehr als 30 Duftstoffe identifizieren, die ebenfalls an die GABA-Rezeptoren andocken und so als Beruhigungs- oder Schlafmittel wirken. Dazu gehören Duftkomponenten aus der Gardenienblüte oder dem Lavendel. In manchen Fällen ist der Duftstoff sogar stärker wirksam als Valium.

Werden die GABA-Rezeptoren hingegen blockiert, beispielsweise durch Menthol oder Cineol aus dem Eukalyptus und der Minze oder durch Beta-Asaron aus der Kalmuspflanze, bleibt der Mensch wach und aktiv. Dies wussten im Übrigen schon die alten Ägypter. Sie setzten Kalmus im Räucherwerk der Tempel zur Belebung ein und kannten auch bereits die beruhigenden Düfte aus dem Weihrauch und verschiedenen Blütenpflanzen.

GEGEN KRAMPF UND ÜBELKEIT

Interessant für Reisende, die zum Beispiel auf einer Kreuzfahrt unversehens in raue See geraten, oder für Menschen, denen es beim Autofahren schlecht wird, ist die Wirkung von Duftstoffen, die den Neurotransmitterrezeptor für Serotonin im Gehirn beeinflussen. Der ist nämlich hauptsächlich für Reiseübelkeit und Seekrankheit zuständig. Statt der üblichen Pharmaka können ihn auch Duftstoffe aus der Lakritze oder aus Ingwer blockieren, das konnten wir in Experimenten beobachten. Lakritzbonbons oder Ingwerstäbchen, das wissen passionierte Kreuzfahrer, werden auf dem Schiff immer nach dem Essen angeboten und sind – gerade auch für Kinder – eine gute Alternative zu Pflastern oder müde machenden Pillen.

Auch der Azetylcholinrezeptor ist chemisch modulierbar. Er kommt vor allem auf unseren Muskeln vor und sorgt dafür, dass der Muskel mit einer Kontraktion reagiert, wenn der Neurotransmitter Azetylcholin aus den Nervenendigungen freigesetzt wird. Wir konnten vor Kurzem zeigen, dass Chinin diesen Rezeptor blockieren kann. Chinin stammt aus der Chinarinde und kommt in hoher Konzentration auch in Tonic Water vor. Wer also abends ein Tonic Water trinkt, kann die gerade im Alter zunehmenden nächtlichen Wadenkrämpfe reduzieren oder sogar ganz abstellen. Einreiben mit Lavendelöl verstärkt den Effekt noch zusätzlich.

WIE RIECHTRAINING ZUM GEHIRNJOGGING WIRD

Mit der kalten Jahreszeit kommt der Schnupfen, und jeder kennt das: Alles schmeckt nach nichts. Die Nase ist verstopft, weder der Duft des Lieblingsessens noch das eigene Parfüm dringen durch den zähen Schleim. Das ist normal. Erst wenn der Zustand anhält, sollte man überlegen, sein Riechvermögen testen zu lassen. Ein Arzt kann erkennen, wo die Ursachen liegen. Beim Riechsystem in der Nase, weil die Schnupfenviren die Riechzellen nachhaltig geschädigt haben? Oder bei der Verarbeitung der Gerüche im Gehirn, weil sich eine neurodegenerative Erkrankung ankündigt?

Für den Riechtest gibt es spezielle Riechstifte, die wie Filzschreiber aussehen. Nimmt man die Kappe ab, verströmen sie Gerüche von Ananas, Teer oder Fisch. Gesunde Menschen können die verschiedenen Düfte erkennen und unterscheiden. In einem weiteren Test prüft der Arzt, welche Konzentration des Duftstoffs noch wahrgenommen wird. In einigen Fällen sind vielleicht noch mehr Untersuchungen mit bildgebenden Verfahren oder neurologischen Tests notwendig.

Wenn der Zugang der Duftmoleküle zur Riechschleimhaut in der Nase erschwert oder unterbrochen ist, zum Beispiel durch eine Entzündung, Scheidewandverkrümmung oder durch Polypen, kann ein operativer Eingriff hilfreich sein. Bei chronischen Entzündungen, vor allem auch der Nebenhöhlen, und bei allergischen Schleimhautschwellungen kommen Medikamente wie Antibiotika, Antiallergika oder Kortison zum Einsatz – häufig sehr erfolgreich.

THERAPIEN MIT UNTERSCHIEDLICHEM ERFOLG

Ob Vitamine oder Wachstumshormone die Regeneration von abgestorbenen Riechzellen durch Stammzellen beschleunigen können, ist umstritten; ebenso der Erfolg von größeren operativen Eingriffen. Dabei werden zwar Veränderungen der Schleimhaut beseitigt, doch die anschließende Vernarbung des Gewebes blockiert häufig erneut den Zugang zur Riechschleimhaut.

Völlig erfolglos sind leider bis heute auch alle therapeutischen Ansätze, Riechzellschädigungen, die durch Viren verursacht wurden, zu heilen, wenn dabei die Stammzellen betroffen sind. Ähnliches gilt für Unfälle, bei denen das Siebbein des Schädelknochens betroffen ist und die kleinen Röhren des Siebbeins zerstört werden, die den Nervenfäden der Riechzellen den Zugang zum Gehirn ermöglichen.

Die häufigste Ursache von Geruchsblindheit ist jedoch das Alter, in dem nicht nur Sehen und Hören, sondern auch das Riechen nachlässt. Aber hier kommt endlich einmal eine gute Nachricht: Dieser Form des Riechverlusts kann man mit regelmäßigem Training nicht nur vorbeugen, sondern sie oft sogar wieder reduzieren. Und nicht nur das: Wer das Riechen übt, trainiert sein Gehirn gleich mit.

Ab etwa dem 60. Lebensjahr nimmt das Riechvermögen allmählich ab. Daher gilt es, frühzeitig mit Riechübungen zu beginnen. Am besten, man nimmt sich täglich zwei- oder dreimal für wenige Minuten Zeit, gezielt an einigen duftenden Gegenständen zu riechen. Hierzu kann man verschiedene Obst- oder Gemüsesorten benutzen, Deos, Cremes oder Parfüme ebenso wie unterschiedliche Säfte oder Weine.

MIT RIECHÜBUNGEN ZU MEHR LEBENSQUALITÄT

Dabei ist es wichtig, die Gegenstände mit geschlossenen Augen zu identifizieren, sie zu benennen und Erinnerungen an den Duft und damit verbundene Emotionen zuzulassen und einzuordnen. Wissenschaftliche Untersuchungen an der Universitätsklinik in Dresden haben gezeigt, dass nach einem halben Jahr Training mehr als 30 Prozent der Menschen eine Verbesserung ihres Geruchssinns erreichten. Zusätzlich wurde die Abnahme des Riechvermögens im Alter um einige Jahre hinausgezögert.

Der wiedererlangte oder verbesserte Geruchssinn wirkte sich zudem positiv auf die Lebensqualität und die Stimmung der Menschen aus. Diese Studien belegen aber auch, dass bei allen Menschen durch ein regelmäßiges, bewusstes Beschnuppern von duftenden Gegenständen die Fähigkeit verbessert wird, Gerüche wahrzunehmen und zu identifizieren.

Jeder Mensch hat biologisch gesehen eine Ausstattung von 350 verschiedenen Riechrezeptortypen und etwa 30 Millionen Riechzellen in der Nase. Ob jemand Düfte sehr gut riechen, identifizieren und unterscheiden kann, hängt vor allem davon ab, wie intensiv er das Riechen trainiert. Ein Parfümeur hat die gleiche Ausstattung wie wir alle, doch er übt täglich ein bis zwei Stunden „Riechen". Dabei richtet er seine ganze Aufmerksamkeit auf den jeweiligen Duft. Das können wir Normalnasen auch, und je früher wir damit beginnen, desto besser.

Schon unseren Kindern können wir gute Riechfähigkeiten mit auf den Weg geben. Wir sollten sie anleiten, an Blumen zu riechen, an den Lebensmitteln, bevor sie sie essen oder trinken, vielleicht auch mal bewusst am Mitmenschen zu schnuppern, wenn sie ihn umarmen. Oder sich beim Betreten eines Raums zuerst einmal „umzuriechen", bevor sie sich umschauen.

RIECHTRAINING ALS GEHIRNJOGGING

Mit bewusstem Riechen kann man Kindern und Jugendlichen die Möglichkeit geben, Naturprodukte von synthetischen Imitaten zu unterscheiden, also zum Beispiel den Original-Mangoduft vom synthetischen, ebenso den frischen Orangensaft vom künstlichen oder den Duft der Vanilleschote vom bloßen Vanillinzucker. Dies erlaubt es Jugendlichen und Erwachsenen, regionale Produkte zu identifizieren und zu bevorzugen und Nachhaltigkeit zu stärken. Eigentlich sollte es in der Schule deshalb Riechstunden geben.

Ein zusätzlicher Effekt, den Wissenschaftler in ihren Untersuchungen beim Riechtraining gefunden haben, war der Einfluss auf das Gehirn. Wer während der Duftübungen die von den einzelnen Gerüchen hervorgerufenen Emotionen und Erinnerungen zulässt, aktiviert damit erhebliche Teile seines Gehirns. Man spricht heute in diesem Zusammenhang sogar von Gehirntraining oder Gehirnjogging.

Ähnlich positive Ergebnisse findet man bei Menschen mit reduziertem Geruchsvermögen (Hyposmie). Ihnen konnte ein sechsmonatiges Training helfen, das Riechvermögen zum großen Teil wiederherzustellen. Es wird vermutet, dass Riechzellen verstärkt nachwachsen und das Gehirn wieder in der Lage ist, die eingehenden Signale richtig zu verarbeiten. Damit kehrt ein großes Stück Lebensqualität zurück.

TÄUSCHEN UND TRICKSEN MIT UNWIDERSTEHLICHEN DÜFTEN

Für das Überleben der Art muss man sich ins Zeug legen. Und wenn die natürlichen Reize nicht ausreichen? Dann greift man eben zu Hilfsmitteln. Menschen haben die kleinen und großen Tricksereien perfektioniert. Doch Tiere und Pflanzen kennen optische Täuschungen und falsche Verlockungen ebenfalls: Ihre Welt lebt von Lockstoffen.

Manche Pflanzen imitieren Lockstoffe bestimmter Insekten, um diese anzulocken und eine bessere Bestäubung zu erreichen. Die Hummelorchidee (Ophrys holoserica) ist dafür ein gutes Beispiel. Mit ihrer Blüte ahmt sie sowohl den Hinterkörper und die Farbe einer bestimmten Hummelart nach sowie deren Sexuallockstoff. Damit will sie ihre Chancen auf Bestäubung und optimale Befruchtung – und zwar innerhalb ihrer eigenen Orchideenart – verbessern.

Prachtbienen, die eng mit den Hummeln verwandt sind, machen es sich noch einfacher. Sie sparen sich die Duftproduktion, stattdessen sammeln sie das Sexualparfüm bei den Blüten ein und nutzen ihren Besuch auch gleich, um allen anderen ein duftendes Signal zu hinterlassen: Ich war schon da, hier ist nichts mehr zu holen.

DUFTEN NACH DER UHR

Nicht ganz so spezifisch, aber nicht weniger effektiv sind Pflanzen, die die Lockstoffproduktion an die Flugzeiten der bestäubenden Insekten angepasst haben. So duftet das Geißblatt (Dictamnus albus) nur gegen Abend, wenn die dämmerungsaktiven Schwärmer unter den Schmetterlingen unterwegs sind, die mit ihren langen Rüsseln seine Blüten bestäuben. Vorlieben für bestimmte Düfte werden zudem zur Effizienzsteigerung genutzt. Das kann der honigartige Duft der Lindenblüten sein oder der Duft nach gärenden Früchten des Aronstabs. Letzterer lockt vor allem Fruchtfliegen an. Bis diese den Schwindel bemerken, hat die Pflanze ihnen ihren Pollen bereits angeheftet, und er wird mit den Insekten zur nächsten Blüte weitergetragen.

Der fäkalienartige Duft der Stinkmorchel oder die an verrottetes Fleisch erinnernden Ausdünstungen des Weißdorns, der faulige Geruch von Aasblume oder Südamerikanischer Orchidee (Satyrium pumilum) machen die Pflanzen für alle Insekten attraktiv, die Aas fressen (Nekrophagen) oder ihre Eier dort ablegen. Das können Fleischfliegen sein, aber auch Stubenfliegen und viele Käferarten. Das Duftimitat der betrügerischen Pflanzen wirkt dabei so echt und unwiderstehlich, dass die Insektenweibchen sie mit einer Tierleiche – und damit einem perfekten Eiablageplatz – verwechseln. Über Geschmack lässt sich schon bei Insekten nicht streiten.

Dann gibt es noch insektenfressende Pflanzen wie den Sonnentau, die Venusfliegenfalle oder die Kannenpflanze, die spezielle Duftstoffe produzieren und damit Insekten in die Falle locken. Noch raffinierter sind die Männchen mancher Schmetterlingsarten wie etwa des Kohlweißlings, der nach der Kopulation das Weibchen mit Methylsalicylat besprüht. Dieser Duftstoff ist für weitere Männchen ein deutlicher Hinweis: Annäherung unerwünscht, das Weibchen ist schon befruchtet, also schwirrt gefälligst ab!

NO SEX, PLEASE!

Dieses „Antiviagra" für Schmetterlinge könnte vielleicht in Zukunft eingesetzt werden, um in einer Region alle Weibchen unattraktiv zu machen, auch die noch unbefruchteten. Bereits genutzt werden Sexualpheromone von Schädlingen wie dem Borkenkäfer oder dem Traubenwickler im Weinbau, allerdings in etwas anderer Funktion. Hier fängt man die Männchen mit Pheromonfallen, die mit dem entsprechenden Sexualduft gefüllt sind, da man möglichst viele von ihnen aus dem Verkehr ziehen will.

Außerdem dient die Anzahl gefangener Männchen pro Tag als Information. So kann man den Einsatz von Insektiziden gezielt durchführen und auf einen möglichst kurzen Zeitraum beschränken. Inzwischen sind auch die Sexualpheromone bekannt, die die Weibchen von häuslichen Schädlingen produzieren, wie die von Lebensmittel- und Kleidermotten. Hier nutzt man ebenfalls Pheromonfallen, um die Männchen anzulocken und zu fangen. Dabei sollten aber die Fenster immer geschlossen bleiben, denn sonst besteht die Gefahr, dass der Sexualduft Tiere von draußen in die Wohnung lockt.

WOHER KOMMT „SÜSSES BLUT"?

Durch den Klimawandel gibt es auch bei uns immer mehr Mückenplagen. Mittlerweile sind bei uns neben Stechmücken krankheitsübertragende Mückenarten aus südlichen Regionen heimisch, die Malaria, Fieber oder die Schlafkrankheit übertragen. Bei der Bekämpfung dieser Tiere helfen die neuen wissenschaftlichen Erkenntnisse über das Riechen ebenfalls. So wurden bereits „Duftblocker" entwickelt, die das Riechvermögen der Tiere drastisch reduzieren.

Zudem hat man erforscht, warum etwa 20 Prozent der Menschen starke Mückenmagnete sind und bevorzugt gestochen werden. Eine genetische Disposition ist schuld: Normale Stechmücken stehen vor allem auf Kohlendioxid (CO_2), und je mehr eine Person davon durch die Atmung freisetzt, desto attraktiver wird sie für die Mücken (das gilt übrigens genauso für Tiere). Bis zu 50 Meter weit kann die Mücke ihr Opfer riechen.

Besonders betroffen sind Schwangere und Menschen der Blutgruppe 0, zumindest zeigen dies Versuche mit der Asiatischen Tigermücke. Entscheidend scheint dabei unter anderem der Einfluss der Hautbakterien zu sein, die über den Stoffwechsel unterschiedliche Duftstoffe produzieren. Je größer die Population von Mikroorganismen auf der Haut, desto anfälliger wird der Mensch für Mückenstiche.

Da sich der menschliche Schweiß aus mehr als 400 Duftstoffen zusammensetzt, ist es bisher noch nicht gelungen, die genaue Essenz zu finden, die Mücken abhält oder anzieht. So werden uns die unzulänglichen Antimückenmittel und der quälende Juckreiz nach sommerlichen Abenden noch eine Weile begleiten.

Die Kolumne *Hatts dufte Welt* erschien regelmäßig auf www.spektrum.de.

HATT'S FRAGRANT WORLD

H A N N S   H A T T
R E G I N E   D E E

THE NOSE IS A MARVEL

The nose is a marvel. For a long time, it was neglected, ridiculed, or even despised. Humans looked down their noses at the animals sniffing the ground. Did the nose not also have something animalistic about it? Instinctive olfactory messages from sweat and other bodily fluids fired the imagination. The Church saw religious zeal endangered by seductive scents and feared sexual debauchery, and philosophers despised the sense of smell as a lower, even our most superfluous sense, a sense of pleasure, not of thought.

The fact is: The nose is our most sensitive sensory organ and profoundly affects our lives, albeit often unconsciously. Just a few molecules are sufficient, and we revel in the scents of spring, a perfume, or a person who suddenly seems very interesting. The nose explores for us all the aromas of this world, from the noblest red wine to the most exquisite truffle; at the same time, it awakens memories of a childhood long gone or of blissful vacation days. Grandma's plum cake—heavenly! Fresh sea breeze—like the carefree summer vacations of our school days!

However, the twenty million olfactory cells on a surface the size of a euro coin are not only searching for pleasure, they also pick up the finest traces of danger. The forest is on fire? The nose warns us in good time. The fish smells bad? Poisoning is lurking. Someone is spreading foul odors? Watch out for disease! While eyes and ears are directed to the distance, nose and mouth are the last means of protection. Spit it out, avoid contact, hold your breath, and then get out of here, is the urgent advice. Aromatic information, unlike light stimuli and sounds, is persistent and spreads over long distances. In such situations, the nose can help us to survive—or to smell in the elevator in the morning who is already in the office.

SMELLING NEEDS TO BE LEARNED

But before that can happen, our olfactory receptor cells have to learn. Olfactory schooling begins in the womb. By the twenty-sixth week of pregnancy, the olfactory cells and their connections to the brain are fully developed. Embryos learn through the amniotic fluid what their mothers like to eat and what they do not like at all. Other olfactory experiences of the mother, especially if they are associated with strong emotions, are also smelled and learned. In this way, the embryo adopts and stores the mother's positive and negative emotions. A baby is therefore born with scent likes and dislikes, and even years after birth can remember a scent that it only knows from its time in the womb.

Each olfactory cell is a scent specialist because it produces only one type of scent sensor, called a receptor. Each of these receptors recognizes only certain odors, such as musk, vanillin, or butyric acid. In total, there are about 400 different types of olfactory receptors, covering our entire world of scents.

When a vanillin molecule is present in the air we breathe, it can turn on its corresponding receptor like a key in the right lock. The olfactory cell amplifies the chemical signal and converts it into an electrical impulse that travels along a thin nerve filament to the olfactory bulb in the brain. There, the information is collected and processed, then sent directly to the memory center (hippocampus) and the emotion center (limbic system) via two thick nerve cords and linked together.

This is how complex scent patterns are stored. This is because most scents are not composed of just one type of scent molecule, but rather of a whole mixture. Coffee aroma, for example, is composed of more than 200 different aromatic substances. They all activate "their" receptor types, resulting in a typical coffee activation pattern. The scent alphabet has 400 letters, and "scent words" can be 100 or more letters long.

GATEWAY TO CONSCIOUSNESS

It is no wonder that scents are much more difficult to learn than words. Over time, and especially with a lot of practice, the nose learns many such "scent words" and recognizes the odors. For some odors, humans have a finer nose than dogs with their legendary super noses. For example, we can smell bananas very well, which are important for our nutrition. For a dog, bananas have no meaning, so they are much less important. In general, humans have a much better sense of smell than was long believed. However, research has shown that we cannot compete with rats or elephants, which have the best sense of smell. They have many times more receptors and experience the whole world through their noses.

The hot wire of aromatic information to the oldest areas of the brain causes odors to trigger memories and feelings instantly, without humans really knowing what is happening to them or even being able to make a rational decision beforehand, because very little olfactory information passes through the gateway to consciousness, the thalamus. Unconsciously and involuntarily, we feel disgust, desire, or pleasure. How we evaluate certain scents is not genetically programmed but learned and depends on our experience and upbringing. A romantic vacation in Provence, and from then on, we rave about lavender. The unloved aunt from childhood, who tried to banish the smell of her old age with lavender, makes us perceive the scent as rather repulsive for the rest of our lives.

By the way, you can do a lot to train your sense of smell. The more you practice learning and recognizing scents, the more scents and aromas you expose your nose to, the better it will function. Daily olfactory exercises are best. You can start at any time, no matter how old you are. Try identifying the herbs and spices in your next meal at a restaurant or discovering three unfamiliar smells at your next visit to the farmer's market.

WHEN SCENTS GO STRAIGHT TO THE BLOODSTREAM

Scents that we perceive through the nose are evaluated very subjectively. We associate them with pleasant memories or unpleasant experiences. This is because the aromatic information and the emotions experienced are firmly stored as memories in the hippocampus, i.e., in the brain. Thus, a scent can have different effects on different people, depending on the situation in which it is encountered.

But now scientists have shown that even in people who have completely lost their sense of smell due to an illness or an accident, scents can still have an effect, and it can be reproduced. How is this possible? Even without functioning olfactory cells in the nose? Researchers have proven that scent molecules that we inhale, eat, drink, or rub on our skin can enter our bloodstream and be transported throughout our body. In this way, they come into contact with every cell in our body tissues—from the periphery to the brain.

In the outer membrane of all cells, but especially of nerve cells, there are various receptor proteins, such as sensors for temperature, pH value, pressure, electrical potential, or hormones and neurotransmitters. It is known that the function of neurotransmitters in particular can be greatly altered by various chemical substances (pharmaceuticals)—they become more or less sensitive.

Our work shows that aromatic substances, which are distributed in our body via the blood, also play an important role as modulators of neurotransmitter receptors. In this way, they influence physiological functions such as our behavior. In contrast to the subjective effects of scents via the nose and their activation of brain areas, the effects of aromatic substances in the blood, which is purely pharmacologically determined, are reproducible and the same in every person.

THE SENSORS ARE EVERYWHERE

In recent years, we have focused primarily on the so-called GABA receptor in the human brain. Its name comes from the neurotransmitter gamma-aminobutyric acid that activates it. It is produced by brain cells and released when neighboring brain cells are to be inhibited in their activity, for example, at rest, in a relaxed state, or during sleep.

The GABA receptor can be modulated by various chemical substances. They cause the natural neurotransmitter to act more strongly, i.e., the person becomes more tired or relaxed. These include all the classic sleeping pills, sedatives, and anesthetics such as Valium, barbiturates, and propofol, but also alcohol, all of which reach the brain via the bloodstream and have a sleep-inducing, sedative, anxiolytic, or narcotic effect. We have now identified more than thirty fragrances that also bind to GABA receptors and

act as sedatives or sleep inducers. These include fragrance components from the gardenia flower and lavender. In some cases, the scent is even more potent than Valium.

If, on the other hand, the GABA receptors are blocked, for example by menthol or cineol from eucalyptus and mint, or by beta-asarone from the calamus plant, the person remains awake and active. The ancient Egyptians already knew this. They used calamus in the incense of the temples to invigorate and also already knew the soothing scents of frankincense and various flowering plants.

AGAINST CRAMPS AND NAUSEA

Of interest to travelers who unexpectedly encounter rough seas on a cruise, for example, or to people who feel sick while driving, is the effect of scents on the neurotransmitter receptor for serotonin in the brain. This receptor is primarily responsible for motion sickness and seasickness. Instead of the usual pharmaceuticals, scents of licorice or ginger can block it, as we have observed in experiments. As passionate cruisers know, licorice candies or ginger sticks are always offered after meals on the ship and are a good alternative—especially for children—to sleep-inducing patches or pills.

The acetylcholine receptor can also be chemically modulated. It is found primarily on our muscles and ensures that the muscle responds with a contraction when the neurotransmitter acetylcholine is released from the nerve endings. We have recently shown that quinine can block this receptor. Quinine comes from the bark of the cinchona tree and is found in high concentrations in tonic water. Thus, drinking tonic water in the evening can reduce or even eliminate nighttime calf cramps, which are particularly common in the elderly. Rubbing the calves with lavender oil increases the effect.

HOW OLFACTORY TRAINING BECOMES BRAIN JOGGING

With the cold season comes the common cold. Everyone knows it: everything tastes like nothing. The nose is stuffy, and neither the smell of your favorite food nor your own perfume can penetrate the viscous mucus. This is normal. Only if the problem persists should you consider having your sense of smell tested. A physician can determine the cause. In the olfactory system in the nose, because the cold viruses have permanently damaged the olfactory cells? Or in the processing of odors in the brain because of a neurodegenerative disease?

For smell identification tests, there are special aroma sticks that look like felt-tip pens. When the cap is removed, they emit odors of pineapple, tar, or fish. Healthy people can recognize and distinguish between the different scents. In another test, the physician checks what concentration of the scent is perceived. In some cases, further testing with imaging or neurological tests may be needed.

Surgical intervention may be helpful if the access of scent molecules to the olfactory mucosa in the nose is impeded or interrupted, for example, by inflammation, nasal septum curvature, or polyps. For chronic inflammation, especially of the sinuses, and for allergic swelling of the mucous membranes, medications such as antibiotics, antiallergics, or cortisone are used, often with great success.

THERAPIES WITH VARYING DEGREES OF SUCCESS

Whether vitamins or growth hormones can accelerate the regeneration of dead olfactory cells by stem cells is controversial, as is the success of major surgical interventions. Although changes in the mucosa are eliminated, the subsequent scarring of the tissue often once again blocks access to the olfactory mucosa.

Unfortunately, if the stem cells are affected, all therapeutic approaches to heal olfactory cell damage caused by viruses have thus far been completely unsuccessful. The same applies to accidents in which the ethmoid bone of the skull is affected, and the small tubes of the ethmoid bone are destroyed, which allow the nerve fibers of the olfactory cells to access the brain.

The most common cause of olfactory blindness, however, is old age, when not only does the sense of sight and hearing deteriorate, but so does the sense of smell. But here is the good news: This form of olfactory loss can not only be prevented with regular training, it can often be reduced. And not only that: When you train your sense of smell, you also train your brain.

From around the age of sixty, the ability to smell gradually declines. It is therefore important to start smelling exercises at an early stage. The best thing to do is to take a few minutes two or three times a day to smell a few fragrant objects. You can use different kinds of fruits or vegetables, deodorants, creams, or perfumes, as well as different juices or wines.

SMELLING EXERCISES IMPROVE QUALITY OF LIFE

It is important to identify the objects with closed eyes, to name them, and to allow and classify memories of the scent and the emotions associated with it. Scientific studies at the University Hospital in Dresden, Germany, have shown that after six months of training, more than thirty percent of people achieved an improvement in their sense of smell. In addition, the age-related decline in the sense of smell was delayed by several years.

The regained or improved sense of smell also had a positive effect on people's quality of life and mood. These studies also show that for all people, regular, conscious sniffing of scented objects improves the ability to perceive and identify odors.

Biologically, each person has 350 different types of olfactory receptors and approximately thirty million olfactory cells in the nose. A person's ability to smell, identify, and discriminate between scents depends largely on how intensively they train their sense of smell. Perfumers have the same equipment as the rest of us, but they practice "smelling" for an hour or two every day. They focus all their attention on the scent in question. We normal noses can do the same, and the earlier we start, the better.

We can also give our children good olfactory skills. We should teach them to smell flowers, to smell food before they eat or drink it, perhaps even to consciously sniff a fellow human being when they hug him or her. Or, when entering a room, to "smell around" before looking around.

OLFACTORY TRAINING AS BRAIN JOGGING

Conscious smelling can teach children and young people to distinguish natural products from synthetic imitations, such as the original scent of mango from the synthetic, fresh orange juice from the artificial, or the scent of the vanilla bean from mere vanilla sugar. In this way, young people and adults will be able to identify and prefer regional products, thus strengthening sustainability. In fact, this is exactly why there should be olfactory education in schools.

Another effect that scientists have found in their research on olfactory training is the effect on the brain. Those who allow themselves to experience the emotions and memories evoked by the individual scents during olfactory exercises activate significant parts of their brains. Today, this is referred to as brain training or brain jogging.

Similar positive results have been found in people with an impaired sense of smell (hyposmia). After six months of training, their ability to smell was largely restored. It is assumed that the olfactory cells grow again, and that the brain is able to process the incoming signals correctly, thus restoring a good deal of one's quality of life.

DECEIVING AND TRICKING WITH IRRESISTIBLE SCENTS

For the survival of the species, you have to do everything you can. And when natural stimuli are not enough? Then you resort to aids. Humans have perfected tricks large and small. But animals and plants are also familiar with optical illusions and false lures: Their world thrives on attractants.

Some plants mimic the scents of certain insects to attract them and improve pollination. The Ophrys holoserica, a type of orchid, is a good example. Its flower mimics both the posterior and color of a certain species of bumblebee, as well as its sexual attractant. In this way, it aims to improve its chances of pollination and optimal fertilization—all within its own orchid species.

Orchid bees, which are closely related to bumblebees, have it even easier. They save themselves the scent production. Instead, they collect the sexual perfume from the flowers and use their visit to leave a fragrant signal for all the others: I've been there, there's nothing left to come here for.

SCENTING BY THE CLOCK

Not quite as specific, but no less effective, are plants that have adapted their attractant production to the flight times of pollinating insects. Honeysuckle (*Dictamnus albus*), for example, is only fragrant in the evening, when the crepuscular hawkmoths are out among the butterflies that pollinate its flowers with their long proboscises. Preferences for certain scents are also used to increase

202

efficiency. This could be the honey-like scent of lime blossoms or the scent of the fermenting fruit of the arum. The latter is particularly attractive to fruit flies. By the time they notice the deception, the plant has already deposited its pollen on them, which is then carried by the insects on to the next flower.

The fecal odor of the stinkhorn or the stench of hawthorn reminiscent of rotting flesh, the putrid odor of the carrion flower or the South African orchid (*Satyrium pumilum*) make the plants attractive to all insects that feed on carrion (necrophages) or lay their eggs there. These include flesh flies, house flies, and many species of beetles. The imitation scent of the deceptive plants appears so genuine and irresistible that the female insects mistake it for an animal carcass—and thus a perfect place to lay their eggs. There's no accounting for taste when it comes to insects.

Some insectivorous plants, such as the sundew, the Venus flytrap, and the pitcher plant, produce special scents to lure insects into their traps. Even more sophisticated are the males of some butterfly species, such as the cabbage white butterfly, which spray the female with methyl salicylate after copulation. This scent is a clear signal to other males of the species: Do not approach, the female is already fertilized, so buzz off!

NO SEX, PLEASE!

This "anti-Viagra" for butterflies could perhaps be used in the future to make all females in a region unattractive, even the still unfertilized ones. Sex pheromones of pests such as the bark beetle or the grape berry moth are already used in viticulture, but with a slightly different function. Here, pheromone traps filled with the appropriate sex scent are used to catch males, with the goal of eliminating as many as possible.

In addition, the number of males caught per day serves as information. In this way, the use of insecticides can be targeted and kept as short as possible. Meanwhile, the sex pheromones produced by the females of household pests, such as food and clothing moths, are also known. Again, pheromone traps are used to attract and trap the males. However, windows should always be kept closed to avoid the risk of the sex scent attracting animals from outside into the house.

WHERE DOES "SWEET BLOOD" COME FROM?

Due to climate change, there are also more and more mosquito plagues in Germany. In addition to domestic mosquitoes, we now also have disease-carrying mosquito species from southern regions that transmit malaria, fever, and sleeping sickness. The new scientific findings on scents are also helping in the fight against these insects. For example, "scent blockers" have already been developed that drastically reduce the insects' ability to smell.

Research has also been conducted to determine why about twenty percent of people are strong magnets for mosquitoes and are more susceptible to being bitten. A genetic predisposition is to blame: Normal mosquitoes are particularly attracted to carbon dioxide (CO_2), and the more of it a person emits by breathing, the more attractive he or she becomes to mosquitoes (the same is true for animals, by the way). The mosquito can smell its victim up to fifty meters away.

Pregnant women and people with blood group 0 are particularly affected, at least according to experiments with the Asian tiger mosquito. The decisive factor seems to be, among other things, the influence of skin bacteria, which produce different scents through metabolism. The larger the population of microorganisms on the skin, the more susceptible humans are to mosquito bites.

Because human sweat is composed of more than 400 scents, it has not yet been possible to find the exact essence that repels or attracts mosquitoes. The inadequacy of mosquito repellents and the excruciating itchiness after summer evenings will thus be with us for a while yet.

203

WERKLISTE
LIST OF WORKS

JASON DODGE
The living
Ohne Publikum wurden Tiere für
eine festgelegte Zeit in einen Raum
geführt und dann wieder an ihren
Herkunftsort gebracht. | Without
an audience, several animals were
brought into a room for some time
and then returned to where they live.
Courtesy der Künstler und Casey
Kaplan, New York | the artist and
Casey Kaplan, New York

CARSTEN HÖLLER
Smell of My Father
2017
Essenz, Diffusor | Essence, diffusor
Courtesy der Künstler | the artist

CARSTEN HÖLLER
Smell of My Mother
2017
Essenz, Diffusor | Essence, diffusor
Courtesy der Künstler | the artist

KOO JEONG A
Pullover Wardrobe
1995
Regal, Mottenkugeln | Shelf,
mothballs
Courtesy die Künstlerin | the artist

OSWALDO MACIÁ
*Composition in Three Notes:
Reflections on Unconsciousness*
2022
Mixed-Media-Installation; 3 Düfte,
3 Diffusoren, Raum bedeckt mit
gelbem Vorhang | Mixed media
installation; 3 scents, 3 diffusors,
room covered in yellow courtains
Courtesy der Künstler und Elisa
Aragón (Nelixia) | the artist and
Elisa Aragón (Nelixia)

TERESA MARGOLLES
Periferia de la agonía
(Periphery of agony)
2003
Tuch, mit dem Leichen ermordeter
Menschen in Mexiko bedeckt waren |
Cloth used to cover up bodies of
murdered people in Mexico
Courtesy die Künstlerin und Galerie
Peter Kilchmann, Zürich|Paris | the
artist and Galerie Peter Kilchmann,
Zürich|Paris

PAMELA ROSENKRANZ
House of Meme (Smell of Fire)
2021
3 Alien Blue Windows,
Duft, Nebel | Scent, fog
Alien Blue Window (500 S Buena
Vista St. Aszh), 2021
Alien Blue Window
(500 S Buena Vista St. Mem), 2021
Alien Blue Window (500 S Buena
Vista St. Trom), 2021
Lighttex, LED, eloxierter Rahmen
je 210 × 70 × 10 cm | Lighttex, LED,
anodized frame, 210 × 70 × 10 cm
each
Courtesy die Künstlerin, Karma
International, Zürich, Miguel Abreu
Gallery, New York und Sprüth
Magers, Berlin|London|Los Angeles|
the artist, Karma International,
Zurich, Miguel Abreu Gallery, New
York and Sprüth Magers, Berlin|
London|Los Angeles

SISSEL TOLAAS
Synergorytm SIE_GEN_22
2022
Luftleitungen, Luftkompressoren,
Duftmoleküle | Air ducts, air
compressors, scent molecules
Courtesy die Künstlerin | the artist

fART_23
2023
Handlungsanweisungen, bedruck-
ter Baumwollkittel, Glas, Flüssigkeit,
Holz, Metall, Ventilatoren | Instruc-
tions for action, printed cotton lab
coat, glass, liquid, wood, metal, fans
Courtesy die Künstlerin | the artist

CLARA URSITTI
Territory Denial
2022
Essenz, Diffusor mit Zeitschaltuhr |
Essence, diffusor with timer
Courtesy die Künstlerin | the artist

LUCA VITONE
A tale of forked tongues
In Zusammenarbeit mit Maria
Candida Gentile | in collaboration
with Maria Candida Gentile
2018–2022
Monolfaktorisch achromatische
Skulptur, Wasser, Alkohol, 2 Diffusoren |
Monolfactorial achromatic sculpture,
water, alcohol, 2 diffusors,
Courtesy der Künstler, Galerie
Nagel Draxler, Berlin|Köln|-
München, Galerie Michel Rein,
Paris|Brüssel und Galleria Rolando
Anselmi, Rom|Berlin | the artist,
Galerie Nagel Draxler, Berlin|
Cologne|Munich, Galerie Michel
Rein, Paris|Bruxelles and Galleria
Rolando Anselmi,
Rome|Berlin

IMPRESSUM
COLOPHON

MGKSiegen

Museum für Gegenwartskunst Siegen gGmbH
Unteres Schloss 1
57072 Siegen
www.mgksiegen.de

Direktor | Director
Thomas Thiel

Kaufmännische Leitung | Head of Administration
Vera Wunderlich

Verwaltung | Administration
Monika Pertzsch, Gisela Schreiber

Kurator Sammlung Lambrecht-Schadeberg |
Curator Collection Lambrecht-Schadeberg
Christian Spies

Kuratorin | Curator
Ines Rüttinger

Wissenschaftliche Volontärin |
Junior Research Fellow
Lea März

Presse- und Öffentlichkeitsarbeit |
Public Relations
Stefanie Scheit-Koppitz

Bildung und Kommunikation |
Education and Communication
Fenja Fröhberg

Haus- und Ausstellungstechnik | Facility
Management and Exhibition Technology
Jochen Krämer, Manfred Lulé

Besucher*innenservice und Shop |
Visitor Service and Shop
Katja Schleifenbaum

Ausstellungsaufbau | Exhibition Fixtures
Christian Chadt, Alexander Götzke, Sebastian
Kirschner, Manfred Lulé, Krystian Szymasek

Aufsichtsrat der Museum für Gegenwarts-
kunst Siegen gGmbH | Supervisory Board of
Museum für Gegenwartskunst Siegen gGmbH
Hans-Heinrich Grosse-Brockhoff, Vorsitzender |
Chairman, Arne Fries, Wilfried Groos,
Ulf Richter, Christian Spies

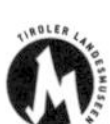

Tiroler Landesmuseum – Ferdinandeum,
Innsbruck
Museumsstraße 15
6020 Innsbruck
www.tiroler-landesmuseen.at

Direktion | Administration
Andreas Rudigier (Direktor | Director),
Ida Engel, Johanna Niedrist, Carina Spörr

Buchhaltung | Accounting
Helene Eller (Leitung | Head), Elisabeth Eller,
Karin Köchler, Alexander Nagy, Gabriela
Sordo, Elisabeth Steiner

Moderne Sammlung | Department of Modern Art
Florian Waldvogel (Leitung | Head),
Delia Scheffer, Andreas Sladky

Ältere kunstgeschichtliche Sammlung |
Department of Art before 1900
Christina Zenz, Ulrike Hofer

Grafische Sammlung |
Department of Prints & Drawings
Ralf Bormann (Leitung | Head), Johanna Böhm

Vermittlungsarbeit | Educational Program
Katharina Walter (Leitung | Head),
Laura Manfredi, Alessandra Papi

Ausstellungsgrafik | Exhibition Graphics
Lisa Saxl

Ausstellungs- und Veranstaltungsmanagement |
Exhibition and Event Management
Vero Schürr (Leitung / Head), Astrid Flögel,
Nada Ragheb

Lektorat | Copy Editing
Astrid Flögel

Manipulation | Best Hand
Elke Kohlweg

Marketing & Kommunikation | Marketing & PR
Elisabeth Probst (Leitung | Head), Paul Neuner,
Lisa Saxl

Registrar und Depotverwaltung
Jana Hess (Leitung | Head), Lisa Heger,
Christina Heppke, Laura Pattiss, Wolfgang Praßl

Restaurierung | Restoration
Laura Resenberg (Leitung | Head),
Alexander Fohs, Marlene Sprenger-Kranz

Ausstellungsaufbau | Exhibition Fixtures
Hannes Würzl (Leitung | Head), Johanna
Brunner, Valeria Heidegger, Oswald Gleischer,
Walter Kelmer, Marcus Steurer, Martin Vögele

Beleuchtung | Lighting
Martin Vögele

Hausverwaltung und Technik |
Facility Management
Hubert Haider (Leitung | Head), Heinrich
Jordan, Peter Hofer-Zeni, Christian Martiner,
Daniel Oberthaler

Kasse | Cashiers
Monika Steiner, Otilia Winkler

Gesellschafter der Tiroler Landesmuseen-
Betriebsgesellschaft m.b.H. | Shareholders
Land Tirol, Verein Tiroler Landesmuseum
Ferdinandeum

Buch | Book
Herausgeber | Editors
Thomas Thiel, Florian Waldvogel

Projektmanagement & Redaktion |
Project Management & Editing
Lea März

Gestaltung | Graphic Design
Bureau Mario Lombardo: David Heuer,
Mario Lombardo

Installationsansichten | Installation Views
Philipp Ottendörfer (Siegen)
Wolfgang Lackner (Innsbruck)

Texte | Texts
Ilona Croy & Antonie Bierling, Jim Drobnick,
Hanns Hatt & Regine Dee, Lea März,
Thomas Thiel, Florian Waldvogel

Übersetzungen | Translations
Gérard G. Goodrow, Uta Grosenick

Lektorat | Copy Editing
Uta Grosenick, Astrid Flögel

Bildnachweis / Image Credit
Joana de la Fontaine, S. | pp. 121-125.
Jason Dodge, S. | pp. 83-87.
Koo Jeong A, S. 101-108 | pp. 101-108.
Wolfgang Lackner, S. | pp. 30-47, 115, 128-137.
Oswaldo Maciá, S. | pp. 111-114.
Philipp Ottendörfer, S. | pp. 10-27, 119.
Chiara Smedile, S. | pp. 150, 154, 155.
Sissel Tolaas, S. | p. 127.
Clara Ursitti, S. L | pp. 139, 146.

Lithografie | Image Editing
dpi-factory, Krefeld

Produktion | Production Management
DCV

Gesamtherstellung | Printing and Binding
Graspo, Zlín

© 2024 die Künstler*innen | the artists,
die Autor*innen | the authors, Museum für
Gegenwartskunst Siegen gGmbH,
Tiroler Landesmuseum – Ferdinandeum

© 2024 VG Bild-Kunst für die abgebildeten
Werke von | for the reproduced works by:
Carsten Höller, Sissel Tolaas

Die Geltendmachung der Ansprüche gem.
§ 60h UrhG für die Wiedergabe von Abbildungen der Exponate/Bestandswerke erfolgt
durch die VG Bild-Kunst. | The assertion of
all claims according to Article 60h UrhG
(Copyright Act) for the reproduction of exhi-
bition|collection objects is carried out by VG
Bild-Kunst.

Die Deutsche Nationalbibliothek verzeichnet
diese Publikation in der Deutschen Nationalbib-
liografie; detaillierte bibliografische Daten sind
im Internet über http://dnb.dnb.de abrufbar. |
This publication is listed in the German
National Bibliography by the German National
Library. Detailed bibliographic data are availa-
ble at http:||dnb.d-nb.de.

Vertrieb und Marketing |
Distribution and Marketing
DCV
sales@dcv-books.com

ISBN 978-3-96912-176-4
Printed in the Czech Republic

Erschienen bei | Published by DCV
www.dcv-books.com

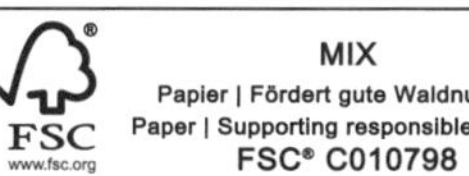

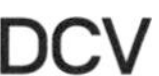

Diese Publikation erscheint anlässlich der Ausstellung |
This book is published on the occasion of the exhibition:

Odor. Immaterielle Skulpturen
Odor. Immaterial Sculptures

Museum für Gegenwartskunst Siegen
18.11.2022–26.2.2023
Tiroler Landesmuseum – Ferdinandeum
28.4.–8.10.2023
Kuratoren | Curators: Thomas Thiel, Florian Waldvogel
Kuratorische Assistenz | Curatorial Assistance: Lea März

Die Ausstellung und die Publikation wurden unterstützt durch die Kulturstiftung des Bundes,
die Kunststiftung NRW und die Peter Paul Rubens-Stiftung | The exhibition and this publication
were supported by the German Federal Cultural Foundation, the Kunststiftung NRW, and
the Peter Paul Rubens-Stiftung

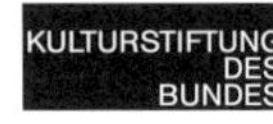
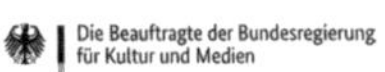
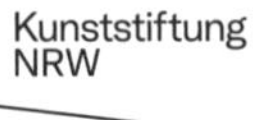

BESONDERER DANK GILT ALLEN BEITRAGENDEN AUSSERDEM |
SPECIAL THANKS TO ALL CONTRIBUTORS, AS WELL AS

ALTUU
ELISA ARAGÓN
KATHRIN ASTE – ./STUDIO3 INSTITUT FÜR EXPERIMENTELLE ARCHITEKTUR
ANN-SOPHIE BARWICH
BASTI
HANNA BERGSTRÖM
REBECCA BUTZLAFF
JO CALDWELL-ALLEN
JAN CLASSEN – KRATER FAJAN
DAVID
ADÉL ERDEI-MELIS
TINATIN EPPMANN
OCÉANE H. FRANCOLI
MARIA CANDIDA GENTILE
GREGOR
MARIE CATHLEEN HAFF
HUBERT HAIDER – FATHER OF THE SHEEPS
LISA HANN
NICOLA HEDERICH
BENEDIKT KAPPENSTEIN – HOF ERLENBRUCH
BASEL KHADIR-OMAR
JASMINA MERZ
LINDA KLAASSEN
MICHAEL KLEMENC – KUNSTPAUSE
CYNTHIA KRELL
LEO
LUKAS
ROBERT MÜLLER-GRÜNOW
TIM REHM
MARTIN RIDLER – TANTE EMMA CLUB
THOMAS RUETTIMANN
BETTINA PAUSE
MICHAEL SCHMITTEL
SANI
TOBIAS STEINLE
TIM SÜRKEN
CLAUDIA WENZEL
BARBARA & HANS WIDAUER – GALERIE JOHANN WIDAUER